U0062477

国家出版基金项目

# 战争的比价

## THE WAR LEDGER

A. F. K. ORGANSKI JACEK KUGLER

［美］肯尼思・奥根斯基　杰克・库格勒 著

高望来 译

东方编译所译丛

上海人民出版社

献给克里斯蒂安、伊丽莎白和埃里克

# 译者序：权力转移理论的巅峰之作

不谋全局者，不足谋一域。2019 年 5 月，习近平总书记在赴江西考察时指出："领导干部要胸怀两个大局，一个是中华民族伟大复兴的战略全局，一个是世界百年未有之大变局，这是我们谋划工作的基本出发点。"[1]"两个大局"交汇构成习近平新时代中国特色社会主义思想宏大的时代背景。要统筹国际国内两个大局，就需要加强国际关系史和国际关系理论学习，从百家争鸣的国际关系理论和波澜壮阔的大国兴衰历史中总结经验教训。美国学者奥根斯基在 1958 年首创"权力转移"理论，该理论一经问世就对国际冲突研究产生深远影响。1980 年推出的《战争的比价》是奥根斯基及其学生历经多年打磨和思考将该理论集大成的著作，数十年来一直是国际安全和战略研究学者的必读之作。

## 权力转移理论的提出与传承

1923 年 5 月 12 日，权力转移理论的奠基人肯尼思·奥根斯基（Kenneth Organski）出生于罗马一个犹太人家庭。1938 年 7 月，意大利墨索里尼政府颁布多项反犹法令。为逃避法西斯政府对犹太人的迫害，奥根斯基的父母于 1939 年带着两个儿子移居美国。奥根斯基于 1947 年和 1948 年在美国纽约大学获得学士和硕士学位，1951 年获得美国纽约大学博士学位,1952—1964 年执教于加拿大布鲁克林学院,1965 年执教于美国密歇根大学,著有《世界政治》《人口与世界权力》《政治发展的阶段》等著作。

杰克·库格勒(Jacek Kugler)是美国克莱蒙特研究大学教授。他在美国加利福尼亚大学洛杉矶分校获得了政治学学士和硕士学位,在密歇根大学获得博士学位。库格勒在密歇根大学求学期间,开始和奥根斯基一起从事"权力转移"研究,二人于 1980 年共同完成了《战争的比价》一书。他们在写作过程中从师生成为了挚友,在本书致谢中仍然对这段共同切磋的经历津津乐道。

库格勒的主要研究专长是权力转移理论和国际冲突研究,他曾任美国国际关系协会(ISA)主席、和平科学协会(the Peace Science Society)主席,担任美国国务院、联合国艾滋病规划署、国际货币基金组织等机构顾问。1981 年,库格勒、奥根斯基和梅斯基塔(Bruce Bueno de Mesquita)共同创建了总部设于纽约的决策洞见(Decision Insights)智库,以协助美国政府和私营公司参与复杂谈判解决争端。

在国际冲突研究领域,很多学者认为战争的爆发与大国之间的力量对比相关。权力转移理论在相关研究中独树一帜。"权力转移"(power transition)这一概念是奥根斯基的原创。1958 年,奥根斯基在其著作《世界政治》一书中首次提出"权力转移"理论。[2]该理论认为,战争的爆发源于大国之间增长速度的不同,当国际体系中的挑战者在快速增长的过程中超越体系主导国,国际体系发生"权力转移",冲突爆发的可能性就会增加。奥根斯基主张,当大国间力量对比"持平"(power parity)时,最有可能爆发战争。

自权力转移理论提出以来,奥根斯基带领主要由其学生组成的研究团队不断探索,悉心完善这一理论。1968 年,奥根斯基推出《世界政治》第二版。他指出国际体系中的挑战者往往对现有国际秩序不满,而主导国作为国际秩序的既得利益者,想要维持现有秩序。对现状不满的国家在时机来临时会毫不犹豫地发动战争以改变现状。[3]1980 年奥根斯基和杰克·库格勒在《战争的比价》一书中用严谨的数理统计学方法,结合案例研究系统地检验了权力转移理论,完成了这部经典著作。

奥根斯基深耕国际冲突研究领域,开拓出一个跨度长达半个多世纪、成果丰硕、影响深远的研究项目。多年后,奥根斯基的学生以及国内外多位学者仍然在继续拓展和深化权力转移理论。1988 年侯威林(Henk Houweling)和西卡玛(Jan G. Siccama)用另一套数据库和验证方法检验了权力转移理论。[4]莱姆克(Douglas Lemke)将权力转移理论的分析层次转向地区层面,利用中东、远东、南美和非洲地区的数据,验证了自己提出的多元等级模型(the multiple hierarchy model)。[5]库格勒和道格拉斯·莱姆基(Douglas Lemke)主编的《对等与战争:〈战争的比价〉的评估和拓展》《权力转移:21 世纪的战略》等著作都在继承和发展权力转移理论。[6]

1992 年美国政治学协会(American Political Science Association)授予奥根斯基终身成就奖,以表彰其在国际冲突研究中作出的重大贡献。1998 年 3 月 6 日,奥根斯基因心脏病发作,在美国科罗拉多州丹佛市与世长辞,享年 74 岁。在他的悼词中,美国密歇根大学教授约翰·杰克逊(John Jackson)饱含深情地写道:"我们将永远怀念肯尼思,不仅是因为他的睿智和原创力,更是因为他总是热情洋溢,热爱语言,温柔敦厚,而且具有广交朋友的天分。他全心全意地对待自己的妻子、儿女和孙子,他的家人和一代代学生终将深切缅怀他。"[7]翻开密歇根大学出版社 2000 年出版的《权力转移:21 世纪的战略》,你能在扉页看到一张照片,一位慈祥的老人正坐在桌前爽朗地大笑,题注是"献给奥根斯基——一位有着不凡思想的卓越人士"(To an extraordinary man with extraordinary ideas—A.F.K. Organski)。[8]

## 定量研究和定性研究的完美结合

《战争的比价》英文标题为"The War Ledger"。"Ledger"一词在英语中有账本的含义,因此国内学者也曾将这本书译为《战争的分类》《战争明细账》《战争分类账》等。然而如果将书名直译为《战争账本》，读者可能会以为这是一本清算战争旧账的书，猜想其中内容涉及战争的经济损失、死亡人数、战争对环境的破坏等。秦亚青教授曾将此书译作《战争的比价》，并指出其是现实主义的理论框架中非常有影响力的著作。[9]这一译法得到上海人民出版社编辑老师的支持。在翻译过程中，我也逐渐感觉到"比价"比"账本"一词可以更传神地表达全书的主旨思想，也更具动态的美感。从原书内容看，权力转移理论关注大国之间的力量对比，尤其是体系主导国和挑战者之间能力的比值。作者将体系中的大国两两分组，计算二者能力的比值。他们认为，当挑战者的能力接近主导国的80%时，最容易爆发国际冲突。在推导各种公式的时候，作者也计算了多个比值，例如国民生产总值与人口的比值、税收和国际生产总值的比值等。

《战争的比价》聚焦和战争相关的根本问题，那就是大战为何爆发，战争的胜负究竟由什么因素决定？战争的结局对战争参与者的复苏有何影响？奥根斯基和库格勒敏锐地注意到，中国在抗美援朝战争中以弱胜强，拥有强大实力的美国在越南战争中再次遭到重创，以色列也能战胜兵力远超过自身的对手。传统的国际关系理论无法解释这些现象，需要构建新的理论框架。

奥根斯基和库格勒断言，国际体系的主导国和挑战者之间增长速度的不同，导致战争不可避免。这一不稳定进程以及接踵而来的强者之间的冲突，恰似磁石一般将体系中所有大国都卷入战争之中。奥根斯基和库格勒将国内因素和国外因素相结合构建了国家能力模型，认为决定战争的胜败的并不是一个国家的实力，而是其政治体系动员资源的能力。为了避免战败是因为某个国家并未全力投入，同时排除外界因素的影响，他们在选取案例的时候，既要保证各战斗方均全力以赴，又要保证战争没有受到非战争参与国的影响。

他们还发现了战后一个有趣的现象。当战局已定，战败国往往会以更快的速度东山再起，在战争结束15年到18年之后，战斗各方的实力又将回到倘若没有爆发战争其本来应该所处的位置上。从权力角度看，战败者的快速复苏抹平了之前的损失，某些国家甚至赶超了战胜国。这种不可思议的复苏就是凤凰涅槃因素(the Phoenix Factor)。

奥根斯基和库格勒凭借深厚的研究功力,娴熟地运用定量和定性研究方法去验证权力转移理论。这部著作既逻辑严密而简约,又不乏历史研究的深度。本书的定量分析建筑在扎实的数据库基础上,广泛参考了世界银行的社会经济数据库和特色馆藏数据库、麦迪逊(Augus Maddison)的战争数据库等多个权威数据库。作者还使用了《SIPRI 年鉴》、美国空军《统计摘要》、《飞机和导弹摘要月刊》等资料。书中的公式、图表和数据均展示了两位学者在定量研究领域的精深造诣。

《战争的比价》中的案例研究充满了鲜活的细节,并不会因为使用定量研究方法就给人枯燥乏味之感。仅以 1962 年古巴导弹危机为例,罗伯特·肯尼迪这样回忆肯尼迪总统在危机决策时焦灼的心情:"他的手伸向他的脸,捂住了嘴巴。他张开拳头,又紧握拳头。他的面容憔悴,眼神痛苦,眼珠几乎变成了灰色。我们凝视着桌子另一头的对方。在稍纵即逝的几秒钟里,那里似乎空无一人,而他不再是总统。"在世界处于核大战边缘的危急关头,苏联领导人尼基塔·赫鲁晓夫和肯尼迪一样倍感压力。赫鲁晓夫在回忆录中透露,为了缓解民众的焦虑情绪,他建议苏联其他领导人和他一起去莫斯科大剧院,这是在向国内外民众发出平安的信号,让他们在当天晚上可以"安宁地睡一觉"。

奥根斯基和库格勒质疑核威慑模型,认为核武器并没有从根本上改变国家间关系。他们指出,在各国面临冲突升级风险和核大战阴影的时候,核武器并不会起到"让事态冷却"的作用。冲突各方在核对抗中的行为也不符合威慑理论的预期。人们在面临核战争风险时,甚至可能更倾向于诉诸武力。

# 权力转移理论对今天的启示意义

经历半个多世纪的洗礼,权力转移理论至今仍然是学术界关注的热点议题。20世纪末,迪奇科(Jonathan M. DiCicco)和列维(Jack S. Levy)尝试梳理权力转移理论的发展历程。他们认为,"'权力转移'理论跨度达40年,历经三代学者的努力,已成为最具持久性的研究计划"[10]朱锋教授指出:"随着中国综合国力的发展,有关中国崛起是否将导致国际不稳定甚至冲突的众多学术观点都或多或少地受到'权力转移'理论的影响。在西方,有关中国崛起的常识性看法更是直接同'权力转移'理论存在某种联系。"[11]时至今日,该理论甚至被一些人视为国际政治的常识。从2022年6月到2023年6月,通过中国知网搜索,在学术期刊论文摘要中出现"权力转移"一词的论文有24篇,学者在探讨地缘政治、社交媒体、网络安全、全球卫生治理等议题时,都使用了"权力转移""权力转移理论"等词汇。这充分体现出该理论穿越时空的解释力和生命力。

权力转移理论对于今天的启示意义主要体现在四个方面:

第一,奥根斯基和库格勒严谨扎实的学风值得我们学习。他们穷毕生精力,孜孜不倦地构建和验证权力转移理论。他们对均势理论家的批判也体现了其治学的严谨态度:"均势理论家犯下了社会科学家频频出现的不可饶恕的错误。他们陶醉于构建动态模型,却没有掌握长期数据。"《战争的比价》在确定衡量国家能力的标准方面迈出了重要一步,提出了"政治能力指标"(political capacity indicator)。作者运用大量篇幅来梳理学术文献,比较各种衡量国家政治能力指标的优劣。他们颇具洞察力地指出,战争的胜败取决于一国政治体制的能力,特别是其政治体制动员资源的能力,而一国的国民生产总值和税收能力是衡量国家政治能力的关键要素。这一观点与经济基础决定上层建筑的马克思主义基本原理有异曲同工之妙。

第二,作者打破了西方中心论的窠臼,不像某些西方学者那样戴着有色眼镜来看待发展中国家。他们大胆创新,驳斥了某些西方学者持有的经济水平较低的国家政治体制效率必然低下的观点。难能可贵的是,他们明确指出发展中国家"不再因循守旧地按照西方模式来发展,运用社会和经济表现来衡量政治表现突然不再放之四海而皆准了。我们有必要对这些国家采用不同的衡量标准"。正是这种学术创新的勇气使他们在研究中取得重大突破,揭示了在国际冲突中实力较弱的一方以弱胜强的原因。

第三,作者对未来的判断也是基本准确的。早在1980年,他们在预言未来的国际格局时,以可控制的资源作为衡量标准,预测苏联将接近美国的实力却无法超越它,而中国很可能赶超苏联并在几十年后赶超美国。他们还颇具远见地预言:大国之间权力赶超的过程并不必然会导致战争爆发。这样的预见性甚至远远超过21世纪的某些学者。

第四,本书对于核武器作用的判断在人工智能时代仍然具有重要启示意义。随着以人工智能为代表的各种颠覆性技术的发展,很多人都认为技术发展在重塑国际格局的同时,也改变了国际冲突的规则。奥根斯基和库格勒并不相信核武器能阻止战争爆发,他们通过实证研究发现,核武器并不能像人们幻想的那样,赋予国家领导人梦寐以求的控制国家命运和国际和平的工具:"核武器无法阻止各个层次上的对抗。要相信它们能做到这一点,就等于相信魔法。"他们明确提出:"所谓核武器的奇迹特性,像多数奇迹一样是空中楼阁。"

当然,权力转移理论自问世以来也遭遇了不少质疑。例如米尔斯海默(John Mearsheimer)在《大国政治的悲剧》中指出:"奥根斯基和库格勒用国民生产总值来衡量19世纪末到20世纪初各国的权力。他们将潜在权力和实际力量等同起来,这两个概念通常是不能等同的。"[12]金宇祥(Woosang Kim)认为,"权力转移"研究"不仅要考虑大国内部的权力,还需要考虑其盟友的潜在支持",当潜在挑战者得到盟友的支持,赶上主导国的权力,并有强烈的愿望改变现有国际秩序时,就很可能爆发大国间战争。[13]金宇祥和詹姆斯·莫罗(James D. Morrow)指出,挑战者和主导国对待风险的态度、挑战者的不满等因素,都会影响战争的结果。[14]"权力转移"研究议程的影响力从此后层出不穷的文献可见一斑。

本书内容丰富,在序言中只能浮光掠影地介绍其中的观点,读者可以更仔细地阅读自己感兴趣的章节,享受与一流学者展开深层次对话的乐趣。

作为没有受过任何统计学训练的译者,一开始拿到这部名著,书中的图表和公式看得我一头雾水,心中一直惴惴不安,担心犯下常识性错误。在本书即将付梓之际,我的本科同学、军事问题专家祁昊天助理教授向我伸出援手,帮我审阅了三个附录,更正了附录三表 A3.2 中军事术语,还向我耐心讲解了公式的含义。祁昊天博士在美国受过系统的统计学训练,他的指导让我心中的大石落了地。

自从 2009 年博士毕业到外交学院国际关系研究所工作以来,外交学院王帆院长、国际关系所曲博所长和凌胜利副所长、赵怀普教授、周永生教授、谭继军教授、卢静教授、李海东教授、高尚涛教授以及其他领导和同事都对我的教学和科研工作给予很大帮助,让我不胜感激。我在北京大学国际关系学院度过了九年无忧无虑的学生生涯,每次回到母校,见到熟悉的老师和同学,都能感到回归精神家园的温暖。北大国际关系学院于铁军教授、王联教授、韩华副教授、中国社会科学院亚太与全球战略研究院钟飞腾研究员都曾对我的教学和科研工作给予诸多指导和帮助,在此一并表示感谢。在翻译本书过程中,我主持了国家社科基金一般项目"人工智能时代中美国际安全危机管控研究"(项目号 20BGJ063),感谢该项目对我研究和翻译本书的资助与支持。

笔者数理基础薄弱,在翻译过程中深感学力有限。书中错漏之处由本人负责,恳请专家和读者不吝赐教。

高望来<br>2023 年 6 月 26 日

**注 释**

1. 杜尚泽:《习近平总书记江西考察并主持召开座谈会微镜头》,《人民日报》2019 年 5 月 23 日,第 2 版。

2.3. A. F. K. Organski, *World Politics*, New York: Alfred A. Knopf, 1958.

4. Henk Houweling and Jan G. Siccama, "Power Transitions as a Cause of War," *Journal of Conflict Resolution*, Vol.32, Iss.1, March 1988, pp.87—102.

5. Douglas Lemke, *Regions of War and Peace*, New York: Cambridge University Press, 2002.

6. Jacek Kugler and Douglas Lemke, *Parity and War: Evaluations and Extensions of the War Ledger*, Ann Arbor: University of Michigan Press, 1996.

7. John Jackson, "Abramo Fimo Kenneth Organski," *Political Science & Politics*, Vol.32, Iss.3, September 1999, p.619.

8. Ronald L. Tammen et al., eds., *Power Transitions: Strategies for the 21st Century*, Washington, DC: Washington, DC Press, 2000.

9. 秦亚青:《西方国际关系学:知识谱系与理论发展》,《外交学院学报》2003年第 3 期,第 10 页。

10. Jonathan M. DiCicco and Jack S. Levy, "Power Shifts and Problem Shifts: The Evolution of the Power Transition Research Program," *The Journal of Conflict Resolution*, Vol.43, Iss.6, December 1999, p.675.

11. 朱锋:《"权力转移"理论:霸权性现实主义?》,《国际政治研究》2006 年第 3 期,第 24 页。

12. [美]约翰·米尔斯海默:《大国政治的悲剧》,王义桅、唐小松译,上海人民出版社 2021 年版,第 86 页。

13. Woosang Kim, "Alliance Transitions and Great Power War," *American Journal of Political Science*, Vol.35, No.4, 1991, pp.833—850.

14. Woosang Kim and James D. Morrow, "When Do Power Shifts Lead to War?" *American Journal of Political Science*, Vol.36, No.4, November 1992, p.909.

# 致　　谢

从我们构思这本书至今，已经有近十年的时间。这意味着两位作者可以更深入地理解其探究的问题，我们也希望这有助于完善原稿。研究合作从来不是件容易的事，然而它一旦取得成功，参与者就将体会到非同一般的乐趣。我们就有这种体会。本书起初是一位老师和一位学生共同参与的项目，我们因此成为真正的合作者，并结下深厚的友谊。我们都很感恩有这样的机会，也愿意将对彼此的感激之情公之于众。我们也应当一起感谢很多帮助过我们的人。我们不可能列出所有人的名单，只能择要感谢一部分人。

由于学术生涯之需，学者必须像乞丐一样乞求帮助。为了完成工作，他们必须乞求金钱、数据和帮助。在学术界所有深谙做学问的经济学的人，都知道研究人员对赞助人亏欠了多少。我们要公开感谢埃尔哈特基金会、福特基金会和美国国防高级研究计划局（DARPA）对我们的帮助。多年以来，斯蒂芬·安德里奥尔（Stephen Andriole）、朱迪思·戴利（Judith Daly）、卡尔曼·西尔弗特（Kalman Silvert）、安东尼·沙利文（Antony Sullivan）、罗伯特·扬（Robert Young）博士和理查德·韦尔（Richard Ware）先生直接促使上述机构决定资助我们的项目，我们要对他们致以诚挚的谢意。对我们而言，他们对我们的事业的理解和鼓励与其机构对我们的财政支持同样重要。

倘若你曾经从事过与人口普查和国民核算账户相关的跨国实证研究，就会充分理解我们究竟多么依赖那些整理数据并掌握相关专业知识的人。问题的关键在于获取数据，以及得到更多研究必需的尚未发表的资料。由于这些数据不胜枚举，我们无法列出所有在数据和信息方面向我们慷慨地提供帮助的人，也无法说明这些数据的意义。然而，我们要感谢参议员威廉·普罗克斯迈尔（William Proxmire）和亚伯拉罕·里比科夫（Abraham Ribicoff）的两位立法助理——罗纳德·塔门（Ronald Tammen）和阿瑟·豪斯（Arthur House）博士，以及兰德公司社会科学主任理查德·所罗门（Richard Solomon）博士。正是由于他们的鼎力相助，我们才得到了这些数据。若没有他们的努力，我们就不可能完成这个项目。正是由于我们得到了这些庞大的数据集，我们才能做出必要的运算以检验支撑本书的假设。我们将把这些数据集存放于政治研究中心的校际社会科学数据共享联盟以及美国国防高级研究计划局的危机管理中心，供所有人使用。

我们要感谢此前供职于国际货币基金组织的拉贾·切利亚（Raja Chelliah）博士、雪城大学的罗伊·巴尔（Roy Bahl）博士和美国政府官员埃利奥特·莫尔斯（Elliott Morss）对我们非同寻常的帮助。他们在我们衡量政治能力的关键时刻向我们伸出援手。这项工作仍在继续。我们还要感谢密歇根大学统计局的丹尼尔·福克斯（Daniel Fox）先生，他好像是一位从不出错的向导，指引我们去处理充满不确定性的数学数据。

我们还要特别感谢下列人士。詹姆斯·卡波拉索（James Caporaso）教授、布鲁斯·梅斯基塔（Bruce Bueno de Mesquita）教授和罗伯特·诺思（Robert North）教授阅读了整部手稿，向我们提出了非常宝贵的建议。他们的帮助使这本书臻于完善。威廉·多姆克（William Domke）博士、迈克尔·霍恩（Michael Horn）先生和史蒂文·鲁德（Steven Rood）先生付出不懈努力，帮我们将数据理清楚，并帮我们作出分析。克里斯托弗·布雷德（Christopher Braider）先生和芭芭拉·斯卡拉（Barbara Skala）女士负责编辑整部手稿，提出修改建议，其文学底蕴使本书更精炼，也更有文采。德博拉·埃迪（Deborah Eddy）女士管理着这个庞大项目的各种琐碎细节，负责打字，并不厌其烦地对书稿进行审稿。

本书第二章是奥根斯基和杰克·库格勒的一篇论文《大卫与歌利

亚：预测国际战争的结局》的修订版。这篇文章发表于 1978 年 7 月《比较政治研究》第 11 卷第 2 期，第 141—180 页。塞奇出版社允许我们使用这篇文章。我们还要感谢《美国政治科学评论》和《国际安全》的编辑让我们使用最先发表在该期刊上的资料。

此外，两位作者均想向谢里尔·库格勒(Cheryl Kugler)表达感激之情。作为既要做研究又要写书的学者的家人和亲人，生活中难免缺乏乐趣，她却能欣然接受这种缺憾。

毋庸置疑，所有帮助过我们的人并不总是认可我们的观点。书中的错漏之处均由作者负责。

奥根斯基
1980 年于安娜堡

杰克·库格勒
1980 年于波士顿

# 目　录

# 导　　论

我们将讲述国家间冲突的故事。我们感兴趣的战争虽然屈指可数，却是历史上最惨烈、最致命的战争。然而本书并不是一组案例研究，我们无法像医生那样解剖某一场战争，我们也不具备对某一单一案例进行深入剖析的技巧。在我们选择本书的小样本案例的时候，战争的致命程度以及战斗各方全力以赴是我们选择案例的主要依据，我们这样选择自有深意。战争的浩大规模、波及范围以及惨烈程度均很重要，因为这些因素塑造了高压条件，可以检验我们关于武装冲突的原因和结果的观念。

在分析这些战争的时候，我们不仅关注战争本身，更注重分析四类与战争相关的一般性问题。第一，大战为何爆发？什么条件促使世界上最强大的国家相互战斗？第二，究竟为什么一方能够获胜，而另一方会失败？战争的胜利往往源于高超的指挥技巧、军队规模及其献身精神、武器质量和数量，或者这些因素的总和。这些因素并不能完全说服我们。第三，我们对于实战之后塑造作战双方行为的规则非常感兴趣。在战争之后，有些国家明显比其他国家恢复得更快。为什么像胜利和失败这类明显的因素会影响战斗各方的复苏？赢家和输家的行为是否符合某种可预见的行为模式？第四，自核时代以来，塑造国家间冲突行为的规则是否已发生深刻变化？人们往往相信这些规则即使没有彻底发生变化，也在很大程度上发生了变化。考虑到新武器的爆炸力和恐怖效应，这样的想法好像有一定道理，然而事实当真如此吗？我们持怀疑态度。

在研究战争的学者中，有一种根深蒂固的观念代代相传，尽管证据表明并非如此。例如,人们坚信渴望和平的民众应该作好打仗的准备。人们往往会引用罗马人的箴言,"想要和平,就得时刻准备战斗"(si vis pacem para bellum)。然而罗马人总是在打仗。有人相信爱、理解以及把另一半脸也给别人打可以阻止战争;然而,绥靖政策失败的例子比比皆是。人们相信饥饿和民众压力等因素会导致战争。然而,确凿的证据表明,世界上那些弱小、挨饿和人口过多的国家都是弱者,从未攻击过其他国家。在战争问题上,人人都是专家,其陈词滥调让人厌烦。

然而,专家似乎并不更具洞察力。令人震惊的是,人们对这个问题知之甚少,至少那些必须作出战争与和平的决定的人士对此知之甚少。本书探讨的问题是战争的缘起、结局和影响,可以回想领导人在最近的军事冲突中的表现。例如,在第一次世界大战(以下简称"一战")爆发时,主要大国的领导人尚未意识到战争即将爆发,也不知道他们即将卷入的战争的性质。一位德国将军这样评价英国士兵的行为:"他们像狮子一样英勇奋战,却被蠢驴所驱使。"然而,说句公道话,这句话不仅适用于英国人。难道法国、意大利或者苏联的领导人在一战和第二次世界大战(以下简称"二战")期间的表现更加出色吗?尽管罗斯福和丘吉尔都告诉斯大林苏联即将遭到入侵,斯大林却不相信希特勒将违反1939年的协定,在后者撕毁协定时深感震惊。

再看决定战争胜败的因素。以日本偷袭珍珠港为例,多数日本领导人相信他们能打败美国,这在今天看来是多么荒诞啊!当时少数最具深谋远虑的日本领导人感到担忧,却仍然研判日本将取得胜利,条件是必须速战速决。这些日本领导人究竟指望发生什么呢?日本摧毁了部分美国战舰,从美国手中夺走了菲律宾,却没有削弱美国的潜在实力。日本人难道期待美国撤退,并将另一半脸也给他们打吗?同理,德国人和世界上多数国家竟然相信二战的结局将不同于一战。尽管20年前德国在和同样的国家打仗时遭遇了痛苦的失败。这是多么不可思议啊!美国领导人也难以摆脱这些致命错误。我们的"出类拔萃之辈"知道越南战争将如何终结吗?他们显然不知道。尽管在此前与欠发达的中国交战时,美国无力扭转战场上的僵局,然而美国为何没能更早从中得到警示呢？

　　最后,有没有人能在二战结束时猜出二战的最终结局？当日本和德国遭受同盟国的沉重打击后,是否有人认为德国和日本将如此迅速地恢复元气？在1945年会不会有人相信德国的钢产量将在1950年超越法国呢？

　　然而政治领袖履行职责的图景并不像我们暗示的那样黯淡无光。一些领导人似乎在战争问题上比其他人更理性。譬如在1919年德国战败后,法国将军们已经开始在凡尔赛担心德国将在20年之内再次袭击法国。他们多有远见卓识啊！意大利将军们担心如果意大利参战,有可能在二战中战败,他们也是正确的。德国击败法国并不足以打动佛朗哥。佛朗哥在评估了英国实力后,拒绝在希特勒的胁迫下加入轴心国。希特勒为佛朗哥的优柔寡断和忘恩负义而感到怒火中烧。佛朗哥却得以善终。这些领导人为何能作出正确的判断？他们究竟是如何感知到战争的结果,并采取了应有的审慎态度呢？

　　由于信息的缺失,战争的未知领域如此之大。我们的比价并没有揭示战争导致的人类痛苦。我们可以衡量战争造成的物质损害:城市毁灭、房屋坍塌、森林焚毁、道路破败不堪。使用估算的数据来弥补真实数据的不足,我们就可以算出破坏的程度。然而人类承受的苦难和生活品质的下降却是难以估量的:没有这样的数据库。对于那些生活混乱不堪、四处颠沛流离、精神萎靡不振的人,对于那些背井离乡、生活规律被打乱的人,对于那些在战争结束后尝试再次"融入"周遭环境的人,我们得不到足够的信息。在采访战争幸存者的时候,你将多少次听到"我正在做这件事,然而战争爆发了"或者"我现在该怎么办"。对于战争的描述假如不包括这些事情,显然是不完整的。然而我们却得不到这样的数据,只能在比价中说明我们遗漏了这些数据。

　　尽管很多内容尚不为人所知,然而有如此多的内容可以而且应该为人所知,人们现在却并不知道。本书将致力于研究这一领域。读者应该知道,那些目前无法获得积极知识的问题与我们想要回答的问题的关系并不大。我们将围绕这些问题搜集可量化的数据。

# 论 权 力

战争和权力的关系既密切又复杂。人们往往相信,国际力量对比的变化将创造出可能导致大战爆发的条件,而权力是决定战争胜败最重要的因素。权力也是领导人诉诸武力冲突以试图维持或扩大的资源。本书难免会用很大篇幅探讨权力问题:力量和军事实力之间的差别、权力的局限性、权力的来源,以及衡量权力的标准。我们正是在回答这些问题的时候,提炼出了本书的主要内容。尽管如此,我们仍将主要关注后两个问题。只需简要探讨国家权力、国家能力和军事实力之间的区别,就能够知道我们为何关注后两个问题。

国家权力、国家能力和军事实力三个概念往往会被混淆。它们虽然密切相关,却不能画上等号。国家权力是三个概念中最宽泛的,可以被简要界定为一个国家为达到自身目的而控制其他国家行为的能力。[1]这种控制可能源于无形的因素:例如该国为本国立场辩护的主张让其他国家信服;一些国家愿意追随别国的领导,因为该国的诉求也符合它们自身的利益;或者因为它们并不在乎领导地位;抑或某个国家享有较高声望并被其他国家视为榜样。在二战结束后漫长的蜜月期里,美国享有极大的权力,这不过是因为它在苏联势力范围之外的大多数国家心目中享有很高声望。另一个例子是苏联,因为数百万外国人信奉共产主义的意识形态,它曾在 50 年来拥有很大的权力。

当然恐惧也是很有说服力的理由。恐惧是另一种无形然而非常有效的国际控制的来源。仅以美国、苏联、中国、日本为例,它们均曾在历史上不同时期对邻国行使很大的权力。这不过是因为这些小国感到恐惧,它们的恐惧并非空穴来风。它们担心倘若不服从大国的要求,可能会大难临头。

通过说服来行使权力的诱人之处在于手段的廉价。然而说服并不能达到目的,当然也不是唯一可供使用的手段。一国可以通过直接奖赏或惩罚其他国家的行为来影响它们。这是最频繁使用也最稳定的行使权力的方式。每一个国家都有一些需求,这些需求只有其他国家才能满足。只要一个国家能控制另一个国家想要的东西,并能随心所欲地赋予或剥夺这一奖品,它就拥有了影响该国行为的手段。一个国家可以通过无数种方式奖励另一个国家:向其提供用于消费和防务的产品,向其提供资金和技术以推动其经济发展,为其产品提供市场。富有的工业化国家持续不断地运用这些方法,让其他国家服从它们的意志。在 19 世纪,英国是世界上最强大的国家,这不仅是由于英国海军的实力,更主要的是因为英国作为世界上第一个工业强国,可以生产在当时国际贸易中相当份额的产品,也因为其国内市场可以消耗世界上其他国家生产出的很大一部分产品。同理,当今的美国在国际政治中拥有巨大的影响力,是因为其经济可以生产如此之多的其他国家需要的东西。美国庞大而兴旺的人口为其他国家的产品提供了巨大的市场。那些更贫困的国家也可以奖励其他国家。他们或许并不能生产其他国家民众所需要的东西,却可以向他们提供地下矿产,或者贡献出领土的一部分供更富有和更强大的国家兴建军事基地以部署舰船、飞机、导弹和士兵,或者建设商业基地。

既然有奖励的能力,就有惩罚的能力。我们并不需要长篇累牍地解释这种行使权力的方式。这样的例子在国际政治的历史上比比皆是。一些国家会拒绝向别国提供商品或援助,或威胁这样做,发出让目标国家改变行为方式的信号。颇具讽刺意味的是,外国援助的接受者会因为对该国的不满拍案而起,甚至倒向其他国家。仅以 20 世纪 70 年代末的非洲为例,埃及人和索马里人或许是因为对苏联的援助感到不满,抑或对苏联的干预愤愤不平,将苏联一脚踢开,转而寻求美国的援助。而埃塞俄比亚则反其道而行之,从美国阵营转向了苏联阵营。有时这种惩罚也会适得其反,美国对阿根廷和巴西人权问题的指责以及苏联尝试惩罚中国的做法并没有改变对方的行为方式,不过让其变得更加独立或者更具敌意。在多数情况下,不向其他国家提供其非常需要的产品和援助是一种有效的方式。

诉诸武力是各国向其他国家的行为施加影响力的最后一招,也是最明显的方式。我们将最关注权力的这一面,因为战争显然是为了行使控制而采取的最极端的使用武力的方式。然而武力也可以作为一种惩罚。

作为惩罚的武力至少在理论上不同于在战争中使用武力,对于前者,使用武力的一方希望受到惩罚的国家会主动改变行为。自从二战以来,阿拉伯和以色列、柬埔寨和越南、埃塞俄比亚和厄立特里亚、沙特和也门、美国和越南之间的冲突,以及在世界各地频繁出现的恐怖活动和反恐举措,均是使用武力来说服对手改变行为的例子。这样的行为无论是否成功,均为了达到同样的目的。对于一场全面战争,战斗各方的分歧是如此突出和深刻,以至于每一方确定的目标不仅在于促使对方改变想法和行为方式,也要摧毁对方的抵抗力,违背其意愿并控制其行为。惩罚阶段仍然留下了选择的空间,而战争的目的就是剥夺对方选择的权力。

还应该补充两个要点。使用武力来控制他人行为是在国际关系中行使权力的所有方式中要求最高也最不经常发生的。第二点对于本书后面的内容很重要。国家能力和军事实力是两个独特的要素。一国的实力远远超出其军事实力的范畴。将两者混为一谈可能导致灾难性后果,日本在珍珠港偷袭美国所犯下的致命错误充分证明了这一点。要了解一个国家的实力,必须看该国生产代表一国实力的主要资源的能力。[2]这主要涉及三个极大也极复杂的因素:一是一国可以工作和战斗的人员数量,二是活跃人口的技能和生产力,三是政府体制动员人力和物力资源的能力以及运用资源实现国家目标的能力。

# 论规模与增长速度

我们刚提到的国家实力和权力的来源并不是一成不变的。它们的变化是缓慢的、微妙的,而且从长期看在很大程度上是可以预测的。其中一个主要因素的变化将会在不同程度上深化已发生的变化过程,并为其他两个因素产生新的变化创造条件。这个互动进程正是国家发展或国家增长的关键。正是这个发展过程决定了一国可以获得的权力,增加了一国中央精英在和其他国家打交道时能使用的国家能力(或者权力资源)储备。权力和发展两个变量密切相关,其中一个因素发生变化,另一个因素也会发生变化。国际体系的秩序取决于这样的联系。

本书的论点是,国家成长与发展的方式和速度改变了可供其使用的资源储备。资源储备的变化为国际冲突的爆发创造了条件,也决定了战争的结果。更进一步说,这一变化如此生硬地改变了政治和经济的未来,那些尝试通过打仗来维系或改变现有的力量对比的国家,会发现自己的努力徒劳无功。确实,那些决定打仗来加速对其有利趋势的国家,最终将享受到其追求的优势地位,即使输掉战争也依然如此。要理解国际权力体系发挥作用的方式,关键在于意识到不同的国家的发展进程并不是千篇一律的,它们在时机、增长顺序、变化发生的速度等方面均存在重要差异。并没有什么单一的发展道路可供多数国家效仿,决定发展方式的不同力量组合深刻地影响了任何国家可支配的权力水平。这是因为不同的发展模式为本国精英在处理与其他国家关系的时候提供了不同类型的资源。

举一两个例子就可以表明我们的观点。北越高水平的政治能力使该国精英可以控制人力资源,并能击败美国的袭击。然而在战争结束后,由于经济增长乏力,这些北越精英在和其他国家打交道时处于弱势地位。同理,富有的沙特人在任何工业化国家都是享有特权的消费者,然而财富并不能帮他们抵御外国入侵。如果你想要对于一国实力以及当其遭到挑衅时可以采取的应对措施作出合理的评估,而这正是研究国际军事冲突时需要的信息;你必须首先理解一国增长的模式,实力增长提供了战争中必要的关键资源储备以及有效运用资源的能力。只有了解了国际体系中各国的相对规模和增长模式,才能发现塑造国际军事冲突行为的规则。

# 论 核 武 器

本书的最后一部分将探讨最后一组问题。今天国际冲突的主要机制与核时代之前是否相同？在核时代，增长和权力仍然密切相关吗？核武器是否意味着庞大的人口、生产力提升和高度发达的政治能力已退居次要地位了？考虑到这类新的恐怖武器的巨大破坏力及其迅捷的运载工具，力量和军事实力是否像在过去一百年来的军事思想家所说的那样，最终合二为一了？形势变化是否符合毛泽东的"枪杆子里面出政权"的论断，并证明它是正确的？今天我们可以把这个论断升级为，导弹发射器里出政权。如果真的是如此，国际尊卑次序已经发生了深刻的重组。如果说决定一国实力的唯一因素或者主要因素是核武器，那么生产力低下、治理薄弱的小国就能和最大、生产力最发达、运转良好的大国一样强大。因为尽管前者面临各种赤字，但它们拥有或者据说拥有核武器。不修边幅的大国印度拥有核武器，它不仅贫穷而且治理不善。以色列是国际政治中讨人喜欢的侏儒小国，据说拥有核武器。中国也拥有核武器。核武器是否改变了国际政治中冲突的运作方式呢？如果没有，核武器会带来什么变化呢？

# 本书写作框架

我们的研究将围绕国际增长和国际战争两个兴趣点搜集尽量多的信息，它们也是本书的基石。由于这两个问题如此密切相关，可以从其中一个入手来研究另一个。在本书中我们思考了国家规模和增长对战争的影响以及这种影响的演变过程和性质。我们的直觉是，在现代国际体系建立初期,战争和备战对发展的影响远远大于发展对战争和备战的影响。然而在现代,增长对战争的影响确实大于战争对增长的影响。因此,应该这样研究战争。然而,正是因为要研究发展和冲突行为之间的交集,我们在评估一套数据的时候,也不可避免地会掌握很多有关另一套数据的知识。我们在设计本书时面临的主要问题是,在我们围绕战争提出问题或者分析数据的时候,我们最好不要遗漏关于增长的信息。读者将会发现我们在尽全力做到这一点。在本书每一章中,我们都明确或者含蓄地探讨了有关国家增长的关键问题。

第一章观察问题的视角使我们可以将国际政治,特别是军事冲突视为一个外部因素。这个因素是由国际体系中各国不同的增长速度决定的。因此,第一章提出的问题是:"在战争爆发前的几年,国际体系中的力量对比发生了什么变化?"由于问题的性质,这一章仅探讨了大战。

我们在第二章非常努力地确定一个评估标准,以严谨和系统地分析政治发展概念中的政治能力要素。这样的尝试也有助于更全面地评估国家能力这个更宏大的概念。第二章提出了第二个根本问题:"是什么决定了战争的胜败?"我们认为政治经济和人口发展是权力的来源,本章对政治能力的衡量有力地支持了这一论点。

第三章尝试进一步推进对与发展相关的另一个关键问题的研究:一个国家增长的模式在多大程度上可以免受外部力量干预的影响?我们的问题是:"以权力为衡量标准,战争的最终结局将产生什么深远影响呢?"读者可以在这一章中找到另一个相关问题的答案:"战争究竟是政策的工具,抑或仅仅是经济力量的表现形式?"我们认为单纯强调前者或后者均大谬不然。你可以在多数案例中尝试回答这个问题,考虑这一现象的中心趋势。

最后一章隐含着另一个重要的发展主题:"在和平时代,国家增长是各国相互交往行为的来源吗?"具体而言,当一国加强武装,它们究竟是在应对国际紧张局势,抑或不过是在回应内部压力,这种压力源自增长模式提供了更多可用于发展军备的资源储备。我们试图评估核武器对于国际政治的影响,特别是对军事行为的影响。是否发生了核威慑呢?

发展核武器是由于外部风险,抑或不过是为了得到必要的资源?

我们将在本书中探讨这些问题。目前我们仍然不能全面回答这些问题,或者得到最完美的答案。尽管我们在一开始就已经发现这些问题,我们却希望把它们留在本书的最后一部分来解答。

让我们首先探讨第一个问题:什么条件会促使国际政治中爆发重大战争?

## 注 释

1. A. F. K. Organski, *World Politics,* 2nd ed.(New York: Alfred A. Knopf, 1968), p.104.另一种看待权力的视角,参见 Hans Morgenthau, *Politics among Nations,* 3d ed.(New York: Alfred A. Knopf, 1960), p. 28; Karl Deutsch, *The Analysis of International Relations*(Englewood Cliffs, New Jersey: Prentice-Hall, 1967), p.22。

2. Organski, *World Politics,* chaps. 7—8. See also David Singer, Stuart Bremer, and John Stuckey, "Capability Distribution, Uncertainty, and Major Power War, 1820—1965," in Bruce Russett, ed., *Peace, War, and Numbers*(Beverly Hills: Sage Publications, 1972), pp. 21—27; and Nazli Choucri and Robert North, *Nations in Conflict,*(San Francisco: W. H. Freeman, 1974), pp.26—43.

# 第一章
# 原因、开端和预测：权力转移

尽管关于战争的文献可谓汗牛充栋，人们却不知道多少有实践价值的内容。关于战争起源的理论还停留在假说阶段。我们可以回想在一战刚刚爆发的时候，德国首相冯·比洛（Chancellor von Bulow）与其继任者之间的对话。冯·比洛问："战争究竟是如何爆发的？""我们要是知道就好了，"对方答道。[1]约翰·肯尼迪（John F. Kennedy）多次回想起这一场景，并表达了恐惧之情。他应该知道；他应该做得更好。然而，即便在肯尼迪倾诉内心的懊丧之情的时候，他也在一步步将美国推向干预越南的泥潭。这种无知的记录让人沮丧。

我们的兴趣在于解释大战。关于战争为何爆发的理论还处于极不成熟的状态。[2]要解决这个问题，我们需要汇总两个关于战争根本来源的信息。首先，我们需要对国际体系中所有国家拥有的权力作出精确估算。人们一直相信大规模敌对活动的爆发与国际秩序中权力结构的变化有关。第一个主张的核心内容是：如果一个国家的权力出现了显著增长，它相对于其他国家的优势地位将会让这些国家感到恐惧，使之通过战争来逆转这一趋势。反之，当一个国家获取了相对于敌手的优势地位，它将尝试通过武力来削弱对手，以永久保持这一优势地位。无论采取哪一种方式，权力变化均被视为开战理由（causae belli）。

很明显，"结构性"变化只能解释战争爆发的部分原因，虽然是其中关键的一部分。如果受到影响的国家领导人尚未从变化中感知威胁，因此选择不打仗呢？毋庸置疑，某些促使战争爆发的导火索取决于精英的文化及其谈判技巧、他们解读其他国家领导人传递信号的能力，以及他们必须服从的各种来自制度的制约和机会。我们关注的第二个有关战争起源的信息来源，就是精英研判究竟应该打仗还是维持和平的决策过程。

很难判断这两类信息哪个更加重要。究竟应该更注重评估对手的能力，还是应该把握其领导人的意图，情报部门对此展开了无休止的争论。显然，如果只估算一国权力的变化或者只研判该国精英是否好战，均无法解释导致两个国家兵戎相见的全过程。然而，综合考虑这些因素，也许能够帮我们解答国际政治中两个根本性问题：大国为什么会卷入大战？我们能否对大战即将爆发作出可靠的预测？

长期以来，人们使用三种模型来探究在具体情况中不同的力量对比与战争爆发或维持和平的关系，并将评估结果与精英在何时或者为什么决定打仗的假设联系起来。这些模型是我们分析的起点。我们首先将分析力量对比与战争的爆发有何关系。其次，我们将分析应如何衡量精英打仗的决定。第三，我们将尝试检验这些模型，看哪一个模型是正确的。

# 三　种　模　型

## 均势模型

数百年来，国际关系的专业人士和实践者一直在使用一个较为古老的模型。均势模型（balance-of-power model）认为，当大国或者大的国家联盟之间的力量对比大体均衡的时候，就会出现和平。反之，倘若明显出现了权力资源分配严重失衡的状况，战争爆发的可能性将显著上升。根据这一理论，权力增长的国家将利用其优势力量来攻击变得更虚弱的对手。因此，均势模型基于三种信念：权力均衡有助于和平；权力不平衡导致战争；更强大的一方更可能发动侵略。[3]

> 权力体系应该这样运作：……数量众多的国家各自拥有或多或少的权力，每个国家都努力实现自身权力最大化，整个体系倾向于走向平衡。这就是说，不同的国家会相互建立集团，最后没有任何一个或者一组国家可以强大到享有压倒性优势地位，因为该集团的权力受到反对集团的制衡。只要可以维持这种平衡就可以保持和平，小国就能维持其独立地位。[4]

这一等式概述了均势运作的核心机制，它是如何导致国际稳定或者战争爆发的。它揭示了促使行为体进行各种排列组合以确保均势形成的动力，说明为什么力量对比大致均衡对于维持和平是必要的。

理论经济学家认为，"经济人"的行为是由自身利益最大化的渴望驱动的。国际政治专家同样认可均势模型，认为国家的政治动机是由将自身权力最大化的渴望驱动的。据说正是这一动机激励着国际体系中所有行为体按照其行为方式行事，这一动机也包含着影响对外政策领域一切决策的根本规则。既然拥有优势的国家会通过攻击弱者来实现权力地位的最优化，这些弱者反过来也可以与面临类似处境的国家结盟来提升实力。当然，所有国家都可以通过破坏对手的同盟来增加权力，或者通过打仗来维持一种力量对比态势，以长期保障本国的福祉和生存。

显然，同盟的建立和瓦解是维系均势体系的主要机制。要依靠结盟来改变力量对比，是因为体系中每个成员的权力资源的伸缩空间都比较小。除非将盟国的力量增加到自己的力量之上，或者借助说服、贿赂、颠覆对手的盟友以使对手集团分崩离析，削弱其力量，否则一个国家无法大幅提升自身的权力。

最后，我们引述的那段话说明了"均势"为何必须表现为力量对比均衡。在回答什么力量对比可以确保所有成员的安全的问题时，均势体系的支持者往往含糊其词。有些作者指出，"均势"所指的不过是均衡的状态，而这样的状态可能源于任何一种力量对比。[5]然而这种观点却违背了体系的第一条定律,那就是所有的国家均追求自身权力的最大化。一个国家或者集团取得任何决定性优势,就意味着强者的权力逐步攀升的开始,直至其建立霸权,或者由于其他原因出现与对手势均力敌的状况。

我们应该补充说明均势体系的一个特点:这一体系是可以实现自我平衡的。确实,体系具有超稳定性。为了实现权力地位的最优化,各国会组成集团,构建出可以保证国际体系的稳定、和平和安全的平衡。如果平衡被打破,体系将进行调整,使之再度趋向平衡。然而,如果体系中各个成员钩心斗角的过程无法实现权力总量的再分配,保障体系中主要行为体之间的力量大致均衡,那么一个没有参与联盟却拥有决定性实力的国家就会加入弱小的一方,使体系再度平衡,出现超级稳定状态。在过去,英国扮演了平衡者的角色,很多历史学家认为英国在欧洲和世界舞台上发挥了这个作用,至少在 18 世纪和 19 世纪是如此。

每个国家都会利用其优势地位扩大权力,牺牲其他国家,这是一个普适的规则。均势体系的拥护者并没有阐明平衡者为什么可以不遵守这个规则。根据这一模型的规则,考虑到所有国家应有的行为方式,平衡者完全可以凭借其力量优势在一个联盟的帮助下攻击另一个联盟,实现权力最大化,直至所有国家都俯首称臣。没有什么比这一假设更让人满意了。

难道所有国家都希望实现自身权力最大化吗?随着时间的推移,我们可以发现各国权力最大化的诉求是有差异的。今天的瑞典是一个典型的热爱和平的国家,然而它曾经是令人恐惧的侵略者。美国过去是个爱好和平的国家,一个真正的孤立主义国家。然而这些词汇不再适用于今天的美国。总之,尽管人们宣称均势体系的第一条规则是恒久不变的真理,我们却没有发现普适的行为模式来证明这一点。还有诸多疑点带有不确定性。然而对我们来说,最重要的问题在于这一模型是否有效,我们最感兴趣的是,力量对比均衡是否真的能维持和平;反之,力量对比失衡是否会导致战争。其他两个模型反对均势模型的这两个论断。

## 集体安全模型

第二个模型的基础是集体安全观念,一战之后缔造和平的过程使之得名并闻名遐迩。集体安全代表了另一种旨在维系国际和平的权力安排。对立集团之间权力资源的分配必须具有绝对压倒性。集体安全要求体系中所有成员一起打击侵略者。"所有人对抗一人"是当务之急。如果一个和平的国家未能履行义务，那么每一次背叛都将增加战争的可能性。这些国家可能会对眼前的争端或者受害者的命运无动于衷，侵略者可以利用那些可能保卫受害者的国家的恐惧，或者运用分赃的诱惑来拉拢它们，使受害者孤立无援。因为即使保卫受害者的联盟在资源分配方面与侵略者势均力敌，也很难避免战争。然而假如各国都遵循集体安全"所有人对抗一人"的约定，战争仍然爆发了，侵略者将难免失败的结局。即使集体安全不能实现和平，也能保障安全。因此，这一模型的根本信条是：压倒性力量对比（防御者比入侵者强大得多）将有利于和平；平等或者相对平等的力量对比则意味着战争，但侵略者会比联盟更弱小。[6]

第二个模型还作出三个假设。首先，在国际争端中，当敌对活动一触即发的时候，侵略者的身份就会大白于天下。然而这似乎是非常不确定的。一国往往宣称另一个国家是侵略者，这种说法在很多情况下能得到普遍的认可。然而越南战争、印度和巴基斯坦之间的冲突以及中东地区周而复始的斗争均表明，很难确定谁才是侵略者。

集体安全模型的第二个根本假定是，所有国家都同样热衷于预防侵略，可以指望它们通过政治和军事举措完成使命。在均势体系中，和平是体系发挥效力的珍贵奖品，也是无心插柳的结果。在集体安全体系中，和平是除了侵略者之外所有成员直接和明确的目标。[7]

第三个假设是侵略者和崇尚和平的国家之间应该保持必要的力量不平衡，而结盟是保障不平衡状态的主要手段。在这方面，集体安全模型和均势模型是相同的。然而只有对于前者，抵抗侵略者的承诺才是先验的过程，只要有这样的需求，自然会结成必要的联盟。

我们将在下文中进一步讨论上面的假设是否正确。我们将在这里提出第三个模型。这个模型是在二战以来形成的，它显然不同于前面两个模型的观点，但与它们有某些相似之处。

## 权力转移模型

我们的第三个模型源于权力转移的概念,形成于 20 世纪 50 年代。[8]
该模型的一些结论和前面两个模型非常相似:在竞争性国家集团之间政
治、经济和军事实力的大体均衡导致战争的可能性上升。当优势国家集
团和劣势国家集团的国家能力不平衡的时候,最容易维持和平。侵略者
可能是一小群不满的强国。较弱的国家比较强的国家更容易成为侵
略者。

下一段话总结了这一模型的主要内容:

  金字塔的最顶端是世界上最强大的国家,现在是美国,此前是
英国,可能未来将会是俄罗斯或者中国……。金字塔的下一层是大
国。大国与主导国的区别不仅表现为影响其他国家行为的能力不
同,也表现在它们从国际秩序中获得的好处不同。正如其名称所
示,大国是非常强大的国家,然而他们没有主导国那么强大……。
正如我们所见……当强大和不满的国家羽翼丰满的时候,现有的国
际秩序常常已经完全确立,收益已经被分配好了。这些"暴发户"在
构建国际秩序方面没有获得好处,主导国及其支持者通常只愿意将
它们获得的好处中的一丁点儿分给后来者……。而对于挑战者而
言,它们试图在国际社会中获得一席之地,它们相信自己理应凭借
增长的权力得到这样的地位。就权力而言,这些国家已经实现了迅
速的增长,并且可以想见将继续增长。它们完全有理由相信自己可
以与主导国分庭抗礼或者在权力方面赶超这些国家。它们不愿意
接受在国际事务中的从属性地位,因为主导地位将给它们带来更多
的好处和特权。[9]

这一模型强调,国际力量对比之所以存在显著差异,根源在于成员
国利用本国人力和物力资源的能力不同。这一模型主张,战争的根源是
由于国际体系中国家大小和增长率的不同。如果对民族国家的大小进
行受控比较,这方面的差异令人震惊。其余的权力差异源于国家生活中

关键部门的发展水平不同。最重要的是经济生产力，以及政治体系能否高效地提取和整合现有的人力和物力资源以达到国家目的。[10]

国家权力来自国家的发展，这个观点对于该模型的运作有重要意义。人们往往强调发展革命遍及全世界。确实是如此。然而在世界所有国家和地区，推动发展的变化却不是平均分配的。即使在今天，世界上只有三分之一的国家是发达国家，处于权力成熟阶段。大约三分之一的国家还是发展中国家，处于权力转移中较低的位置。剩下的国家尚未启动通往财富和权力的漫漫征程。这个事实对于国际和平和安全尤为重要：大国——那些人口最多、权力的潜力也最大的国家——在发展的坐标轴上所处的位置差距甚远。一些像印度和印度尼西亚这样的国家，经济发展水平很低，仍然是蛰伏中的大国。像中国和巴西这样的国家处于过渡期的不同位置。最后，美国、日本、德国、英国和苏联等国在权力成熟的程度上各不相同。

显然一个国家打破体系均衡的能力在很大程度上取决于该国起步时的基数。因为它们是小国，假如危地马拉、哥斯达黎加或者阿尔巴尼亚实现了全面增长，并不会引起其他国家的注意。然而如果印度或者印度尼西亚真正开始了现代化进程，无疑会导致国际力量对比的重组。中国在聚集权力资源方面获得重要收益后，事实正是如此。权力转移模型认为，大国现代化发生的速度对于打破此前的力量均衡至关重要。如果发展速度缓慢，一国赶超主导国的问题可能更容易解决。另一方面，如果实现了迅速增长，双方均未对权力转移作好准备。挑战者可能尚未有机会对其实力进行现实的评估，因为其精英仍然不谙使用权力之道，新增长的力量几乎全部源于国内变化。因此作出错误估计的可能性也许会上升。

我们也应该考虑发展的先后次序。一国发展的起点究竟是经济生产力的迅速提高、迅速的政治动员，还是社会和地理流动性急剧提升，这会对国家的权力产生不同的影响。这些不同部门的变化将产生不同的权力资源。举两个例子就可以说明这一点。对于多数西欧国家，国家总体发展的强大推动力源于经济变革。在 19 世纪，西欧经济生产力的迅速增长,让欧洲在贸易、武器、构建庞大陆军和海军方面获得优势地位,使之有能力征服落后的世界。然而,在共产主义国家,国家发展的动力是政治动员和组织。这些国家在民众中组建盘根错节的政治网络,实现了高水平的政治动员。在很大程度上,这一进程是独立于社会经济变革过程的。在西方国家中,社会经济变革强化并推进了政治变革。中国边界之外的民众认同中国的意识形态。在与本国强大得多的军队交战时,中国、朝鲜、越南和红色高棉军队表现出不可思议的高效率。这是因为这些国家可以成功地通过政治组织动员多数民众,构建必要的结构使军事努力不断告捷。在我们构建可以预测战争结果的模型时,政治"发展"先于经济发展是一个关键问题,我们在下一章中对此进行了充分讨论。

一个国家的人口、政治和社会经济发展的速度、时机和先后次序,对于任何一国在任何时刻的权力均有重要影响。这些因素对于权力转移模型的运作均非常重要。

# 三种模型的比较

这些模型存在根本差异,然而也有重要的共同点。为了锁定我们想知道的内容,我们对每个模型提出三个问题。第一,是什么因素让体系中的行为体决定维持和平并接受自身的位置?第二,什么样的力量对比对于和平至关重要,什么样的力量对比可能导致战争?第三,也是对我们最重要的一点是,在每一个模型中,什么样的力量对比可能导致和平或者引发重大冲突?

## 精英的目标

很明显,每个模型对于决策者让本国远离冲突或者卷入冲突的动机,给出了根本不同的解释。在均势模型中,一国领导人寻求实现自身权力最大化。强大的国家试图扩张,而其潜在受害者为了保护自身不受侵略，会相互结盟以增强其进攻性或防御性能力。在集体安全体系中，决策者的动机是预防或击退侵略的理性诉求。

权力转移模型与其他两个模型有根本不同。它并没有尝试提出一般性原则，以解释和预测精英在什么情况下倾向于打仗。另一方面，它警示人们，权力结构变化本身并不会导致战争。感到满意的大国不会认为感到满意的小国获取的优势对其构成了威胁。此外，强大的和心满意足的国家不会发动战争。除非大国认为体系的变化挑战了其地位，或者它们不再认可利益分配的方式，这时权力转移才是危险的。

因此，三个模型均认为国家行为是可以预测的。前两个模型与第三个模型的差异在于，集体安全模型认为决策者是由对体系效用最大化的渴望驱动的；而均势模型认为，行为体的动机是实现个人效用的最大化。整个体系中的成员获得的收益不过是每个成员自私行为的结果。熟悉自由放任经济学派的读者，当然会觉得这套说法似曾相识。两个模型均假定影响战争与和平并能维系体系的趋势是可以控制的，这些趋势可以而且必须被控制。对外政策精英是舞台上的关键角色。这些模型适合那些行为导向的人。

根据权力转移模型，对追求权力最大化的渴望以及在狭义上确保安全的一厢情愿的诉求并不是一国发动战争的原因，尽管后者往往是人们提出的借口。在这个模型中，一国之所以发动一场大战，是因为对其在体系中地位的普遍不满或者重新制定国家间关系规则的渴望。

我们应该注意一点。权力转移模型并不需要一位"客观"的观察者来判定挑战者心存不满是合理的。不满的国家愤愤不平并不一定需要"充分的理由"。尽管它们和几个大国相比处于劣势地位，它们相对世界上其他国家却享有显著的优势。确实，根据这个模型，真正处于劣势地位的国家往往过于弱小，不能破坏和平。然而，无论正确与否，在权力转移模型中，重要行为体选择的路径仍然是可以预测的。从这种意义上说，这一模型与其他两个模型是一致的。

最后还需要指出一点差异。使各国相互冲撞的轨迹是不容易被控制的。时常有人尝试微调各国的运动轨迹，这样做的结果充满了不确定性。然而权力转移的根本变化是既定的,而且无法被操纵。第三章有关战争的结果的证据支持这一观点。因此,权力转移模型可能会让那些尝试通过国际工程来维持和平的活动家感到有些不安。

## 重新分配权力的机制

是什么导致了引发战争的恶性力量对比呢?这些模型对这样的权力变化作出了不同解释。均势模型和集体安全模型认为,这一变化是结盟的产物。体系的单元是不会改变的,至少不会有太大改变。它们只是以不同方式组合,不同的力量对比是组合的结果。规则很简单:一国可以通过与其他国家结盟,或者利用盟友的帮助提升本国能力,以造成对自己有利的均势。一个国家也可以通过其他方式来提升其权力地位。为了达到这个目的,它可以加强武装,诉诸武力或者弥补自身弱点。然而要提升权力地位,一国可以使用的代价最小也最可靠的方式就是与朋友的力量联合起来,或者破坏对手的联盟。我们应该注意到,很多人支持这样的观点。[11]

我们的以权力转移概念为基础的模型不认可上面的结论。该模型假设一国权力的主要来源是本国的社会经济和政治发展。若非如此,我们应如何解释苏联和美国的崛起,或者英国和法国的衰落呢?这些国际力量对比的重大变化发生在正常的同盟模式之外,它们对于体系稳定性和生命力的影响远远超过了同盟的分分合合。大国和小国之间的关系往往偏向其中一方,几个大国的关系也是不平衡的。因此,要想预防世界力量对比发生带有威胁性的变化,多数情况下不能通过结盟来达到目的。在和平时代,主导国比其他大国都要强大得多。我们可以从权力转移模型的视角来思考目前世界大国的力量对比。目前的领导国美国和紧随其后的挑战者苏联存在较大权力差距,尽管两者之间差距在缩小。在权力转移模型中,可能引发大战的因素正是挑战者和主导国之间的关系。第二梯队的大国德国和日本与苏联的差距同样大,第三梯队的法国和英国与第二梯队的差距也很大。

显然,如果不同梯队的国家之间差距真的像我们说的那么大,结盟可能仅能改变不同梯队间差距的大小，却无法改变主导国际体系的大国的基本排名。

此外，结盟的形成和解体并非易如反掌。对于国际体系中的六七个主要大国，很多组合方式是荒诞而不合理的。合理的组合寥寥无几。多数组合不合理的原因在于，在现代社会，社会经济和政治意识形态纽带将各个国家聚到一起，这种关系不会单纯为了争取权力优势而破裂。我们目睹了美国想要与中华人民共和国建立礼尚往来的外交关系面临的困境。尽管在一战之后的几十年，德国若能和法国建立联系，赶超英国的概率将显著提升；但德国要改善与法国的关系却举步维艰。均势模型的潜在假定是，考虑权力的定律足够强大能够指引国家加入或退出联盟的行为，这种假设是不正确的。

然而，国家确实会改变它们所在的阵营。例如，在两次世界大战期间，意大利和日本从协约国阵营转移到德国的阵营。在二战战败后，它们又和德国一起再次改变了阵营。我们只能猜想，究竟是哪些复杂的因素导致了这些变化。我们或许可以假设，同盟的变化可能是因为这些国家掌权精英的组合发生了变化，而这些精英决定改变阵营。社会经济和政治变化加速了同盟变化的过程。各国的社会经济变化可能是每个国家在启动现代化进程中均必然经历的发展过程，也可能是由于在大战中惨败而被其他国家强加的。前者可以解释意大利在两次世界大战期间的转变，后者可以解释为什么二战结束后轴心国转向同盟国的阵营。

在一些权力转移模型可以解释的例子中，同盟确实会改变体系中的力量对比。如前所述，这种例子寥寥无几，尽管它们持续的时间比较长。显然，如果大国之间权力差距比较大，而体系的单元并没有变化，权力排位发生变化的可能性几乎为零。但是根据权力转移模型，体系中的单元并不是不可改变的。由于实力增长，几个主要国家会赶超此前遥遥领先它们的对手。这一过渡时期可能跨度为几十年，主要竞争者之间的力量对比趋于平衡，和平则岌岌可危。在这一时期，主要国家不同的结盟方式可能会导致国际力量对比的变化。

两个例子可以说明这一观点。在 19 世纪最后三十年，德国赶超了法国,并正在赶超英国。在这一阶段法国若与德国结盟,后者将成为主导国家,至少在短期内是如此。按照权力转移模型,我们可以猜想在未来相当长的时间内,中国将超越苏联,但不会超过美国,而中苏结盟可能意味着美国在国际体系中的主导地位比人们的预期更早结束。另一方面,美国若与苏联结盟,将延缓中国成为主导国的进程。这些例子说明,在同盟行为可以改变力量对比的情况下,能否将同盟视为在短期内实现力量重新分配的重要机制,取决于观察者在这一时期的利益。然而放眼未来,同盟却无法改变长期的趋势。

## 力量分配

在比较三个模型的时候,如果你要问,什么样的力量对比可以维持和平或导致敌意爆发,就会发现三个模型最后一个也是最重要的差异。在这个问题上,三个模型的区别不同于此前探讨的问题。权力转移模型和集体安全模型对这个问题的回答是,为了维持和平和安全,力量对比必须倾向于某一方,体系的维护者应该拥有相对于潜在攻击者的压倒性优势。均势模型则提出了截然相反的解决方案。均势模型认为,主要竞争者只有实现力量的平均分配,才能确保和平。因为当一方开始获得相对于另一方的显著优势的时候,战争的危险将急剧上升。

此外,均势模型预测强者会进行攻击。集体安全模型假定侵略者比联盟更弱小。而权力转移模型认为进攻者是较弱的一方。

最后,在权力转移模型中,主导国和挑战国的权力在一段时期内是大致相等的。挑战国最终赶上了主导国,超越是一个现实,双方的精英均认为权力的变化危机四伏。该模型认为,实力快速增长的国家正是为了加速赶超主导国,所以发动了进攻。与此同时,仍占据主导地位的国家对挑战国展开丧心病狂的围追堵截,以延缓其发展速度,最终导致战争。此外,赶超的过程可能并不快,也许历时几十年,因此这一时期可能被几场武力冲突所打断。此外,该模型强调,主导国阻挠快速发展国家获益的企图将会是徒劳的。无论在战争中命运如何,挑战者很可能迟早会"取得胜利"。

# 准备验证模型

从我们的分析可以看出，这些模型在某些方面是相互补充的，而在其他方面则相互矛盾。它们或许都是错误的，但是它们不可能全都是正确的。每一个模型看上去都有道理。它们对于不同情境下和不同时期如何维系和平、战争如何爆发作出了有趣的解释。然而，目前为止，没有办法表明哪个模型是正确的。我们的每一个解释均有其坚定的支持者。哪个模型准确地描述了国际政治体系运作的方式呢？至少比其他模型更准确？这些模型均非常有趣，然而它们能不能站得住脚？当然，除非我们发现检验模型的办法，否则我们永远也不会知道。这就是我们准备做的事。[12]

我们要小心不能夸大其词。我们不能对模型进行全面的检验，它们太复杂，包括太多清晰和隐晦的假设，无法在这里进行彻底的检验。彻底的检验应该是具有里程碑意义的成就，然而目前却没办法实现。我们只想要检验模型中的一个观点。每个模型的基石都是主张力量对比，以及同战争与和平有关。换句话说，当战争爆发的时候，力量对比会发生怎样的变化，或者至少在大国体系中的力量对比如何演变？这就是我们要回答的问题。

即使是这样的检验也需要作大量准备。要回答"什么样的力量对比将导致战争"，难免需要在陈述理论时，在概念的界定方面加入宽松空间和模糊地带。这样做是我们在进行实证检验的时候不能容忍的。我们如何衡量国家权力或者国家能力？我们如何给权力相等和权力不等这样的概念赋值？什么样的战争可以被称作大战？

因此，如果要进行这样的检验，我们要做的第一件琐碎的工作，就是构建易于使用的国家能力的衡量标准。除此之外，这意味着我们的衡量标准要能得到不同年代和多个国家的数据。

第二件工作是明确应如何衡量力量对比的变化。如果我们主张一旦两个国家拥有的权力发生了某种特定关系,这两个国家就走上了一条通往战争的不归路,那么我们应该如何清晰地表示这样的结构呢?

我们的第三个任务就是阐明什么样的国家是某个既定体系中的行为体。我们将说明,这件事不像界定哪个国家是"大国"那么简单。无论如何,只有完成了确定行为体这个关键的准备步骤,我们才能开始进行试验。

第四,必须明确我们衡量出的力量变化能够解释哪些战争。显然,这些模型从未自诩可以解释所有的战争。尽管在探讨这些概念的某些罕见场合,它们看上去是无所不能的。这些模型试图解释的是大战。那么后续的问题就是,应该界定大战包含哪些要素。

还有最后的一个任务。三个模型均或明晰或隐晦地指出,不同的精英在引领国家处理国际关系的时候,对于力量对比的解读往往会截然不同。朋友力量的上升并不让人担忧,然而很多人会认为敌人新增的权力是一个严重的挑战。在某些情况之下,这甚至可以被视为开战的理由。因此,我们必须确定可以接受的衡量标准,来说明国家行为体精英的认知与行动的关系。当他们将战争前的权力结构变化解读为不具威胁性的时候,他们是否不会采取行动。相反,当他们在判断权力结构具有威胁性的时候,是否会受形势所迫厉兵秣马准备打仗。

## 衡量权力资源

长期以来,权力被视为个人、群体或者国家用于控制他人行为以达到自身目的的能力。[13]它存在于每一种关系之中,每一个当事方均控制着有形和无形的资源,可能改变另一个当事方的行为。仅仅当各方之间存在分歧的时候,权力才成为显而易见的因素,这时更强大一方的愿望将会占上风。因此,衡量权力对于预测和解释双方的行为至关重要。

有人尝试研究一个国家对另一个国家施加的实际控制力的大小。然而,国际政治专家通常会给自己留下一条退路,满足于衡量作为权力来源的资源。[14]这样做是有问题的。权力资源并不一定能发挥出全部潜力。可靠地评估这些力量也不一定囊括了所有关键要素，如外交技巧、超凡魅力领袖以及在国际上广受欢迎的信仰体系。我们很难轻松而可靠地衡量这些要素。此外，生硬地估算某个国家表面上拥有的权力可能并未触及真相，因为其他国家可能错误地假定该国比实际上更强大或者更虚弱。权力的表象往往代替了真实情况。[15]

因为我们关注的是权力和战争之间的联系，最后一个问题可能并不那么突出。在和平时代，一个国家实际拥有的权力与外界对于其的认知更容易发生偏差，而在战争年代则不会如此。在战争期间和战争之后，两种观点倾向于趋同，因为战争对人们的判断进行了检验。因此，墨索里尼凭借威胁和虚张声势为意大利赢得了国际社会的尊敬，然而当意大利实际的权力在二战中暴露无遗的时候，人们发现意大利赢得的尊敬远远超出了其真实水平。同样地，人们对日本军事力量的认知也与日本的实际情况也大相径庭，直到日本不断卷入二战之后，人们对日本权力的认知才符合其真实水平。

衡量国家能力包括三个步骤：一是列出可能影响一个国家行使权力的全部因素；二是选择其中的重要因素；三是确定一种方式来整合这些要素以确定衡量国家能力的单一标准。

我们不断重复前两个步骤。我们列出了通常被人们视为关键因素的指标，并且将其汇总和缩减到可操作水平，这样就可以运用智慧将可衡量的要素结合起来。[16]长期以来，有志于对国家力量进行实证估算的学者达成了这样的共识，那就是要想对权力进行较为精确的总体评估，只需衡量经济、科技、政治、军事和人口能力这些要素就够了。[17]还可以使用定量指标。例如，人均产出、总体产出或可支配产出的数值能可靠地说明一个国家的经济能力。要从总体上把握人口能力，可以计算该国的人口总量。要进行更精确的估算，就需要计算该国能够工作或战斗的人口总量。军事备战水平可以通过准确的武力开支或军队规模来推断。只有政治能力是难以衡量的。除了近期的一些数据，我们无法获取必要的数据，这些数据也难以解读。

无法构建令人满意的政治能力衡量标准，是构建衡量权力的标准的主要缺陷。这对于回答我们在本章中提出的一些问题、推进我们对于战争结局和影响的研究有重要意义。我们解决问题的前几步,让我们可以尝试预测各国交战时的胜败结局。第二章充分探讨了这个问题。我们要在这里展示我们的衡量标准,排除了直接测量政治能力的可能。我们将使用这些衡量标准,来检验力量对比及其变化是否在冲突爆发前就已经开始了。该模型认为这一变化是与维系和平或者战争爆发相关的。

缺乏对于政治发展的衡量标准,并不会削弱我们在本章和第三章中所做的检验。只有在估算发展中国家的政治能力的时候,直接测量政治能力才非常重要。

应该阐明我们这样做的原因。在二战之前已实现工业化的国家经历了这样的发展模式,其中大批民众参与了政治体系,这是对于社会经济变化的回应。因此,政治体系的扩张在颠簸中前进,基本上与经济生产力增长和城市化进程同步推进。因此,在这些案例中,我们可以通过衡量关键的社会经济变量来推断政治发展水平。但是,正如我们已指出的那样,当这样的发展模式受到挑战,这一进程就无法持续,正如今天的发展中国家所经历的那样。在这些例子中,这样估算并衡量国家能力是存在缺陷的,不应该这样做。当我们要预测冲突的结果的时候,我们还会进一步阐释这一问题。幸运的是,为了实现我们的研究目标,我们研究的大国是西方国家,其在政治领域的发展与经济领域的发展是一致的。

选择关键的指标只是迈出了第一步。我们还需要想办法将这些指标结合在一起形成单一衡量标准。[18] 直至目前,还没有人尝试进行这样整合。学者时常会罗列出所有指标的值,让读者自己来确定其中的重点。如果一个国家在所有的衡量指标中都表现出色,读者就可以凭直觉或印象得出衡量数值。然而,如果一国某些指标得分很高,其他指标差强人意,凭借印象进行评估就显得没有根据了。如果要评估国际力量对比的变化对于重大冲突的影响,需要确定单一而可靠的衡量标准。大体而言,人们作出了三类整合的努力。第一类只是将不同指标的数值简单地加在一起。第二种则是把各个指标相乘而不是相加。第三类不满足于进行简单的汇总,指出权力等式中各要素的值各不相同,因此需要权衡不同部分的值。

尽管人们提出了不同的衡量标准,但只有少数衡量标准是真正实用的。我们选择比较两个理论和经验研究最成熟的衡量标准。与此同时,其概念也代表了有关最佳整合方法的辩论中的两种极端看法。

## 使用总产出作为国家能力的衡量标准

奥根斯基(A. F. K. Organski)和金斯利·戴维斯(Kingsley Davis)在很早前指出,国民生产总值和国家收入是很好的衡量国家能力的指标。可以通过总产出来有效地估算国家能力并不奇怪。对国民生产总值的估算直接反映出那些对于生产国家资源至关重要的深层变量的变化:能够工作和战斗的民众在人口中所占的比率及生产力水平。生产力水平提供了非常丰富的信息。因为个人对于国民生产总值作出的贡献,可以精准地反映出该国的科技、教育、资本密度,以及其他构建和维系国家权力的关键因素的水平。此外,高水平的生产力也说明社会有能力在外部安全领域进行投资,因为军事开支与国家财富水平是密切相关的。

由于总产出是核心问题,是有生产力的人口规模与其生产力水平相互作用的结果,国家权力的等式如下:

$$权力 = 人口 \times \frac{国民生产总值}{人口} = 国民生产总值$$

在这一公式中,总人口是指可以工作人口的规模,而人均产出是指生产力水平。[19]各要素之间的相互作用假定存在隐含的赋值系统。生产力和人口是等比例相关的。如果一国人口比另一国人口的生产力高一倍,然而人口仅是另一国的一半,那么生产力水平低的国家的两个工人只能完成生产力水平高的国家一个工人的工作,两个国家的权力却是相等的。这一赋值系统尽管有些武断,在理论上似乎是合理的。更重要的是,它反映了国际政治的现实。[20]

我们说过,将国民生产总值(GNP)作为从整体上衡量国家能力的标准,其主要问题在于,它并没有直接衡量政治体系完成工作的能力。然而对于在19世纪实现工业化的发达国家,这个问题并不严重。对于这些国家,可以通过衡量关键的社会经济变量来推断其政治发展水平。

现在我们要探讨第二个可用于评估力量对比的衡量国家权力资源的标准。

### 辛格(J. D. Singer)、布雷默(S. Bremer)和斯塔基(J. Stuckey)的国家能力衡量标准(SBS指标)

这一衡量标准的重要性体现在两方面,一是研究人员设计的分析过程非常有趣,二是其搜集数据的方式不但设计精巧,而且具有可操作性。[21]

我们有必要详细地描述辛格团队是如何设计这一衡量权力的标准的。其研究步骤可概述如下。

(1)作者指出,三个主要变量就足以表示总体的国家能力:军事能力、工业能力和人口能力。其他变量则或者没那么重要,或者与主要变量密切相关,可以通过这三个变量及其指数表示出来。

(2)用来衡量三个变量的指标包括:工业能力(由能源消费数据表示)、军事能力(由军事开支和军事人员数量表示)、人口要素(由总体人口和居住在二万人以上的城市的人口数量决定)。

(3)在选定关键的国家后,学者开始收集每个国家的数据。掌握数据后,他们得到每个国家在每个指标中的数值,并分不同指标来计算国际总量。所有的国家总能力的数值之和为百分之百。再计算每个国家在每个指标中占总量的百分之几。

(4)得出每个国家在每个指标中所占百分比的数值后,将这个国家各个指标的全部数值加起来,再除以6取平均值,得出的百分比数值就是这个国家在国际体系中国家总能力所占的百分比。

读者可以通过表1.1来了解辛格团队的研究步骤。[22]他们先对该指标的不同要素进行标准化操作,之后再将这些指标汇总为单一的指标。这样的步骤有诸多优点,可以比较不同国家的能力,而无须考虑国际体系中各国能力实际上发生的波动。还可以随时增加样本中国家的数量,仍然对不同国家进行比较,因为每一次评估算出的总量都是不同的。

表 1.1　使用辛格、布雷默和斯塔基模型（SBS 指标）来计算国家能力

| 国家 | 军事层次 | | | | 工业层次 | | | | 人口层次 | | | | 相对能力 | |
| | 军事开支 | | 军事人员 | | 钢铁生产 | | 能源消费 | | 总人口 | | 城市人口 | | 各层次比的总值（%） | 六个指标调整后占比（%） |
| | 实际单位（万） | 占比（%） | 实际单位（万） | 占比（%） | 实际单位（万） | 占比（%） | 实际单位（万） | 占比（%） | 实际单位（万） | 占比（%） | 实际单位（万） | 占比（%） | | |
| A | 100 | 33.4 | 1 | 5.0 | 10 | 33.4 | 10 | 50.0 | 2 | 10.0 | 1.5 | 30.0 | 161.8 | 27.0 |
| B | 100 | 33.3 | 3 | 15.0 | 10 | 33.3 | 5 | 25.0 | 2 | 10.0 | 1 | 20.0 | 136.6 | 22.8 |
| C | 100 | 33.3 | 16 | 80.0 | 10 | 33.3 | 5 | 25.0 | 16 | 80.0 | 2.5 | 50.0 | 301.6 | 50.2 |
| 合计 | 300 | 100.0 | 20 | 100.0 | 30 | 100.0 | 20 | 100.0 | 20 | 100.0 | 5 | 100.0 | 600.0 | 100.0 |

注：本表用来说明如何计算各国的能力，所有的数据都是虚构的。

尽管如此,这样的做法存在一些不足,特别是在试图进行跨时空比较的时候,这些不足尤为突出。因为只有在构成体系的主要国家保持不变的情况下,才能进行比较。如果体系成员发生变化,比较就没有意义了。

如果要评估一个动态模型的价值,例如权力转移模型这样需要进行跨时代比较的模型,这是一个极其严重的缺陷。

还有一个问题。辛格团队采取的衡量标准是相对的衡量标准。一个国家的能力不仅取决于其自身的表现,也取决于样本的整体及其中每个国家的情况。当一个国家的相对权力下降的时候,我们无法确定这是因为这个国家表现很差,还是由于样本的总体表现在提升。如果是后者,样本总值的提升究竟是因为各个国家普遍表现良好,还是由于某一个国家表现格外出色呢? 我们只有查阅一开始计算百分比的原始数据,才能作出令人满意的判断。而哪个国家表现得更好,哪个国家正在赶超其对手,哪个国家正在被超越,这些问题正是我们检验三个模型的关键所在。

## 比较 SBS 指标和总产出在衡量国家能力方面的优劣

两种衡量标准各有其优势和不足。总产出的一个主要优势就是指标的简约性,它收集的数据质量也许更高。另一方面,尽管 SBS 指标更冗长而且更不利于跨时代比较,其优势在于可以直接衡量国家的社会结构及其在防务领域的投资。我们归根到底要回答这个问题:两个衡量标准哪一个更出色? 如果其中一个更让人满意,就应选择这个标准。如果它们平分秋色,那么决定我们选择的因素包括理论方面的考虑、指标对于未来研究的价值、在收集数据方面节省资源的问题。指标的表现是一个核心问题,要解决这个问题,必须对两个衡量标准进行严谨和系统的比较。有的学者已经进行了这样的比较,并发表了相关的研究。[23] 这是对其研究的概述。

学者对从 1870 年到 1950 年总产出的数据进行了转换,使之完全可以与同期的 SBS 指标进行比较。在比较的每个节点(在这个时期每五年取一次值)，我们选择的国家都与辛格团队相同。将这些国家的国民生产总值相加，并计算各个国家所占的百分比。先采用和辛格团队取值方法相似的手段得出数据，然后通过回归技术比较两组数据。因为最新的数据比早期的数据更精确，他们进行了两组比较，一组是包含1870年到1965年整个时期、包括所有国家样本的数据，另一组是从1895年到1965年的数据。

比较的结果表明，两组指标是相似的，得数也基本相同。当我们使用包括所有国家的样本的时候，两组衡量标准的数值虽然并非完全相同，也是高度相关的。决定系数(coefficient of determination)为0.86。当我们将检验限定于更短的时期的时候，案例数量减少了，标准误差却更小，数据总体上更加符合回归线。这一时期的决定系数从0.86提升到0.95。最后，我们逐个分析各个国家，进行了第二次可靠性测试，我们再次发现确凿的证据表明，两个衡量标准对相关国家行为的评估实际上是一致的。两个衡量标准之间的微小差异可能源于数据的可靠性。时间越久远，数据不可靠的可能性就会急剧上升。因此，我们得出结论，在各国的表现方面，使用某一个衡量标准并不比另一个衡量标准更有优势。人们往往会怀疑能否使用单一经济指标来衡量总体国家能力，然而这种怀疑实际上是没有根据的。

我们得出的结论是，使用国民生产总值这个衡量标准更好。原因有三点。一是国民生产总值的数据很可能比辛格指数中的几组数据更可靠。也许更重要的第二个原因在于，对于使用者来说，国民生产总值的指标显然更简约。而最重要的第三点原因在于，它在理论上更具吸引力。因此，我们选择使用国民生产总值，尽管我们意识到使用单一的衡量标准难免存在缺陷。[24]

## 同盟行为和对威胁认知的衡量

我们在本章一开始就指出，所有的理论均主张，大战的爆发既是国际体系权力结构变化的产物，也反映出精英是否愿意通过大战来预防或者推进相关的变化。例如，权力转移模型指出，只有在对现状不满的国家赶超主导国的时候,才会发生战争。满足现状的国家则不会打仗。而均势模型主张,所有的国家在获得相对其他国家的权力优势的时候,均会试图攻击这些国家。显然,在检验各个模型之前,我们必须能够衡量精英打仗意愿的大小。为实现这个研究目标,我们吸收借鉴了梅斯基塔(Bruce Bueno de Mesquita)近期的成果。[25]

梅斯基塔提出了评估同盟行为变化的指标。其论证过程如下:如果同盟关系加强了,同盟集团之间的互动却减少了,这样的行为可能说明,那些在处理本国国际关系方面担负重任的人认为,在当时的环境下,本国安全及其权力地位面临威胁,他们已作好了战争准备。如果出现了相反的行为,同盟关系变得松散,那就说明担负同等大任的精英判断危险已经过去了,或者不过是虚惊一场。因此,应该还能维持和平局面。当然,如果同盟关系松散,也不能排除战争的可能,然而战争爆发的次数应该会更少,我们应该假定战争在很大程度上是误判的结果。

最后一点很重要,我们应该重新审视作为衡量基础的理论架构。首先,我们应再次强调,问题的关键并不在于同盟体系是紧密还是松散的,而是这些安排的调整。精英会根据同盟更趋向于紧密还是松散的变化作出如下判断,哪些国家更可能和他们并肩作战,哪些国家可能与本国兵戎相见。因此,可以更准确地评估在战争爆发后本国及其对手可以获得哪些资源。显然,这也展示出战争胜败的可能性。如果我们假定各国都是理性行为体,这一信息就对战争决策发挥了关键作用。因此,精英对于威胁的认知、同盟的强化以及决定是否打仗,三个因素之间的互动是衡量的基础。因此,我们准备用同盟行为来衡量威胁。

我们需要解释为什么要假设国家都是理性的行为体。梅斯基塔也作出了这一假定,这样就可以排除一组在力量再分配中重要的变量,而这些变量显然在我们探讨的决策过程中非常重要。同盟指标无法评估不同精英的冒险倾向或趋势。显然,如果能够在冲突中得到足够诱人的好处,而在战争中有获胜的可能,某些精英就会比其他精英更愿意去冒险或者发动战争。另一方面，更审慎的领导人可能会在收益更大、风险更小的时候再发动战争。[26]

假定所有国家都是理性行为体，也存在重要缺陷。因为它排除了精英非理性的情况。从传统社会到现代社会，从民主国家到权威主义国家，如果我们思考一下历史上的精英，忽略非理性的行为体显然是一个重要问题。

我们提出了衡量标准的包容性问题，仍需探讨衡量标准的有效性问题。任何一套探讨精英对危险认知及其参战动机的衡量标准，都无法回避精英在作出决策前将克服什么艰难险阻的假设。精英需要判断环境变化是否对本国领土完整或者权力地位构成威胁，是否要为应对这些威胁而打仗。要是能一劳永逸地解开影响精英决策的机制之谜，毫无疑问将是价值连城的发现，然而这种希望很渺茫。此外，这样的解决方案并不能满足我们课题的基本需求。

我们将概述使权力认知这个指标具有可操作性的做法。首先，我们要按照我们根据四类同盟来建立的原创性指标来衡量同盟行为。这四类同盟是防御协定、互不侵犯协定、友好关系协定，以及不结盟。防御协定是国家之间最郑重的承诺，而不结盟是最无足轻重的承诺。然后我们权衡国家间关系，选出承诺最相似的一组国家和承诺差距最大的一组国家。我们使用关联性度量（measures of associations）来评估每组国家和其他组国家相比关系的紧密程度，使用了等级相关系数。在我们分析的时期，我们对每一年的每个国家都进行了测量。

以同盟紧密程度为出发点，我们构建了一个简单的包含 8 个刻度的天平。这一标准既反映出国家的承诺水平，也反映出其承诺的变化趋势（见图 1.1）。天平中的正数表示某个国家与另一个国家的同盟关系变得更密切，它与该国的盟国关系也变得更密切。天平中的负数与我们描绘的趋势恰恰相反，说明这个国家与我们衡量的另一个国家及其盟友渐行渐远。同盟最低的负值说明这个国家不仅与另一个国家断绝了关系，也与后者的盟国毫无联系。每一个关于承诺水平和同盟走势的判断都需要观察同盟在 20 年间的演变趋势。

**图 1.1 威胁认知的天平**

我们需要澄清一点以避免误会。有时同盟行为虽然发生了变化,然而两个国家的关系却没有从天平的一端转向另一端。例如从 1885 年到第一次世界大战期间,法国和英国的关系从天平非常积极的位置转向了不结盟的位置,然而这一变化尚不足以使双边关系达到负值。从绝对意义上说,两个国家仍然是朋友,然而他们对双方关系的坚定承诺已大不如前。为了避免误解,我们在天平上加上了刻度,从不结盟到积极表示非敌对关系,从天平中心到负值代表敌对关系。

还应该解释一下天平上"中立"这个位置。"中立"的国家是指那些现在没有而且从来不曾与体系中任何国家有联系的国家。由于没有相关的记录,我们无法对其行为作出判断或预测。这一中立的位置位于天平外部,只有体系之外的国家可以占据这个位置。在 19 世纪,美国和日本恰好位于这个位置。刚进入国际体系的国家也难免处于这个位置。

## 行为体

我们的第三个任务是确定哪些国家应该被列为大国,因为如果我们要解释战争爆发的原因,这是选择战争时的关键一步。因为除非大国互相打仗,才会爆发大战,要知道哪些国家可以被列为大国是辨别重大冲突的前提。此外,我们应该在这里解释一下,我们之所以选择某些特定的大国,是因为我们认为这些国家最适合检验我们的观点。精英国家的数量寥若晨星,它们能够在国际体系的其他成员中脱颖而出,特别是在人口、经济生产力和军事力量等关键要素上;国际关系专家长期以来对其身份达成了共识。清单上的所有国家包括美国和俄国(苏联)、英国和法国、日本和德国、中国和意大利,以及奥匈帝国。[27]

如果我们要公平地检验权力变化和战争爆发之间有什么联系，我们需要在不同的时期从大国清单上选择不同的国家，因为并不是我们列出的每一个国家都自始至终位于大国的行列之中。美国和日本在1900年成为大国。随着一战后奥匈帝国的瓦解，奥地利和匈牙利就不再享有大国地位。

我们也需要区分相关的国家究竟是国际体系的中心成员还是边缘成员，它们究竟是大国还是竞争者。后者比较重要。竞争者本身足够强大，可以决定世界秩序政治学的未来走向。

为了展示这样的区别，我们设计了两套不同的标准。我们通过相关行为体之间的同盟关系来区分中心国家和边缘国家。读者可能还记得，如果一个国家不参与国际体系，就不能指望它遵守力量对比模型的规则，因此无法预测其行为。表1.2说明了哪些国家在哪个时期属于哪个体系。

**表1.2　从1860年到1975年在中心和边缘体系中的主要大国**

| 国家 | 在体系中的年份 | |
| --- | --- | --- |
| | 中心 | 边缘 |
| 意大利 | 1860—1975年 | |
| 法国 | 1860—1975年 | |
| 奥匈帝国* | 1860—1918年 | |
| 普鲁士德国（西德） | 1860—1975年 | |
| 英国 | 1860—1975年 | |
| 俄国（苏联） | 1860—1975年 | |
| 日本 | 1900—1975年 | 1860—1900年 |
| 美国 | 1940—1975年 | 1860—1940年 |
| 中国* | 1950—1975年 | 1860—1950年 |

＊无相关数据。

表1.2明确说明，欧洲在现代国际政治中自始至终享有霸权地位。直到整个19世纪，大国无一例外是欧洲国家，国际政治的实质就是欧洲政治，而世界政治就是欧洲围绕如何瓜分世界其他地区展开的争夺。尽管美国和日本在19世纪和20世纪之交开始被视为大国，它们仍然与中

心体系保持距离,其实并不属于中心体系。只是在二战之后,当美国以及日本(实力还远不如美国)把所有欧洲国家远远地甩在后面,并成为中央体系主动的参与者,国际体系才实现了意料之中的扩张,首先接纳了美国,随后接纳了日本。更近些时候,中国成为国际体系最新的重要成员。国际体系从欧洲拓展到世界的过程,是二战以来国际政治最重要的变化。中心和边缘的区分对于我们后面的分析步骤有重要意义。

第二个分类是区分大国和竞争者,我们通过一个简单又具有可操作性的办法做到了这一点。我们在此前的观点是,在任何一个时刻,世界上最强大的国家总是位于竞争者的行列之中。其他任何一个达到体系中最强大国家能力80%的国家也应该被视为竞争者。如果某一时期找不到符合80%的标准的国家,我们就将国际体系中最强大的三个国家定义为竞争者。

我们只需在中央体系中确定三个最强大的国家,因为力量对比模型只适用于中央体系。人们可想而知,这也是因为在不同时期国际体系中最强大的三巨头应该是不同的国家。表1.3列出了最强大的国家。

### 表1.3 中央体系的竞争者

| 竞争者 | 年 份 |
| --- | --- |
| 俄国(苏联) | 1860—1975 年 |
| 英 国 | 1860—1945 年 |
| 法 国 | 1860—1890 年 |
| 德 国 | 1890—1945 年 |
| 美 国 | 1945—1975 年 |
| 日 本 | 1950—1975 年 |

还有两点值得关注。意大利和奥匈帝国位于我们的大国清单上,然而它们从未在中央体系中三个最强大国家的名单中占据一席之地。另一方面,美国只是在二战期间和二战之后才崛起为体系中最强大的国家,然而读者应该知道,早在19世纪末,美国的潜在力量就已经超越了所有国家,并时至今日一直保持领导地位。美国直到二战时期才在这个清单上出现,因为只是到那时,它才认为自己是中央体系的一部分。

## 检验案例：总体战和大战

我们已经知道我们要检验哪些国家的行为，现在让我们来选择一些冲突作为检验案例。

回顾上文，我们要比较的模型并不尝试解释国际权力结构的变化与小国之间的战争或者大国和小国之间的战争的关系；这个模型对于殖民战争也没有解释力。这些模型认为，此类冲突的爆发可能与体系中权力结构的根本变革无关，因此战争爆发前的力量对比并不能推翻我们探讨的任何模型提出的假设。只有当我们所选定的冲突的结果可以影响国际体系的结构和运作时，我们才能公平地检验这些假设。总之，我们需要的是重大国际军事斗争。

我们通过三种标准来选择战争。我们认为，如果每一方均有一个大国积极参与了冲突，冲突就会升级到大战的水平。因此，我们的第一个标准是，大国积极参与一对势不两立的国家联盟。为了确保在我们选择的冲突中，两个参与的大国都拼尽了全力，我们增加了第二个条件：在我们选择的冲突中，在战场上死亡的人数达到史无前例的新高。我们精心设计了第三个标准，以确保竞争者确实想要获胜，那就是选择那些战败者将丧失领土或者遭受人员伤亡的冲突。也就是说如果一国精英认为，战败将危及本国领土完整，他们就会将全部资源投入战场。这样的假设是合理的。

由于我们在选择样本时提出了理论上的限定条件，我们可以选择的冲突的数量降到了五个：拿破仑战争、1870—1871 年普法战争、1904—1905 年日俄战争，以及两次世界大战。我们必须排除拿破仑战争，因为我们不能获取年代如此久远的多组数据。显然，通过分析四场战争来总结规律是远远不够的。

如果我们不再将冲突双方都视为铁板一块，那么可供分析的冲突数量将显著增加。但是，尽管冲突的数量增加了，如果我们想要展开一系列检验，这些冲突还远远不够。然而，如果我们去检验单个国家的行为而不是相互交战的国家集团的行为，我们就能对于国际体系的运作方式有更深刻的见解。因此，我们决定分析在同盟解体时究竟发生了什么。

我们准备采取两个步骤。首先,我们将行为体清单上的国家两两分组,在检验一个国家的时候,也会同时检验另一个国家。其次,该模型认为,当一组中两个国家能力的比值达到某个数值的时候,可能会发生战争。我们选定了两国数据符合模型假定的时期,然后看看在现实中二者是否真的发生了战争。

为了标记战争是否爆发,我们将冲突没有爆发的每一年记为"0",将冲突爆发的年份记为"1"。我们使用二分法严谨地对因变量进行分类。即使从最积极的方面看,这样衡量两国关系也是过于粗放的。因为在现实中两个国家间的关系非常微妙,可能处于从完全合作到武力冲突之间的某一个位置。但是我们不得不咬牙坚持下去,因为我们找不到更精妙的跨越时代的衡量标准,来把握国家间合作和冲突的水平。因为要通过"战争和不打仗"这样的两分法来界定我们要解释的行为,我们就必须对不间断的权力指标作出必要的调整,以适应因变量新的性质。我们将在下一节阐述我们的操作过程。


## 检验时期与力量对比

我们尚未回答两个重要问题。第一个问题是两个行为体之间要发生多大程度的权力转移,才会爆发战争。要切合实际地看,我们可以假定,只有大国之间发生重大权力转移才会启动大战爆发的进程。因为我们已经确定了衡量因变量的标准,那就是区分战争是否爆发了,我们不准备通过自变量来衡量各国逐渐逼近大战的过程,因为唯有权力年复一年微弱的变化才能导致这一总体的变化。如果我们的实验证明,在我们关注的 20 年中,权力发生的势不可挡的微小变化在 19 年中并没有引发大战,因而得出力量对比的变化与大战之间并没有真正联系的结论,这样做显然是不公正的。

为了解决这个问题,我们从关注"国际体系中两个国家的权力转移达到什么程度才会爆发战争"这个问题,转向关注"当两个国家的权力发展轨迹相交后,还需要多长时间才可能发生战争"这个问题。我们的观点是,权力变化和冲突的爆发确实是相互关联的。通过将"多少权力"转化为"多长时间"，我们有可能实现研究的另一个重大目标。均势模型和权力转移模型提出的观点似乎是相互矛盾的，尽管两个模型可能都是不正确的，然而其中只有一个模型可能是对的。为了搜集证据，好让我们在两个模型中作出选择，我们必须决定需要在多长时期里追踪每一对交战的国家的发展轨迹，以判断它们在冲突前的权力增长模式究竟是在相互靠近还是渐行渐远。

当我们提出权力变化需要多久才能引发战争的问题时，我们也在询问实验的时间跨度应该是多长。在我们已探讨过的理论中，没有一个理论阐明了该模型所说的权力变化引发敌对双方的战争需要多长时间。在确定"合理的时间跨度"方面，我们并没有行动指南。当两个国家势均力敌的时候，还需要再等待一年、十年还是二十年才会爆发战争呢？体系中各国普遍的增长速度可以为我们提供解答的思路。因为国家增长的速度是缓慢的，需要相对较长的时期，两个潜在战争方之间的力量对比才会发生足以导致战争爆发的变化。我们认为，在每场战争前大约需要 20 年就够了。我们感觉应该在分析中减去真正战斗的年份，于是我们在估算时没有计算这些年份。我们探讨的战争位于表 1.4 的每个时间段。

表 1.4　检验时期和战争的爆发

| 检验时期[†] | 战　　争 |
| --- | --- |
| 1860—1880 年[*] | 1870 年普法战争 |
| 1880—1900 年 | |
| 1900—1913 年 | 1904 年日俄战争 |
| | 1913 年第一次世界大战 |
| 1920—1939 年 | 1939 年第二次世界大战 |
| 1945—1955 年 | |
| 1955—1975 年 | |

[*] 因为缺乏数据，所以不能从 1850 年开始。
[†] 1914—1918 年以及 1940—1944 年的战争年代被排除在试验时期之外。

要完成实验的准备工作，我们还有一个任务没有完成。我们必须计算行为体之间的力量对比以及在表 1.4 列出的 6 个时期中其力量对比变化的速度。

我们决定通过两个步骤来解决这个问题。我们首先计算权力关系，计算在整个时期内每对国家国民生产总值的比值。在这段时期开始时较弱的国家在整个时期内被置于分数的分母部分。我们运用这一比率的平均数来说明每个行为体在整个时期的相对地位。

以这样的衡量方式为起点，我们随后辨别了两国是否势均力敌。由于国民生产总值并不是一个准确的衡量权力的指标，如果两国之比的平均数高于 80%，就说明两个国家之间权力是平衡的。如果低于 80% 则说明不平衡。

如果在这一时期结束之前，起初较弱的国家变得比另一国更强大，我们就认为这个国家赶超了另一个国家。

# 力量对比模型的经验验证

现在，我们终于可以分析数据了。我们首先想要解决的问题是，我们的样本中每对国家之间势均力敌抑或力量差距悬殊是否与两国兵戎相见有关。我们的答案具有启示意义。当我们将战争和力量对比两个变量对照着看，我们就得到了表 1.5 的结果。

表 1.5　力量对比与冲突的爆发

|  |  | 力量对比 | |  |
| --- | --- | --- | --- | --- |
|  |  | 差距悬殊 | 势均力敌 |  |
| 战争爆发 | 否 | 81 (86.2%) | 26 (81.3%) | N = 126 对 Tau B = 0.06 并非关键因素 |
|  | 是 | 13 (13.8%) | 6 (18.8%) |  |

如果我们不再深入探寻的话，这个表格的发现可能是令人不安的。所有的案例均平均分布于表格的四个部分。似乎在战争双方势均力敌和实力差距悬殊的情况下，都会发生战争。在我们最初观察的这一步，力量对比显然并不是预测战争即将爆发的指标。

因为我们引入"一国权力赶超另一国"这个概念作为自变量，我们发现了一个重要的新信息。表1.6说明了完成这个工作后案例的分布情况。

**表1.6　力量对比以及一国权力赶超另一国时冲突的爆发**

| | | 力量对比 | | |
|---|---|---|---|---|
| | | 差距悬殊 | 势均力敌，未赶超 | 势均力敌，已赶超 |
| 战争爆发 | 否 | 81 (86.2%) | 11 (100%) | 15 (71.0%) |
| | 是 | 13 (13.8%) | 0 | 6 (29.0%) |

N = 126 对
Tau C = 0.05
并非关键因素

敌手之间势均力敌和差距悬殊均与战争相关。现在我们知道，如果力量对比是均衡的，那不过是因为一个国家正在赶超另一个国家，并在我们观测的时期超过了对方。表1.6告诉了我们更多的信息。当两个国家集团势均力敌，其中并没有一个国家正在赶超另一个国家，世界上最强大的国家就不会互相打仗。换言之，在大国层面上，如果均势不稳定就会发生战争。然而战争爆发的唯一条件是一对国家中一个国家的权力正在赶超另一个国家。这是一条揭示了国际体系运作方式的重要线索。然而对于我们提出的核心问题，表中的证据仍然不足以得出让人信服的结论：在敌对活动爆发前，会出现我们的模型展现出的哪种力量对比呢？

如果我们将主要大国和竞争者分开，并将边缘国家和中央体系的成员分开的话，就能够化解现有数据无法推翻任何一个假设的困局。只有这样，我们表格中的案例分布才清晰地指明了该问题的解决方案。

表 1.7 展示了在加入新的控制后案例的分布情况。

**表 1.7　体系成员资格、行为体的权力排位、力量对比以及冲突的爆发**

力量对比

边缘

| | | 差距悬殊 | 势均力敌，未赶超 | 势均力敌，已赶超 | |
|---|---|---|---|---|---|
| 战争爆发 | 否 | 26 (86.7%) | 1 (100%) | 4 (100%) | N = 35 |
| | 是 | 4 (13.3%) | 0 | 0 | Tau C = − 0.07 并非关键因素 |

中心:大国

| | | 差距悬殊 | 势均力敌，未赶超 | 势均力敌，已赶超 | |
|---|---|---|---|---|---|
| 战争爆发 | 否 | 51 (100%) | 4 (85.0%) | 6 (85.7%) | N = 71 |
| | 是 | 9 (15.0%) | 0 | 1 (14.3%) | Tau C = − 0.03 并非关键因素 |

中心:竞争者

| | | 差距悬殊 | 势均力敌，未赶超 | 势均力敌，已赶超 | |
|---|---|---|---|---|---|
| 战争爆发 | 否 | 4 (100%) | 6 (100%) | 5 (50.0%) | N = 20 |
| | 是 | 0 | 0 | 5 (50.0%) | Tau C = − 0.50 相关性 = 0.01 |

　　尽管表 1.7 中的数据并不丰富，却清晰地展现出我们想要追踪的基本关系。我们从最后一个表格中得出的主要结论是，如果在竞争者之间

爆发冲突，这不过是因为一个竞争者正在赶超另一个竞争者。这一过程显然是冲突爆发的必要条件，却不是充分条件。因为没有冲突的时候也可能出现类似情形。前面的表格并没有清晰地展现出这一点，因为我们没有考虑大国和竞争者可能出现行为差异。毫无疑问，选择用权力转移模型来解释竞争者的冲突行为是正确的。另一方面，我们无法通过大国之间的特定力量对比来预测即将发生的冲突。表 1.7 说明两个交战的大国势均力敌和差距悬殊的时候发生冲突的比率是相同的。在大国比对手更虚弱、更强大或者势均力敌的时候，大国似乎都会打仗。这些数据与表 1.6 中尚无定论的发现很相似。最后，如果我们关注表 1.7 的第一部分边缘国家的冲突行为，就会发现当所有交战方实力参差不齐的时候，会发生多种冲突。在这种情况下，国际关系的均势系统似乎是在发挥作用的。例如，在均势体系生效的时候就不会打仗。然而，颇具讽刺意味的是，这个发现似乎证实了人们对模型的实用价值最严重的怀疑，读者可以回想我们得出的不能预测体系边缘国家行为的结论及论证过程。

我们已经分析了力量对比会不会是战争爆发的原因。现在让我们来确定同盟可能带来的影响。要知道，同盟活动是我们用来衡量领导人对威胁认知的可操作性指标。我们主张，如果国家领导人加强同盟，这可能是一个信号，说明他们对环境感到恐惧，并准备好通过打仗来保家卫国。另一方面，如果同样的领导人与其他国家疏远关系，这可能是另一个信号，说明他们并未从环境变化中感知到对国家的威胁。当然，我们假设在解释战争爆发方面认知与能力同样重要。这也是我们想要检验的假设。

在每对国家的样本中，我们观察同盟因素对于制造冲突发挥的作用，发现同盟确实是对冲突有影响的。[28] 这个发现并不让人感到吃惊。表 1.8 展示了同盟和战争的数据。在表 1.8 中我们仅使用三个标准来衡量对各国对威胁的认知：消极、中立和积极。同盟本身与战争的爆发密切相关。只有一个案例表明，在这对国家卷入武力冲突之前，同盟关系变得更加松散。另一方面，在 11 个案例中有 9 个案例发生了战争，在这 9 个案例中同盟关系在冲突爆发前得到了显著强化。我们应该强调,表 1.8 并没有加入边缘地区国家行为的数据,因为从我们对边缘国家的定义看,这些国家与中央体系中的任何国家都没有同盟关系。正是由于它们与其他国家缺乏互动,所以我们无法预测它们的行为对于冲突爆发和卷入冲突的影响。

表 1.8　同盟的形成与战争爆发

| | | 积极 | 中立 | 消极 | |
|---|---|---|---|---|---|
| 战争爆发 | 否 | 20<br>(95.2%) | 14<br>(93.3%) | 17<br>(65.4%) | N = 62*<br>Tau C = 0.29<br>相关性 = 0.01 |
| | 是 | 1<br>(4.5%) | 1<br>(6.7%) | 9<br>(34.6%) | |

＊没有意大利的数据;无法应用于边缘国家。

到目前为止,我们实验中的内容中存在着明显的相互矛盾之处。一方面,我们已经发现,权力转移模型可以很好地预测战争爆发,然而这个模型忽视了同盟因素。另一方面,我们的验证过程显然说明,同盟是在中央体系中引发重大冲突的重要因素。为了解决这个问题,我们应该尽量全面具体地阐释权力转移模型。三个因素似乎发挥着关键作用。

(1) 一个国家赶超另一个国家将导致冲突。

(2) 增长的速度会影响冲突发生的概率。挑战者赶超主导国的速度越快,二者之间爆发战争的可能性越高。挑战者缓慢地赶超主导国将导致战争爆发的可能性降低。

(3) 同盟不应在战争爆发过程中发挥重大作用,因为主要参与者假定同盟理所当然是永久性的。

要检验这一复杂的观点,要使用我们已生成的每一点数据。我们使用前面提出的连续变量来衡量每对国家的实力的比值,说明这对国家的权力是否接近势均力敌的水平。我们用这个数值乘以下一个指标,即两个国家之间的实力差距在扩大还是缩小,这样我们就能准确地把握一个国家是否超越了另一个国家，这个进程是以什么速度完成的。之后，我们使用同盟关系的整个衡量尺度来说明领导人感知威胁的程度。我们将样本分为竞争者和大国，然而那些处于边缘位置的国家再次被排除在外，因为我们的理论认为，无法准确地预测这些国家的互动。[29]我们概率分析的结果见表1.9。[30]

**表1.9　验证权力转移模型**

| 大　国 |
|---|
| 战争 = 1.0 + 0.18 相对权力 × 增长 + 0.71 同盟结构 |
| 标准误差：　　　（1.03）　　　　　　（0.12） |
| △能够解释的比率：(0.0)　　　　　　（0.27） |
| 能够解释的比率：0.27 |
| 相关性：0.004 |
| N = 44 |

| 竞争者 |
|---|
| 战争 = 12.4 + 7.0 相对权力 × 增长 + 0.7 同盟结构 |
| 标准误差：　　　（2.16）　　　　　　（0.43） |
| △能够解释的比率：(0.57)　　　　　　（0.06） |
| 能够解释的比率：0.63 |
| 相关性：0.0008 |
| N = 17 |

完成这一分析之后，我们已将所有吉光片羽的发现均整合到一起，我们终于可以描述在哪些案例中的哪些因素发挥了重要的作用，导致不同行为体之间爆发战争。[31]战争的条件似乎如下所述。

先说竞争者。在主导国和挑战者争夺头把交椅的时候，两个主导因素可以解释所有冲突的爆发过程，它们是两个国家相对的权力地位以及挑战者赶超主导国的速度。这两个因素的互相作用占到等式得数的57%，等式得数仅6%是由构成国际体系的联盟的结构变化导致的。我们进一步说明，两国的力量对比以及赶超的速度两个因素发挥的作用难分伯仲。显然由于竞争者实力雄厚，也能完全掌控国际局势，它们在决定是否让整个体系卷入战争的时候，对于其他国家的主张及其困境无动于衷。

下面探讨大国。上述两个因素可以解释竞争者大部分的行为差异，却无法解释大国面临的问题。对于相互争斗的竞争者大国，同盟似乎不会对武装冲突的爆发带来任何变化，而同盟却是可以解释大国行为的因素。在模型可以解释的 27% 的大国行为中，同盟行为能够对其中 26% 的案例具有解释力。显然，在大国决策过程中，决定其是否打仗的最重要的共同因素是它们与其他国家的联系。因此，它们的经验显然与竞争者恰恰相反。

如何看待在过去大国之间的"相互依赖性"呢？当然，在核时代，我们并不会因发现国家间的依赖性而感到惊异。然而，我们的印象是，以往的大国行为面临的制约因素更少。显而易见的推论是，即使在核时代之前，尽管大国比中等国家和小国强大得多，而且在战争之前深入参与了外交互动，它们却不是大战的发动者。它们在其他国家决定打仗的时候才会参战。大国在过去扮演的角色和今天的主要差别在于，当大国打仗的时候，其干预对于决定战争的结局发挥着关键作用；如今它们无法再对核大战的胜利作出重大贡献了。在核时代，大国的主导作用似乎已经终结了。

我们的发现证实了权力转移模型的主要定律。[32] 可以确定的是，该模型并不能准确地预测战争，然而它清晰地列出了战争的必要而非充分条件。战争与一个竞争者在权力上赶超另一国的变化相关。挑战者赶超主导国的速度是决定这一过渡阶段能否维持和平的重要变量。最后，对其他国家的同盟承诺并不能解释那些在发动大战中享有最终发言权的国家的行为，然而同盟因素是影响大国行为的关键因素。

在同盟行为与哪些因素导致战争爆发的故事中，我们对于同盟作用的评价是其中的主要内容，然而并不是故事的全部。同盟内部和同盟之间的力量对比可能通过其他方式使体系变得不稳定。如今由于案例太少，我们要把数据分析搁在一边。在四个我们可以掌握数据的大战案例中，同盟发挥了重要作用。我们可以在其中两个案例中寻找可能的线索。我们要做的就是关注战斗发起者的国家能力行为，发动战争的究竟是单个国家还是国家联盟，我们将思考模型中可以解释权力结构和冲突关系的类似假设。这样的方法可能有助于形成新的见解和假设。然而不能想当然地认为，通过这样的证据就能总结出新的规律。

对于我们可以获得数据的四场冲突，1870 年的普法战争和 1904—1905 年的日俄战争对我们的用处并不大。因为在这两个案例中，两位主将都是独自率军打仗，而且没有得到盟国的帮助。[33] 而第一次世界大战和第二次世界大战是两场由庞大的联盟卷入的军事冲突。我们对于第一次世界大战即将爆发前两个同盟国（奥匈帝国和德国）的权力资源（以国民生产总值来衡量）进行了评估，两个中央大国占到了在协约国（俄国、法国和英国）一方全部资源的 62%。在我们看来，协约国能够整合的资源由于俄国国民生产总值的因素而被夸大了。在第一次世界大战爆发之初，俄国拥有人数众多然而尚未得到充分动员的人口。另一方面，如果将意大利算入同盟国的阵营（几乎直到战争爆发前意大利确实是同盟国的成员）。同盟国能够控制的资源总量是协约国所能控制资源的77%。因此，据粗略统计，在世界大战爆发之前，两大联盟的权力关系恰恰符合权力转移模型的基本假设。更重要的是，如果我们关注两大联盟的权力的走势，那么双方在战争即将爆发的二十年间的差距正在缩小。

在二战期间，我们此前描述的行为模式再次出现了。比较在敌对活动爆发后立即参战的三个主要大国，三者之间的分歧让 1939 年德国闪击波兰转变为一场世界大战，国家能力的变化与权力转移模型的预测非常相似。在战争即将爆发的时候，仅德国一国能整合的资源库总量就占到协约国（法国和英国）总资源的 90% 左右。如果不考虑意大利在战争爆发一年后才参战的事实，将意大利的资源与德国相加，那么同盟国仍然比协约国强大一些。无论怎么计算，双方基本上势均力敌。如果回顾在战争爆发前十年或者二十年的情况，双方当时实力差距悬殊，而同盟国的一方的实力正在迅速地上升。我们又发现了支持权力转移模型的假设的证据。

当同盟参战的时候，战斗各方可以获得资源库大小的变化只能说明一部分问题。如果继续探寻，先在一个同盟中找到主导国，然后在另一个同盟中发现挑战者，并比较二者可以获得的资源，我们将会发现领导较强联盟的国家和领导较弱联盟的国家可控制的资源变化可能是导致双方打仗的重要因素。在第一次世界大战中,英国在战争开始前20年享有对于德国的优势地位,而德国在1905年赶上了英国。时至1913年,德国显然已经超过英国。在战败后,德国在1919年落后于英国,此时德国实力是英国的84%。德国在20世纪初赶上了英国,并在十年间保持了微弱的优势地位。随后"剪刀差"开始加大。到第二次世界大战爆发的时候,德国已享有相对于英国的绝对优势。

如果首先衡量每个竞争者的权力,再考虑其参与的整个同盟的权力,我们似乎可以确定下面的模式(见图1.2)。当单独衡量竞争者权力的时候,在冲突爆发前,挑战者的权力已经超过了其主要对手。因此,我们知道,对现状不满的挑战者面临着使用武力来削弱敌对的主导国的诱惑,它也有希望通过速战速决取胜。毕竟,如果单打独斗,挑战者显然比任何一个国家都要强大。在短期内,使用武力似乎是挑战者可以强加其意志的唯一方式。然而,我们同样可以理解挑战者发动战争的结果。当时的主导国构建的联盟是不可超越的,因为和主导国相比,挑战者的朋友更少也更弱,因此无法组建一个实力之和超过前者的联盟。

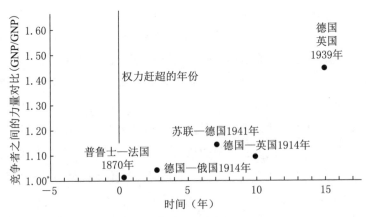

注:前面的国家是挑战者,后面的国家是主导国。
＊挑战者的权力与主导国相等。

**图1.2　挑战者和主导国之间的权力比值及赶超时间**

通过分析，我们对另一点有了深刻认识。如果以冲突爆发的时刻以及挑战者赶超主导国的时刻作为节点，当两个国家单打独斗的时候，冲突是在挑战国赶上主导国之后爆发的，这不同于权力转移模型的预测。同时，冲突也是在挑战者所在的同盟赶超主导国的同盟之前爆发的。由于案例数量有限，我们至多可以追踪发展态势，然而这一发展模式却是耐人寻味的。显然我们还不可能得出结论。我们至多可以尝试提出一些看似有理的解释，并在此基础上构建假设。当两个国家单打独斗的时候，防御者和进攻者对各自地位都心知肚明，也清楚随着局势演变未来前景如何。另一方面，当联盟还在的时候，挑战者可能还来得及再犹豫一段时间，因为它总能指望某个重要的国家脱离防御同盟，从而打破平衡。主导国得到更强大的联盟的支持，处于更安全的位置，可能会犹豫再三才下决心击退敌人。

我们的数据间接揭示了为什么一些理论家相信均势会导致战争。我们必须及时补充一点，尽管我们探讨的多数情境是有根据的，其中很大一部分仍然是我们推测出来的。我们的数据说明，数量最多的冲突发生于竞争者超越主导国的节点之后。19世纪和20世纪之交的历史场景要求我们修正均势理论。在当时侵略者的实力即将凌驾于主导国和防御联盟中的大国之上，挑战者的咄咄逼人和强大实力是有目共睹的。力量不平衡似乎直接导致了战争。假定均势会导致和平看似合理，然而其中缺失了关键的一环，这一点并不是一目了然的：事实是在上一代人掌权的时候，挑战者还是更弱的一方，它们才刚刚跨越式地赶超主导国。如果事实确实如此，当时的均势理论家就犯下了社会科学家频频出现的不可饶恕的错误。他们陶醉于构建动态模型，却没有掌握长期数据。其观察最多来自时代的某一个瞬间。他们难免会作出假设，并对符合其观察数据的行为作出大量推论。其猜测看上去好像完全有道理，却是完全错误的。

完成了篇幅很长的关于同盟可能对冲突行为产生影响的补充说明，我们对数据的分析就告一段落了。

# 小　　结

我们的研究确认了一个事实：我们的数据说明，一些关键行为可能导致体系中所有国家走向大战。均势模型无法解释多数的关键行为，即使不是对所有的关键行为都没有解释力的话。均势模型不仅犯了细节性错误，作为该模型基础的体系概念似乎也是错误的。

基于权力转移概念的模型正确地描述了这些行为及其联系。我们的数据表明，这些行为是大战爆发的必要条件。

我们可以简单地总结大战爆发的机制。促使国际体系势不可挡地走向战争的根本问题是大国之间增长速度不同。尤为重要的是主导国和挑战者之间增长速度的不同，直接导致后者的权力赶超了前者。[34] 正是后者对前者的超越使体系变得不稳定。

两个国家沿着权力发展轨迹行进的相对速度也非常重要。一个国家赶超另一个国家的速度越快，战争爆发的概率就越高。

最后，这一不稳定进程以及接踵而来的强者之间的冲突，恰似磁石一般将体系中所有大国都卷入战争之中。这些国家或者仰仗其领导国建立的秩序才能拥有它们已拥有的东西，或者指望通过打破现有秩序来赢得新的东西。同盟从另一方面也是导致战争爆发的重要原因。挑战者赶超主导国是一个事实，起初挑战者实力更强。然而同样现实的问题是，在我们检验的两个案例中，主导国的联盟比挑战者构建的联盟更加强大。挑战者试图将领导者拉下宝座并重塑国际秩序。当两个领导者的力量对比以及两个同盟的力量对比发生变化的时候，两组变化均可能以不同方式让双方不断逼近打仗的时刻。

最后要说的是，任何探索一组数量很少的精英国家冲突行为的规律的人，都难免会因为在贫乏的证据基础上总结规律而感到不安。可用于比较的案例屈指可数，从中观察到的现象也极其有限，这样的总结能够令人信服吗？我们该如何确定我们并没有逾越了证据的边界呢？我们只能重复我们的警告：我们得出的结论并不是决定性回答，而不过是探索性发现。然而，我们仍然必须重视这些结论。这样的发现究竟有多大意义，引领我们作出发现的理论究竟有多大解释力，也许可以通过后面简单的检验来解释。如果我们假定，在我们研究的每个案例中，挑战者赶超的进程与后续的战争是完全独立的事件，两件事却在现实中发生了，那么这两个事件同时发生的可能性有多大呢？我们可以通过两种方式来计算这种可能性。如果年复一年地考虑我们研究的整个时期，如果两个现象是相互独立的，那么它们同时发生的概率只有万分之一。如果我们将二十年作为观察时期的话，那么两个事件同时发生的概率只有六千分之一。根据这样的计算，我们似乎有理由宣布，支持我们发现的理论一定具有较强解释力。

正如我们怀疑的那样，权力及其变化是战争爆发的根本原因之一。然而任何国家权力的来源都是社会经济和政治发展模式；我们认为正是增长速度的差异为该发展模式留下的烙印，最终导致战争的爆发。读者可能会觉得这样的发现让人沮丧。确实，我们也这样认为。这一趋势是不可逆转的，我们也不能在这一趋势对自己有利的时候随意作出选择。工业化、城市化、政治动员以及将人口吸纳进政治结构的过程是无法易如反掌地控制的。我们无法根据对外政策的需要随心所欲地控制这样的趋势。它们在国际层面上的政治后果也是不可控的。国际政治工程（international political engineering），特别是大国之间的国际政治工程，与其说是现实，不如说是一种神话。

让我们现在思考增长的模式以及后续对权力的回应是否确实导致冲突的结果。

注　释

1. Robert F. Kennedy, *Thirteen Days* (New York: W. W. Norton, 1969), pp. 127—128.

2. 值得关注的作品包括 Geoffrey Blainey, *The Causes of War* (New York:

The Free Press, 1975); Quincy Wright, *A Study of War*, abridged ed. (Chicago: The University of Chicago Press, 1964); Russet, *Peace, War, and Numbers*; Manus Midlarsky, *On War* (New York: The Free Press, 1975); Choucri and North, *Nations in Conflict*; Organski, *World Politics*。

3. 对这个模型的假设和政策建议的批判性分析,参见 E. H. Carr, *The Twenty Years' Crisis, 1919—1939* (New York: Harper and Row, 1974), chap. 8; Morgenthau, *Politics among Nations*; Organski, *World Politics*, pp. 404—427。对于近期更正式的对假设的具体分析,参见 Charles Lucier, "Power and the Balance" (Ph. D diss. University of Rochester, 1974)。

4. Organski, *World Politics*, p. 274.

5. E. Haas, "The Balance of Power: Prescription, Concept, or Propaganda", *World Politics*, 5, no. 4 (1953). 也可参见 George Liska, *International Equilibrium: A Theoretical Essay on the Politics and Organization of Security* (Cambridge, Mass. : Harvard University Press, 1957)。

6. Inis Claude, *Power and International Relations* (New York: Random House, 1962), pp. 114—115, and chap. 4.

7. 集体安全模型不同于均势模型和权力转移模型,因为它并不是直接解释国际体系以何种方式向战争形态转化,而是解释应该如何避免战争。参见 Organski, *World Politics*, pp. 404—427。

8. 权力转移模型并不是唯一使用国际动因来预测冲突可能性的模型。乔克利(Choucri)和诺思(North)的著作《冲突中的国家》指出,国内增长产生的侧向压力,导致国际体系主要竞争者之间产生摩擦,可能导致冲突。特别是当扩张行为被其他国家的扩张行为阻止后。其结论是:"我们最重要的发现是,国内增长(由人口密度和人均国民收入所衡量)一般而言是国家扩张的重要决定因素。我们的研究发现国内增长和国家扩张与军事开支、同盟和国际互动有密切联系,很可能导致暴力活动。"(*Nations in Conflict*, p. 278. )

9. Organski, *World Politics*, pp. 364—367. 在从"欠发达"过渡到"发达"国家地位的过程中,国家在使用资源和影响其他国家行为方面迅速获得了巨大收益。因为任何一个国家的权力地位完全是与其他国家相对而言的,发展进程中的国家可以通过超越那些停滞不前的国家,或者通过缩小与领导国之间的差距来获得巨大收益。国家生命的这一阶段被恰如其分地称作"权力的过渡性增长时期"。当一个国家成为发达国家,弥合与其他发达国家之间的差距,权力增长的速度将不可避免地迅速下降,尽管获得可观的绝对收益的趋势仍然在持续。原因很简单,赶超高度发达国家的收益已经在前一阶段被吸收了。权力是一种相对概念,与其他发达国家的权力增长相比,收益必然是最小化的。尽管经济仍然保持高速增长,权力的增长速度将会放缓。在这一阶段,发达国家达到了权力成熟的阶段。参见 A. F. K. Organski, *Stages of Political Development* (New York: Alfred A. Knopf, 1965)。

10. 任何国家权力的显著变化都与其发展过程中可描绘而且可预测的进展有关。包括三个阶段:首先,在工业化以及随之而来的政治体系提炼并汇聚资源的能力增长之前,国家发现它们只能使用很小一部分人力和物力资源。发展速度缓慢,国家因此是弱小的。即使发生了变化,也几乎是察觉不到的缓慢的变化。一切可能从发展中得到的权力收益均属于未来,这一阶段被称作"权力的潜在增长阶段"。

11. William Riker, *The Theory of Political Coalitions* (New Haven: Yale University Press, 1962).

12. 我们并不是首次尝试通过实证研究来检验各种竞争性理论的解释力,参见 Richard Rosecrance, Alan Alexandroff, Frian Heal, and Arthur Stein, *Power, Balance of Power, and Status in Nineteenth-Century International Relations* (Beverly Hills: Sage Publications, 1974)。也可参见 Singer et al., "Capability Distribution," pp. 19—48。

13. Organski, *World Politics*, p. 104. 在汗牛充栋的关于权力的文献中,人们就如何界定权力达成了微弱的共识。分歧的范围较为狭窄,从多伊奇(Karl Deutsch)和摩根索(Hans Morgenthau)提出的定义以及前面引述的文本中可以看出这一点。多伊奇将权力界定为"在冲突中占据上风以及克服困难的能力"(*The Analysis of International Relations*, p. 22);而摩根索将权力界定为"人控制其他人的思想和行为"(*Politics among Nations*, p. 28)。

14. 国际政治专家普遍认可国家能力(或者权力资源)与国家权力的概念的区别。在本章中,我们只探讨了国家能力和权力资源。然而为了不因反复重复"国家能力"(national capabilities)而使读者感到索然无味,我们将交替使用三个术语:国家能力(national capabilities)、权力资源(power resources)和国家权力(national power)。读者在看到这三个词的时候,要知道我们指的都是国家能力。

15. 关于"认知"(perceptions)为何成为评估国家力量的重要因素,霍尔斯蒂(Ole Holsti)进行了精彩论述。Ole Holsti, "The Belief System and National Images: A Case Study," *Journal of Conflict Resolution* 6, no. 3 (1962): 244—252;也可参见 K. J. Holsti, *International Politics: A Framework for Analysis* (Englewood Cliffs, New Jersey: Prentice-Hall, 1967), chap. 7。

16. 下列作品对于经常被视为国家力量的要素进行了归纳:Raymond Aron, *Peace and War* (New York: Doubleday, 1966); Ray Cline, *World Power Assessment* (Washington, D. C.: The Center for Strategic and International Studies, 1975); 及 William Coplin, *Introduction to International Politics* (Chicago:

Markham Publishing Co., 1970); Organski, *World Politics*, chaps. 7—9。

17. Organski, *World Politics*, chaps. 6—8; Singer et al., "Capability Distribution," pp. 21—27; Nazli Choucri and Dennis Meadows, *International Implications of Technological Development and Population Growth: A Simulated Model of International Conflict* (Cambridge, Mass.: Center for International Studies, MIT, 1971) pp. 23—24. 这一分析将科技视为独立变量而不是经济产出的要素。

18. 实际上可供选择的举措并不多。目前为止,只有几例尝试估算国家能力某个方面的著述: Wilhelm Fuchs, *Formein zur Macht* (Stuttgart: Deutsche Varlarge-Anstaldt, 1965); Clifford German, "A Tentative Evaluation of World Power," *Journal of Conflict Resolution* (March 1960): 138—144; Organski, *World Politics*, pp. 208—209。克劳斯·诺尔(Klaus Knorr)对于探讨整合问题作出了重大贡献,参见 *Military Power and Potential* (Cambridge, Mass: D. C. Health, 1970); 也可参见 Knorr, *The War Potential of Nations* (Princeton, N. J.: Princeton University Press, 1956) and Wayne Ferris, *The Power Capabilities of Nation States* (Lexington, Mass.: Lexington Books, 1973)。

19. 富克斯(Wilhelm Fuchs)在《国力方程》(*Formein zur Macht*)一书中提出了类似的模型。他提出了这一公式:权力 = 人口$^a$ × 工业化$^b$。富克斯为要素增加了指数权重,而我们的公式隐含的加权方式也被他阐明并成为变量。在原则上,为要素增加赋值当然是个重要进展。然而,在这个例子中,赋值包含的潜在假定极具争议性。富克斯衡量国家权力的有趣尝试还有另一个重要缺陷。他最初假定了力量对比,将评估简化为简单地操纵要素。然而这一点显然是不可接受的。如果权力关系是先验的,就没有必要评估要素,如果不是先验的,从假定的价值中推导出的价值本身也是假定的。关于对富克斯作品的评价参见 Jacek Kugler, "The Consequences of War: Fluctuations in National Capabilities Following Major Wars, 1880—1997" (Ph. D. diss. University of Michigan, 1973), pp. 71—74; 也可参见 Klaus P. Heiss, Klaus Knorr, and Oskar Mrgenstern, *Long-Term Projections of Political and Military Power* (Princeton, N. J.: Mathematica Inc., 1973), pp. 335—343。

20. 评估各种衡量国家能力的指标效用的学者的著述频繁提到这一事实:总产出数据可以很好地评估国际体系中的力量分配。如 Steven Rosen, "War, Power and the Willingness to Suffer," in Russet, *Peace, War, and Numbers*, p. 171; 及 Charles Hitch and Roland McKean, *The Economics of Defense in the Nuclear Age* (Cambridge, Mass: Harvard University Press, 1967), chap. 1; Normal Alcock and Alan Newcombe, "Perceptions of National Power," *Journal of Conflict Resolution* 14, no. 3(1970): 335—343。然而并不是所有学

者均认为总产出是衡量国家权力的最佳宏观指标。有些学者认为，社会消费的能量总值，也许可以更好地从总体上衡量其国家能力，因为这样的衡量标准更容易进行跨国比较。这两种衡量方式是高度相关的，参见 Heiss et al., *Long-Term Projections*, pp.59—62。然而将总产出作为核心概念得到了更多的支持。

21. Singer et al., "Capability Distribution," pp. 19—26. 参见 James Ray and J. David Singer, "Measuring the Concentration of Power in the International System," *Sociological Methods and Research* 1, no.4(May 1973):403—437。

22. 研究步骤可以正式表示如下，若 $X_{ij}$ 表示在现实中 j 国在权力要素 i 中所占的比率，而 j = 1，…，n 个国家，而 i = 1，…，r 个权力维度。最终国际体系中任何一个国家的 $X_{ij}$ 的衡量可以通过两步得出：

（1）$X'_{ij}$ 和 $X_{ij}$ 之间具有这样的转化关系：$X_{ij} = \dfrac{X'_{ij}}{X'_{i.}}$，而 $X'_{i.} = \sum_j X'_{ij}$。

（2）对于国家 j 的能力衡量可表示为：$\dfrac{100}{r} \sum_{i=1}^{r} X'_{ij}$。

23. Kugler, "Consequences of War," pp.82—94.

24. 在我们研究中，多数关于国内总产值数据出自 Angus Maddison, "Trends in Output and Welfare", mimeograph(1975)，最近发表于 Carlo M. Cipolla, ed., *Contemporary Economics,* The Fontata Economic History of Europe, vol.6, p.2(New York: Barnes and Noble, 1977)，该研究对于麦迪逊（Maddison）此前在 *Economic Growth in the West*（New York: Twentieth Century Fund, 1964），pp.194—196，以及 *Economic Growth in Japan and the USSR*（London: Allen and Unwin, 1969），pp.154—156 上发表的估算数据作出了修正。对于某些国家需要进行调整，或者要补全整个系列，关于这些调整和数据库的详细的描述，参见 Kugler, "Consequences of War", pp.293—297。

25. Bruce Bueno de Mesquita, "Measuring Systemic Polarity," *Journal of Conflict Resolution* 19, no. 2 (1975): 187—216. Bueno de Mesquita, "The Effects of Systematic Polarization on the Probability of War"(Paper delivered at the annual meeting of the International Studies Association, Toronto, Canada, February 1975).

26. 关于对风险、同盟和战争的详尽论述，参见 Bruce Bueno de Mesquita, *The War Trap*(forthcoming)。

27. J. David Singer and Melvin Small, *Wages of War 1816—1965: A Statistical Handbook*(New York: John Wiley, 1972), pp.58—90; J. David Singer and M. Small, "The Composition and Status Ordering of the International System, 1815—1940", *World Politics* 18, no.2(1966).

28. 其他实证研究著作也探讨了这个问题，参见 J. David Singer and Melvin

Small, "Alliance Aggregation and the Onset of War, 1815—1945", in J. D. Singer, ed., *Quantitative International Politics* (New York: The Free Press, 1968) pp. 247—286; and J. David Singer and Melvin Small, "War in History and the State of the World Message", in W. Coplin and C. Kegly, eds., *Analyzing International Relations* (New York: Praeger, 1975), pp. 220—249; Bueno de Mesquita, *The War Trap*。

29. 我们从样本中排除了三组一国赶超另一国的国家,它们同时还在和第三个竞争者打仗。比如我们排除了在一战和二战期间的苏联和英国组合。

30. 概率单位分析(probit analysis)的结果可以使用普通的最小二乘法(ordinary least squares)来复制,而不需要作出显著的变化。关于如何解读概率单位分析结果的争议,参见 John Aldrich and Charles F. Cnudde, "Probing the Bounds of Conventional Wisdom: A Comparison of Regression, Probit, and Discriminant Analysis," *American Journal of Political Science* 19, no. 3(August 1975); Richard McKelvey and William Zavoina, "A Statistical Model for the Analysis of Ordinal-Level Dependent Variables," mimeograph(University of Rochester, 1974); Martin Zechman, "A Comparison of the Small Sample Properties of Probit and OLS Estimators with a Limited Dependent Variable" mimeograph(University of Rochester, April 1974); William H. DuMouchel, "The Regression of a Dichotomous Variable," mimeograph(Institute for Social Research, The University of Michigan, 1973)。

31. 当我们把相对力量和增长作为独立因素而不是互动的因素来分析的时候,每一个案例中的差异几乎是相似的。第一个可以解释 30%($R^2$: 0.33)的差异,而第二个可以解释 20%($R^2$: 0.23)的差异。然而结论是不稳定的,因为这些因变量之间存在多重共线性。

32. 两个近期的研究似乎说明,这些发现具有普遍性,尽管它们使用的衡量标准和样本并不相同。参见 David Garnham, "The Power Parity and Lethal International Violence, 1969—1973," *Journal of Conflict Resolution* 20, no. 3 (1976):379—394, and E. Weede, "Overwhelming Preponderance as a Pacifying Condition among Contiguous Asian Dyads, 1950—1969," *Journal of Conflict Resolution* 20, no. 3(1976):395—412。

33. 在国家间每一次互动中,一些同盟遗留的效果可能尚未显现出来。拿破仑三世可能相信他在与普鲁士的战争中将得到英国、俄罗斯和奥匈帝国的支持。这一信念可能影响了他策划战争的过程。同时,英国和日本达成了防御协议,英国本来可以选择遵守承诺然而并未遵守。尽管如此,考虑这个问题可能对双方的战略均有影响。

34. 对这个问题的出色讨论,参见 Choucri and North, *Nations in Conflict*。

# 第二章
# 大卫与歌利亚：预测国际战争的结局

我们已经分析了战争的条件，下面将探析在战斗开始后这些条件如何决定了战争的胜败。在这一章中，我们将探讨能否预测哪一方将在战斗中取胜，哪一方将在冲突中败北。

我们应该审慎地避免作出预测。然而最有用的证明社会科学理论有效性的方法就是能不断精确地预测事件。预测战争的结局是激动人心的。当战争一触即发或战况正酣，战争可能的结果对于所有相关方都是关键信息。在这一章中，我们并不会作出预测，还没有这个计划。我们将预测已经爆发的冲突的结果。用社会科学的术语说，我们将会"事后预言"（post-dict）某些冲突。从科学的意义上说，预测和事后预言是没有差别的。在实践中，我们迈出的这一步对于预测尚未发生的事件同样重要。

在我们目前为止已探讨过的问题中，没有什么比预测更困难的了。细心的读者可能会猜到，问题的关键在于我们提出的国家权力的衡量标准。在第一章中，这一衡量方法的不足尚未酿成大祸。如果想要研究发展中国家之间的冲突或者发达国家和发展中国家的冲突，衡量标准是尤为关键的问题。

在过去，我们之所以不能准确预测国际冲突中的赢家和输家，显然是因为我们不知道应如何恰如其分地衡量权力。过去错误的根源在于，人们无法严谨而系统地评估一个国家的"政治发展"（political development），即一国政府的工作能力与有效性。[1]尽管人们使用一些指标来评估国家经济和社会结构的表现，然而尚未成功地用它们评估政府和政治系统的能力。因此，只能以社会经济或军事数据为基础来衡量国家权力，过去一直是这样，而且如今在很大程度上仍然如此；没有办法直接衡量政治表现。然而如果我们可以衡量一个国家的政治能力，并将估算的数据与其他社会和经济发展数据相结合，我们对于每个战斗方的全面实力的评估就能得到实质性改善，并能较成功地预测任何一场除核战争之外的总体战的结果。这一假定是本章研究的起点。[2]

我们极其小心地选择冲突，以预测其结果。首先，我们选择了那些主要交战方不遗余力地打赢冲突的战争，交战方将全部资源都消耗在战场上。我们还选择了那些如果使用以前的衡量标准，结论可能会出问题的案例。[3]近些年有四场冲突符合我们的标准。其中三场战争的结果与人们在战争开始时的预测大相径庭。这四场冲突是：阿拉伯国家和以色列的战争；得到苏联、中国和美国援助的北越和南越的战争；1962年印度和中国在喜马拉雅山上的短暂交火；以朝鲜和韩国为交战双方，美国和中国参与主要战斗的朝鲜战争。

如果按照我们的衡量标准得出的结论符合历史事实，我们就在预测冲突以及确定衡量国家能力的总体标准方面迈出了重要的第一步。如果我们的衡量标准是正确的，我们也改进了政治发展的衡量标准。[4]

本章内容如下。我们首先解释了我们为何怀疑现有衡量标准存在不足，人们惯用的估算国家能力的方法为何是有缺陷的。然后我们提出了政治发展指标，说明应如何将这一指标与现有的社会经济指标相结合，以全面评估国家实力。最后一部分检验了我们提出的衡量国家能力的新标准。正如我们所说的那样，我们想要确定我们的模型能否对近期战争中战斗各方的相对实力进行足够准确的估算，并且预测战争真实的结果。

# 权力指标：现有的衡量标准

在很多方面，基于各国核算的硬数据来衡量国家能力，正如凭直觉判断一样歪曲了现实。其特别的弱点在于，这样的衡量标准无法做到一碗水端平地进行跨越时代和跨越国家的比较。尽管社会经济指标可能对发达国家的能力作出相对可靠的评估，如果将这一评估标准应用于其他体制，就会出现实质性错误。因此，对于想要确定国家能力指标的研究者而言，社会经济的时间序列数据无法提供扎实的基础。

第一章谈到，人们使用几种方法来评估国家能力，其中只有两种方法可以便捷地进行跨越国家和跨越时代的比较。我们已经广泛地回顾并系统地比较了这两个指标：奥根斯基提出的国民生产总值以及辛格团队提出的指标。我们将不再赘述他们的观点。读者只需知道，我们之所以选择国民生产总值，是因为我们觉得这个模型在理论上更具吸引力，也更简约。以这个模型为基础得到的数据给了我们启发和信心。到目前为止，我们进行的分析均以对总产值的估算为基础。

我们之前在比较这两个指数的时候，没有探讨它们在评估处于不同发展阶段的国家实力方面的有效性。由于这个问题对于我们预测非核战争的结果至关重要，我们设计了一个测试来评估这两个国家权力指标的效力。假定交战双方均倾尽全力打仗，如果我们只需评估交战双方的相对实力，就能够准确地预测战争的最终赢家和输家，那么我们就能确定可以使用这一标准来进行准确的预测。

要测试国民生产总值和辛格等人提出的指数，我们首先需要让这两个指标具有可比性。我们在运用国民生产总值衡量标准时，也仿效了辛格等人构建其衡量标准的两个步骤。我们将想要比较的国家的国民生产总值相加,得出体系能力的总值。然后算出每个国家占体系全部国民生产总值的百分比。

我们使用 1967 年的阿以战争来检验两个衡量标准的表现。我们已经知道这场冲突的结果,想要确定国民生产总值和辛格团队的标准能够在多大程度上预测冲突的结果。表 2.1 展示了我们比较的结果。[5]

表 2.1 比较在 1967 年战争前埃及和以色列占总值的比率

| | 奥根斯基、戴维斯的<br>国民生产总值指数 | 辛格、布雷默和斯塔基<br>的权力指数 |
| --- | --- | --- |
| 以色列 | 39% | 27% |
| 埃 及 | 61% | 73% |
| 总 值 | 100% | 100% |

有两点发现是显而易见的。第一,和国民生产总值相比,辛格团队的衡量标准过分歪曲了现实。从我们的研究目的看,辛格团队的标准没有另一个标准的价值大。然而这一发现确实说明,增加更多指标并不会改善总体的估算值。第二个发现非常关键。尽管两个指标之间存在差异,两个指标均在很大程度上偏离了目标。如果我们的指标歪曲了战斗各方的力量,使我们对于冲突的结果作出了完全错误的预测,我们就不可能认为这样的指标是可靠的。

我们得到的结果并不是简单地在某一时刻对两国进行比较的结果。如果我们进行更大范围内的比较,结果不会出现显著不同。例如,如果我们使用国民生产总值作为衡量国家能力的指标,并比较从 1955 年到 1975 年整个时期的阿拉伯联合共和国与以色列。比较的结果与表 2.1 展示的结果相似。通过运用这两种方法,阿拉伯方面看起来比以色列强大得多,我们知道这种认识不符合现实。在越南案例中,数据甚至出现了更大的偏差。[6]

我们所能接受的国家能力指标,必须在预测军事冲突中的赢家和输家方面表现得比这些指标好得多才行。

# 政治发展指标的缺失

我们衡量国家能力的指标并不是一无是处的。要衡量发达国家的实力，使用这个标准就足够了。只是在发展中国家和发达国家交战或者两个发达国家相互交战的时候，这一指标才缺乏解释力。在这种情况下，衡量这些国家的"政治能力"（political capability）就成为当务之急。然而到目前为止，尚未出现这样的衡量标准。这似乎令人难以置信。因为自 20 世纪 50 年代中期以来，"政治体制的发展"（the development of a political system）的基本含义一直是政治学家关注的主要问题，但他们的努力对我们的研究帮助不大。除了一些特例，在政治发展主题下完成的工作在很大程度上是理论性的。总体而言，大批研究成果主要问世于 20 世纪 60 年代，当时人们对探索这一问题的兴趣达到了高峰。然而这些成果却无助于直接回答我们的问题。[7] 最重要的是，这一领域的文献没有给出可以跨越时代和跨越国家使用的政治变革的衡量标准。

在早期研究浪潮的理论取向中也有一些特例值得关注，这些研究非常出色，包括阿德尔曼（Adelman）、莫里斯（Morris）、英克尔斯（Inkeles）、多伊奇（Deutsch）、罗坎（Rokkan）、格尔（Gurr）和卡特赖特（Cutright）的研究。[8] 我们对某些作者提出的衡量指标感到不满，因为他们几乎普遍使用简单叠加的办法，将其各个指标的内容相加。他们使用了太多指标，采用的是跨部门而不是跨时代的研究路径。最重要的是，多数指标似乎都纳入了完全可以用经济表现来监测的行为。[9]

除了上述著述外，我们还应引述其他文献。在政治行为（特别是比较政治行为）领域包括大量研究，主要关注代表性水平和参与政治体制的程度。这项工作既严谨又系统，涉及政治发展的一个重要方面。随着行为主义革命的发展，研究者可以通过实证研究来检验一些民主理论的基本命题，而研究中的民主偏见也更加突出。然而，人们对参与、代表性、社会化、选举行为、对政党和政治机构的认同这些一般性问题的根本关切,以及政治思想、偏好、态度和信仰体系的发展和传播,在很大程度上关注的是政治生活的"质量"问题。他们只是非常间接地探究政治家是如何工作的问题。

然而,政治家如何工作正是我们想要探寻的问题。我们需要提出的问题并不是"精英真的能代表大众吗?"相反,我们想知道精英是否拥有生产资源的工具,然后用这些资源实现国家的目标。我们提出的问题与西方特别是美国学者在政治学领域提出的问题大相径庭。我们要回答的问题可以表述如下。精英是否拥有从社会中提取人力和物力资源的工具,将每一位公民作出的诸多贡献汇集到国家资源库中,并将其用于国家的目的? 在这种形式下,在我们看来,这个问题直接关系到政治体系是否有能力完成其理应完成的任务。

简言之,我们之所以得不到我们需要的答案,是因为在过去十五年中,学者尚未提出合适的问题。颇具讽刺意味的是,这一遗漏主要是由研究者的民主偏见造成的。

在其他因素的共同作用下,我们需要一个最终能够直接衡量政治发展的指标。在过去,人们想当然地认为经济和政治发展是齐头并进的。未能单独衡量政治动员并不会被视为严重缺陷,因为人们假定,如果一个国家拥有高水平的经济生产力,那么它也可以通过高水平的政治能力来调动国家社会中的人力和物力资源。[10]这样做似乎是有道理的。在西方经验中,政治网络扎根于劳苦大众之中,政治体制有能力推行重大举措以维系社会发展。政治网络和政治体系的扩大是为了回应民众对于政府的期待,他们指望政府在工业生活变迁中为其提供保护。因为在西欧、欧洲的海外飞地和日本,政治体制的有效性大体上与社会经济变化同步,完全可以从关键社会经济要素的表现中推断出政治发展水平。如果这些社会经济要素得分较高,人们就可以自信地断言,如果有类似的指标,政治变量的得分一样会比较高。

这样做的错误在于,假定低水平的经济生产力同样意味着政治体制效率低下。在过去三十年中,在政治动员方面远远领先于本国经济实际发展水平的国家层出不穷。欧洲之外的共产主义国家尤其如此,然而这一规律同样适用于其他发展中国家,尽管它们的表现没有共产主义国家那样突出。因为这些国家不再因循守旧地按照西方模式来发展,运用社会和经济表现来衡量政治表现突然不再放之四海而皆准了。我们有必要对这些国家采用不同的衡量标准。

发展顺序的变化对国际行为产生了直接和深远的影响。出人意料的事发生了。弱者不满足于继承天国,似乎也决心征服地球。越南共产党和北越重创了美国,最终让美国人在战争中止步不前,正如15年前中国在朝鲜战争期间所做的那样。以色列人在新控制的沙漠地带战胜了总兵力具有显著优势的敌国,双方兵力之比为50∶100。决策者尚未立即领悟事情的根本原因,学者也不清楚其意义。即使人们发现了问题,也没人能给出令人满意的答案。这件事仍然悬而未决。

正是在这样的背景下,衡量政治发展的标准尚未出现,而为何需要构建这一衡量标准也变得显而易见。


# 构建政治发展指标


在考虑如何衡量政治发展之前,我们必须简明扼要地说明我们想建立什么样的衡量标准。我们首先要确定"政治发展"一词的定义,因为这一表述完全是一团糟。有些学者将其定义为一国人口从臣民转变为公民的过程。还有形形色色的其他定义:如政治参与的传播、国家结构的完善(如民政管理和军队)、人口的动员、大众政党的发展、政治体系指导社会经济子系统能力的提升、民族主义情感的发展和传播、制度结构的分化,或者政治系统应对来自环境的压力能力增强。[11]每一个定义似乎都是合理的,我们不打算驳斥其中任何一个概念。

然而我们必须阐明我们所说的"政治发展"意味着什么。它是政治体系执行本国政治精英、其他重要国家行为体或国际环境赋予其任务的能力。我们很清楚,高效的政治体系不一定包含自由、民主、稳定、有序、代议制、参与性,或者被赋予外行或专家提及的其他亟待实现的内容,并将这些要素作为衡量一个国家政治生活的基础。有人很可能会说,非民主、非参与性或非代议的制度从"规范性"视角看是不发达的。然而我们并不认为规范性标准与我们寻找的信息有什么关系。显而易见,在个人层面上,政治发展主要是个人行为和态度问题。对个人而言,在政治领域的"发展"(development)意味着意识、政治参与、感知效力,并能现实地评估政治手段能否解决问题。

在体系层面,在政治发展中仅有一小部分内容涉及个人态度问题。断言一个政体比另一个政体更发达,意味着它可以创造更多人力和物力资源,在其他条件相同的情况下可以实现必要的目标。政治发展意味着能力,能力取决于在两方面的政治表现:中央政府精英渗透国家社会,在国家政治管辖范围内控制尽量多的臣民或公民;以及政府提取社会中资源的能力。我们需要确立渗透(penetration)和提取(extraction)行为的衡量标准,以衡量国家政体的内部发展水平。

渗透的权力和提取的权力显然是相互关联的。如果政府成功渗透到社会中,它就应该在提取资源方面表现出色。其原因并不难理解。在历史上,支持王朝或殖民政权的中央政府精英不断尝试渗透广大人口以提取资源。从法王路易十二、路易十三和路易十四,英国都铎王朝的君主,俄罗斯彼得大帝到普鲁士弗雷德里克大帝,这样的君主不胜枚举。这些君主尝试对贵族和广大民众发挥更大控制力,以确保得到源源不断的资源来支持强大的军队,而军队反过来又为王朝统治的"权利"(right)提供了不可或缺的支持。只有强迫其"财产"(estates)更努力工作,生产更多产品,搜集更多资源,君王才能确保自己在权力和人身安全方面高枕无忧。塑造民族国家的原动力和机制极其简单。

对多数发达国家的跨国比较研究显示,渗透和提取应该是高度相关的。然而在政治发展初期,这两个因素均具有自主性。在这样的案例中,我们无法通过直接观察一个因素而确定另一个因素始终存在,或者认为两者已达到了同样的水平。我们还应该注意到,在一个国家的社会中,渗透和提取的分布可能极不均衡。一个部门可能被高度渗透,中央政府能够从中提取其制造的很大一部分财富,而另一部分则几乎不受中央权力的影响,可以自行其是地生活,他们对中央资源库的贡献微乎其微。菲律宾部落民族、新西兰毛利人、伊拉克库尔德人就是在几十个可供选择的案例中的三个极端例子。

渗透和提取都是政治发展过程的关键组成部分。然而提取往往是一个更复杂、成本更高,也更危险的过程,因为至少在最初阶段,民众可能会抵制政府干涉他们的生活。政府总想要既不付出又有所得,弱小的政府尤其如此。政府既想得到资源,又不想和那些提供资源的人发生面对面的冲突。间接收税、征收进出口关税、收增值税和对外国企业征税都是增加收入的方法,同时将直接与国民打交道的需求降到了最低。

总之,我们将政治发展定义为政治体系完成国内环境和国际环境赋予其任务的能力。政治体制的这种能力反过来也取决于其渗透社会以及从中获取资源的表现。

# 衡量政府提取能力的指标

为了将我们的理论关切转化为对于渗透和提取的具有可操作性的衡量标准,我们将在这里转而探讨税收领域。读者也许并不会觉得奇怪。税收正是政府存在的明确指标。在政府运作的过程中,很少有一个领域能像税收这样如此严重地依赖民众的支持或他们对惩罚的恐惧,很少有一个领域能够如此直接地影响社会中大多数人的生活,能够让人们如此孜孜不倦地尝试摆脱这一苦差。没有某种形式的税收,就没有国家统一,也没有控制。无法颁布税收政策并完成收税任务,是政府没有能力获得并维系民众支持的关键指标之一。正如加布里埃尔·阿丹特(Gabriel Ardant)所言:"财政制度是将经济基础设施转变为政治结构的'转化器'。"[12]

我们成功地构建了一个有希望的衡量政府提取资源能力的标准。有关政府收税努力和效力的研究给了我们很大帮助。通过衡量税收努力，我们可以通过税收努力指数（the index of tax effort）来评估政府在收税方面的努力和表现。尽管确立这一指标的初衷完全不同于我们的研究，然而它好像是为我们量身定做的，可以用来衡量政府在提取资源方面的表现。该指数显然不仅是评估税收制度绩效的工具，也是衡量政府提取资源能力的重要指标。这一指标跨国的差异性正是衡量政治差异的重要标准。从这方面作用看，可以将该指标作为衡量政治发展的标准。为了实现我们的研究目的，我们可以将这一指数与其他因素相乘，并与其他指标一起构成国家能力的总体衡量标准，完成模型具体化的要求。

估算收税的努力在很大程度上偏离了早期的研究方向。在过去，比较各个国家收税绩效的方法，就是简单地计算收税金额占总产值的比率。这种比率对于评估政治绩效几乎没有用处。如果不进行调整，它们不可能比过去其他用于替代政治发展的经济指标更出色。如果要比较政府在增加税收方面成功与否，就必须控制可能影响税收基数的因素。有些因素对某些国家有利，而对其他国家不利。否则，在我们得到的结果中，我们想要单独衡量的因素将会变得更加混乱不清。确实，在极端案例中，人们会得出歪曲事实的荒谬结论。主要产油国就是最好的例证。沙特阿拉伯、委内瑞拉、科威特或伊朗政府的收入很高，因为王室从原油销售中获益颇丰。然而，如果要高度赞赏它们的政府从社会中提取资源的表现，那就大错特错了。如果我们排除了矿产出口的因素，上述国家在对其人口征税方面都表现得相当糟糕。北越和中国的情况则恰恰相反。这两个国家经济条件欠佳，因为它们在经济上是欠发达国家，税收基础难免薄弱。因此，与一些较富裕国家相比，两国政府所能获得的绝对税收相比之下少得可怜，但政治体制正在全力运作，其成功的努力是值得赞赏的。如果我们希望评估政府绩效，我们必须管控经济资源在各国之间的不平等分配这个因素。

评估政府的收税努力需要评估该国应收税的能力。我们可以这样表述这个问题：税率取决于系统的经济资源以及政府提取这些资源的努力。如果要确定一国收税努力的公式，就必须知道该国的经济税收能力。确实，拉贾·切利亚（Raja Chelliah）、罗伊·巴尔（Roy Bahl）[13] 及其同事构建了一个模型，该模型假定我们知道两个重要要素：估算在相似税收基础下各国政府平均征税的金额，以及各个政府实际收税的金额。通过比较二者，我们就可以判断某个政府是否运转有效。显然如果实际收入和估算收入相等，这个国家就可以在其税收基础上正常有效地运作。如果实际收入超过了估算值，则其表现比人们的合理预期要好。如果实际收入低于估计水平，则该国政府就比其应有表现更低效。

人们可以从国民核算账户中获得征税水平的证据。然而应该如何评估应收税的能力呢？应收税能力反映出体系中各个国家可供收税的潜在资源差异。我们必须首先明确这些因素是什么。其次，我们必须确定应该作出什么调整来估算体系中各国的征税能力。

该模型的创立者使用多个因素进行试验，构建了许多公式。我们需要解释我们是如何选择各种因素来打造公式的，以衡量税收努力并在此基础上评估政府从本国社会中提取资源的能力。在最后一个公式中，我们使用三个因素以根据税收能力差异进行调整。一是经济开放程度，即出口部门占国民生产总值的比重。由于经济和行政方面的原因，出口在收税方面具有系统性优势。与其他财富相比，出口领域更容易征税，这不仅因为可以轻松估算其价值，还因为出口渠道具有便于行政机关收税的中央化特征。第二个因素是经济发展水平指标，这个因素需要进行控制。我们使用农业部门占总产值的比重作为衡量标准，它反映了农村的发展水平。精通发展问题的读者可能不会对我们的观点提出异议。如果国民生产总值的这一部分与收税不是负相关关系，反倒出人意料。当农业经济中的资源仅够人们勉强糊口，政府就很难估算这些资源并收税。此外，那些通常是自给自足的农民往往会抵制政府提出的从其可怜的收成中再拿走一小部分的要求，因此政府很难从农民身上提取资源。第三个因素是采矿业占总产值的比例，它反映了国民生产总值的结构。我们之所以将产矿作为调节因素，是因为我们此前举例说明了产油国政府在收入上的优势。产油国政府的主要收入来自出售石油产品后赚取的矿区土地使用费,而不是向民众征税。矿产财富取决于运气而不是生产力。政府又可以精确估算制造财富的价值,矿产资源更易于行政部门收税,因为往往只有几个大公司从事采矿活动。[14]

下一步是使用多元回归方法,对所有的样本之间的差异进行控制,并估算每个国家每年税收总额中的各因素中应该增加和减去的数值。回归得出的预测值就是对该国家能力的估算值。最后一步,衡量税收努力,是通过计算实际税收所占预期税收能力的比率获得的。[15]该公式表述如下:

$$税收努力 = \frac{实际税收比率}{税收能力}$$

图2.1展示了1970年我们对样本中所有国家税收努力的跨国比较。对于大多数国家,该图显示的税收能力和实际税收水平非常相似。然而,有些国家偏离了预期标准。例如以色列和北越的表现远远高于"正常"水平,而墨西哥、黎巴嫩和约旦则远远低于"正常"水平。

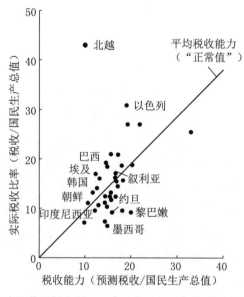

**图2.1　实际收税额占国民生产总值的比率与收税能力(1970年)**

单独地看,每个国家的表现都提供了审视模型运作方式的不同视角,说明了随时间流逝税收努力指数如何运作。我们的例子包括一个表

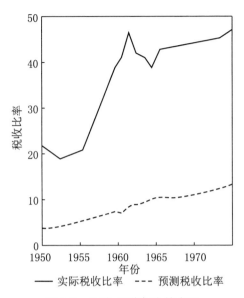

**图2.2 北越:税收努力的水平**

**图2.3 叙利亚:税收努力的水平**

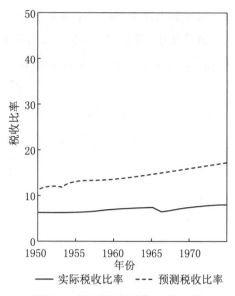

**图 2.4 墨西哥:税收努力的水平**

现远远高于预期的国家、一个表现远远低于预期的国家,以及一个表现符合预期的国家。在图 2.2 将北越政府和那些有相似税收基础的国家相对照,说明北越政府的表现远远超越了其经济基础。图 2.3 中的叙利亚是一个典型的表现接近其能力的国家。最后,图 2.4 中的墨西哥就是一个表现远远逊色于其经济基础的国家。

我们还必须补充几点。税收模式的支持者认为,从某种意义上说,可收税的能力揭示了可供一个国家使用的经济资源,而税收努力指数表明了该国是否愿意使用这些资源。[16] 我们认为这个判断是正确的。然而,应该强调的是,若实际税收额度与税收能力的估计值有偏差,我们会认为这显然是由政治因素导致的。政治发达或欠发达体现为一国的表现是高于还是低于平均水准。这是问题的关键所在。用"意愿"来衡量领导人的意志是一种错误做法。在这里,是否愿意使用资源实际上是指无法逾越的政治制约因素。例如,不管领导人本人对增加税收有何偏好,行政系统可能不具备征收到政府想要获得的收入的能力。领导人有可能无法组建必要的权力联盟,为增加税收提供支持。领导人的意愿在这里并不是关键因素。

我们认为,税收能力模型列出了影响税收基础的具体社会经济因素,然而并没有列出具体的政治变量。用我们的语言来表达,政府的意愿就是政府使用其可获取的经济资源的政治能力。决定政府提取可用资源能力的政治变量包含在模型中,却没有具体表示。事实上,其影响被方程使用的错误术语掩盖了。我们目前无法辨别这些变量是什么,它们如何运作。这部分工作仍有待完成。

正是因为我们目前没有办法衡量可能影响领导人决策的因素,这些因素可能促使领导人作出不要用尽其全部税收能力的决定。因此当一个国家的表现低于预期的时候,我们有必要将这种下滑归结为政治体制结构无法完成其使命,而不是领导人有意识地要让征税值低于一般水平。这一区分对于确定可以将该模型应用于多少个案例至关重要。它适用于发展中国家,因为在这样的系统中,社会需求如此庞大,我们必须假定政府精英必须让征税水平达到政治能力的极限。

另一方面,如果将税收努力模型应用于发达国家,就必须考虑公共开支。这是或许是因为发达国家没有如此庞大的需求,或许是因为将税收基础消耗殆尽不符合这些国家的经济和政治价值观,还可能因为服务是由私营部门提供的。一个例子可以阐明这一观点。瑞典的税收远远高于美国。然而我们却不能根据这一数据得出瑞典政治制度比美国政治制度更高效的推论。瑞典人希望由政府向他们提供一定数量和水平的服务,而美国人更愿意通过私营部门获得这些服务。如果我们看到美国并没有增加财政收入,以向民众提供他们不需要的服务,就得出美国政府效力不足的结论,显然是不合理的。当我们比较两个发达国家政府在增加收入方面所作的努力时,关键问题是政府在为了他们想做到的事而增加收入方面表现如何。最有效地回答这一问题的方法是,我们不仅要控制源于税务基础的税收优势,也要控制政府的开支。我们现在正在打造这个模型,当这个模型完成后,它可以同时适用于发展中国家和发达国家。然而,对于眼下的任务,真正具有破坏力的偏差发生在发展中国家的层面;因此,我们其实并不需要更全面的衡量标准,税收努力指数完全可以实现我们的研究目标。

　　值得注意的是,我们确实在实验中将该模型应用于以色列。然而这样做并没有违反前面的一般原则。确实,以色列的体制完全符合发达国家的标准。然而我们确信以色列政府已经充分运用了其税收能力。自建国以来,以色列一直处于一种不断备战的状态。因此,我们相信在其案例中完全可以使用税收努力模型。

　　政府提取资源的概念包括两种行为,需要将它们区分开来:第一,收集可用资源并将其聚合于国家资源库的实际举措;第二,分配和划拨资源用于政府认为必要的用途。当然,这也是任何时期的政府在输出端从事的两类主要行为。当一国处于战争状态时,这是政治体系的关键工作。请参考图 2.5。

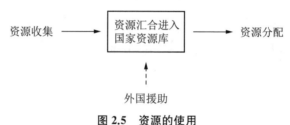

**图 2.5　资源的使用**

　　这两个步骤的行为并不相同,应该独立并直接地衡量它们,这是言之成理的。一国政府可能更善于提取资源,而不是聚合或分配资源。观察政府行为的有识之士会想当然地认为,当这些资源到达资源库后,马上会被分配到各个领域,将被消耗掉,无论该国政府形态及其经济和政治体系的发达程度如何都是如此。官僚机构或政治精英效率低下或者贪污腐败,可能导致资源无法到达其原本的目的地。问题并不在于分配过程会不会损耗资源,而是这个过程将损耗多少资源。因此,将资源的提取和分配分开来计算无疑是更好的做法。然而,我们现在还不能这样做。

　　显然这两种行为是高度相关的,一国政府如果在提取资源方面得分很高,那么它在分配资源方面也应该得分很高。这一高度相关性对于我们的研究目标非常重要,当我们在两个指标中只能获得一组数据的时候,我们就可以借此来弥补这一不足。我们尝试通过实验来估算政府努力的比率以应对这个问题。

如何处理外部援助是个重要问题。在国际政治领域,研究者主要将精力集中于跨越国际边界的资源转移方面。在估算国际战争中战斗人员的相对实力时,总要面临来自国外的援助问题。不能回避的问题是,战斗人员究竟是完全凭自身实力作战,还是得到了外国朋友的帮助。在我们验证的四场国际冲突中,援助在越南战争、朝鲜战争和中东冲突三个案例中发挥着极其重要或绝对关键的作用。因此,我们必须想办法估算援助的影响力。

我们之前详细介绍了提取和分配模型(见图 2.1),纳入来自外国的资源为该模型增加了新要素。如果外国提供了援助,这些资源首先进入国家资源库,并且确实是在那里分配的。然而,一旦把资源给了某个国家,这些资源可能物尽所用,也可能被白白浪费。一国分配资源的能力是一个关键变量,它决定了接受的资源将有多少被用于预期用途。要有效地吸收外国援助是很困难的。问题不仅限于战争资源。我们目前为止尚未彻底在衡量方面解决这一难题,然而我们已开始考虑这个因素。由于还没有独立的衡量标准来评估外国援助的分配,我们只好采用受援国的收税努力指标作为乘数,以弥补这一不足。如果该指数取值高于或低于1,援助的价值就会相应增加或减少。我们认为浪费本国资源的政府也比较容易浪费其他国家提供的资源。

使用外国援助给我们带来了特别的问题。在我们作为检验案例的两场冲突中,战斗人员获得了大量援助,然而这些援助却不是一股脑地交给他们的。赞助国展开了自己的军事行动,在为本国的战斗提供军队和补给的同时,向受援国提供了大量直接援助。问题在于评估赞助国直接向受援国提供援助的分配情况。该指数究竟代表赞助国的能力还是受援国的能力呢?我们决定支持后者。尽管赞助国的军事行动在很大程度上不受当地当权者的控制,但军事行动的展开完全由受援者掌控。因此赞助国的行动取决于受援者的行动。

# 衡量国家能力的新标准

我们此前曾提到，国民生产总值是目前衡量国家能力最简约的标准，然而只有对这个标准进行修正，才能作出准确的预测。我们需要一个衡量标准，可以将国民生产总值与我们的政治指标结合在一起，得到一个乘法公式。我们应该简要概述我们修正后的国家能力衡量标准是如何推导出来的。

我们一开始就主张，要衡量一国的国家能力，三个主要决定因素是工作和战斗人口的数量，生产力，以及政治制度在提取、汇总并分配个人贡献以用于实现国家目标方面的有效性。我们可以使用三个替代性变量来把握上述三个维度。总人口可以大致反映劳动力和军队的人力规模，人均收入可以较好地衡量生产力，政府提取指数是政治发展指标。我们完成了包括内部和外部要素的国家能力公式。内部要素如公式所示：

国家能力的内部要素 =（人口×生产力×政府提取指数）

上述模型仅包含两个指标：一是社会经济指标（国民生产总值），二是政治指标（政府提取的指数）。然而，由于我们想要衡量的政治过程包括提取和分配，我们决定采用最令人满意的临时折衷方案。这个方案包括两个步骤，以估算政府提取的"努力"数值。我们选择了低于 2 的指数，因为我们估计分配比提取要容易些。在最终的表述上，内部要素是：

$$\text{国家能力的内部组成部分} = \frac{\text{国民生产总值}}{\text{人口}} \times \text{人口} \times \text{收税努力}^a$$

在这里 a = 1.75

我们判断，为了进行跨国比较，只有通过财政开支，才能最精确地估算得到的外国援助数额。用外国援助价值乘以不加权的受援国政府提取指数,不考虑援助是否已移交,比如美国和苏联对以色列和阿拉伯的援助,也不考虑赞助国是否也像越南和朝鲜的案例那样有自己的军事使命。因此我们等式的外部要素为:

$$外部供给能力 = (外援 \times 受援国的税收努力)$$

要全面衡量国家能力,就需要将国家能力的外部要素和内部要素加在一起,得到的公式为:

$$国家能力 = (国民生产总值 \times 收税努力^a)$$
$$+ (外国援助 \times 受援国的税收努力)$$

这个模型是简单的,甚至有些简约。如果我们能通过检验证明这一模型是正确的,并且能满足其直接目标,就可以进一步构建更加复杂的工具。

# 检验、假设和发现

与确立衡量标准同样重要的是,如何设计一组实验来证明它。我们对政治发展的定义及其衡量指标似乎是合理的。然而,我们仍然必须确定这个衡量标准在实践中是否有效。为了让读者更全面地理解我们解决问题的过程,我们首先要介绍这个衡量标准的推导过程。

我们认为,决定任何一国权力的关键要素是该国政治体系提取和聚集资源的能力。某些国家在这方面能力的显著提升,直接决定了多场二战后人们记忆犹新的冲突的胜败。在这些冲突中,那些看上去比对手更虚弱的国家却能碾压对方,或者与之形成相持局面。我们认为,这些国家实际上比人们预测的更强大,其优势在于其政治体制可以比对手更有效地提取和聚合资源以支持军事行动。此外,赢家表面上的弱小实际上是一种错觉,原因在于过去用来估算国家实力的方法没有直接考虑政治发展因素。显然,我们需要确定衡量政治发展指标,选取国际军事斗争似乎能最有效地证实我们提出的衡量标准。

我们认为，政治能力是国家权力的关键因素，而军事冲突是验证政治发展指标最有效的手段。明确这个论点有助于读者理解我们是如何选择冲突、确定检验假设的标准的。应该强调的是，我们的观点并不是随意提出的，而在很大程度上是根据最近发生的事件得出的结论。我们意识到，最近人们对这一领域作出了重要误判，而军事对抗导致的出人预料的结果，不过是因为没有考虑到可以通过构建动员贫民人口的政治网络来产生权力这一事实。[17]

中国和北越就是很好的例子。1949 年的中国正处于脆弱之中，长期内战使之元气大伤，军事秩序混乱，新兴共产党政权刚刚控制了局面。两年后，中国军队来到朝鲜，与世界上最强大国家的军队战成了平局。这怎么可能呢？中国的人口规模和经济生产力都没有重大变化。气候、资源和领土面积均保持不变。真正变化了的是政治体制。中国第一次有了政治组织和能够动员大量民众的政府官僚机构，可以从社会经济结构的各个角落提取全部可用的积蓄，并将其投入对美国的战争。北越和越南共产党的例子也有异曲同工之妙。美国的军事对手经济上落后，生产力水平低，仍然是传统的贫民社会结构。此外，人口相对较少，军队武装程度很低。然而，他们却改变了失败的命运。即使对训练有素的观察者来说，这种现象也令人难以置信：弱者战胜了强者。

我们准备验证的观点隐含于我们刚描述的例子之中。这些例子提出了我们最初的问题，也让确定衡量政治发展标准的重要性凸显。这些例子属于符合我们实验目的的那类军事对抗，确定了引导我们证实模型的规则。

我们希望同时向几个方向探索。我们希望选择最不模棱两可的冲突，这样一旦我们的假设存在不足，推翻假设的概率会更高。我们选择的案例可以更清晰地验证我们的政治发展标准是否可以衡量政治能力。我们选择了如下类型的战争作为研究案例，那就是如果用此前的衡量标准来预测，其结局是出人意料的。

我们按照下述规则来进行验证：

第一，在我们选择的包括两组国家的冲突中，至少一个交战方在每个被视为重要国家权力要素的指标上得分都很低。

第二，我们还尝试寻找这样的冲突，其中一些国家在社会经济因素方面是绝对的赢家，却不能凭借优势在战争中取胜。

第三，在我们选择的冲突中，交战国在冲突结束后面临领土损失，损失的领土取决于战争结果。我们认为面临领土损失的真正威胁可以确保交战方全力以赴地战斗。

具体而言，我们最先选为测试案例的冲突是迄今为止四场阿以冲突中的三场，分别发生于1956年、1967年和1973年。正如我们之前所述，在1948年的第一次冲突中，我们没有充足的数据，因此我们没有选择这一冲突。我们选的下一组冲突是北越和越南共产党与南越的冲突。北越和越南共产党得到了苏联和中国的军事专业支持和财政援助，南越则可以仰仗美国的大规模干预及其对该国政府的财政援助与其他直接援助。我们选择的下一场冲突是1950年到1953年的朝鲜战争。在这一案例中，交战方得到了苏联、中国、美国和多个非共产党国家的经济和其他援助。此外，美国（以及联合国其他成员国派遣的少量部队）和中国是主要交战国。[18]我们最后检验的是1962年的中印战争。在我们作为检验案例的冲突中，这是唯一一场外国援助没有发挥作用的冲突，也是唯一一场用国民生产总值来衡量，强大的一方最终赢得胜利的战争。

## 假设

我们的主要观点很简单。当战争中的双方均全力以赴投入战斗时：

（1）胜利者的能力储备库至少应该与失败者势均力敌，或者应优于失败者。胜利者应该在战争爆发前就具备能力优势，而不是在战争爆发后才具备这一优势。

（2）如果作战双方的能力始终势均力敌，结果就会是平局。

（3）我们的零假设（null hypothesis）是这样表述的：国家能力与战争的结果并不是系统相关的。

### 发现

我们从阿以战争开始。如果我们以国民生产总值作为衡量标准,比较交战双方的国家能力,阿拉伯人似乎在实力上拥有相对于以色列的显著优势(见图2.6)。确实,在过去的三十年间,中东历史不断处于停战和战争的轮回中,仅埃及一个国家就一直遥遥领先于以色列(见图2.7)。我们知道,这样估算两国的实际权力是错误的。以色列必须至少与阿拉伯国家的总和一样强大,并且比联盟中最强大的成员国更强大;否则,就无法解释以色列为何取得胜利。如果我们使用修正后的模型来衡量两个主要交战方的实力,我们就会得出这样的结论。我们进行了两次比较。第一次比较埃及和以色列的能力(见图2.8),第二次比较以色列与三个主要阿拉伯交战国(埃及、叙利亚和约旦)之和的能力(见图2.9)。第一次比较说明,以色列在1957年就已经超过了阿拉伯联合共和国,并将优势保持到1966年。在1967年和1968年暂居落后地位后,以色列到1969年再度处于领先地位,此后一直到1974年(我们的数据到这一年截止)以色列的实力一直在显著提升。当我们将以色列的实力与三个

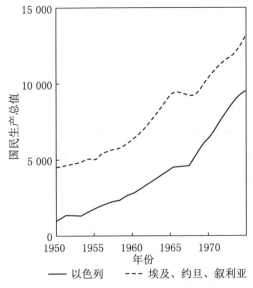

**图2.6　按照国民生产总值衡量的中东各战斗方国家能力(以百万美元为单位)**

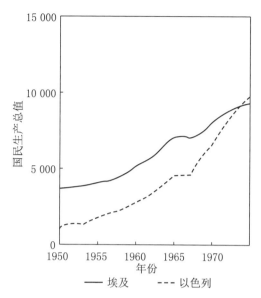

**图 2.7　以国内生产总值衡量的以色列和埃及的国家能力(百万美元)**

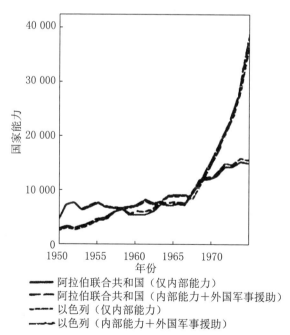

**图 2.8　以色列和阿拉伯联合共和国的国家能力(包括外国军事援助)**

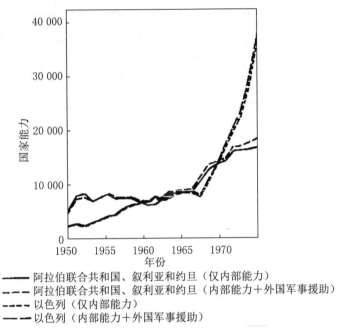

**图 2.9 中东战斗各方的国家能力(包括外国援助)**

阿拉伯对手的总和进行比较的时候,情况没有太大变化。以色列在赶超阿拉伯联合共和国之后,仅用一年时间就超过了这三国的总和。双方实力在约十年的时间里非常接近,以色列只是在 1968 年以前稍微落后于这三个国家,随后又赶超了这些国家。

我们的主要成就在于,按照新的衡量标准,以色列至少在权力上与阿拉伯国家之和是势均力敌的,而且比联盟中最强大的国家更强大。仅使用国民生产总值这一衡量标准时出现的偏差已不复存在。我们的验证方法并不复杂,然而显然如果力量对比正如新模型所示,实际战况就是可以预测的,然而使用此前的模型却不能预测这一点。

我们应该更细致地对战斗双方进行比较。我们的模型说明,以色列在第一个五年期间处于显著落后的地位。在 1956 年和阿拉伯国家发生第一次军事冲突的时候,以色列仍然是较弱的一方。以色列人打赢了战争,赢得了大片领土,他们又放弃了从战争中得到的好处,撤退到此前的边界。然而,以色列人并不是在孤军奋战,他们得到了英国和法国的鼎力相助。因此,我们不能因为他们取得了胜利就推断他们当时比阿拉伯国家更加强大。

在 1967 年和 1973 年,双方都是"孤军奋战"。我们的估算显示,以色列人在 1967 年和阿拉伯人势均力敌,在 1973 年享有相对于阿拉伯人的明显优势地位。这些发现与两场战争的实际结果是一致的。

双方在两场冲突中表现的差异让人费解。我们可以简单地推测双方表现不同的原因。1967 年以色列速战速决,决定性地击溃了对方。我们根据这一表现作出的假设是,以色列在当时确实更强大。然而事实并非如此。1973 年以色列再度取胜,然而在战争中面临更大困难,至少在战争初始阶段举步维艰。在得到数据之前,我们假定阿拉伯国家应该没有以色列强大,但正在迅速赶超以色列。实际上出现了相反的态势。以色列在第二场战争中实力倍增,而它在第一场战争中仅有微不足道的优势。我们无法提供毋庸置疑的解释。我们的猜测是,以色列之所以能在 1967 年易如反掌地快速取胜,与先发制人的空袭有很大关系。而在 1973 年,叙利亚和埃及的部队准备充分,率先发动了攻击。一段时间之后,以色列人才恢复了以往的沉着自信,并击溃他们的对手。可能有人认为,以色列一定要比对手强大得多,才能经得住 1973 年最初的袭击并最终赢得战争。这些猜测也许是正确的,然而我们并不会在这里展开严肃的战略和战术讨论。我们提出这样的假定,是为了让读者熟悉我们从结论中提炼出的重要问题。

我们的数据显示,在 1967 年和 1968 年,以色列实力稍微落后于阿拉伯联盟,甚至还不如埃及一个国家。这一实力下跌首先是战后经济调整的结果。正如我们所理解的那样,以色列在这两年中经历了经济萧条,而苏联重新打造了埃及的武装力量。此外,援助的数据并不是年复一年地累计记录的,只记录了援助国提供大笔援助的情况。因此在两次战争期间一直没有间断的重新武装阿拉伯联合共和国的数据,只在冲突的尾声阶段有所体现。问题的关键在于这一实力下跌是由人为因素导致的,它源于战前时期的调整,并不能精确地展示双方的相对能力。

我们可以公正地说,证据支持第一个假设,那就是在其他情况相同的条件下,军队对抗的胜利者的国家能力要高于或者等于失败者。

下一场作为检验案例的冲突是越南战争。我们要首先阐述我们认为战争的结局是什么样的。战争的结局可分为两部分。如果冲突是北越和越南共产党针对南越的军事斗争,结果后者将毫无悬念地失败。然而,另一种合理的结局是,只要美国军队仍然在越南,军事斗争的结局就会大不相同。在那个时期,结果是僵局。尽管美国进行了斡旋,美国和南越人仍然无法获得在整个越南的霸权地位。

双方的国民生产总值估计无法预测其中任何一个结果(见图 2.10)。确实,战败的一方在整个战争期间明显被描绘得更强大。

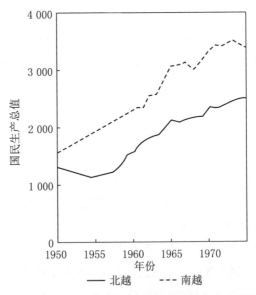

**图 2.10 以国民生产总值衡量的北越和南越国家实力(百万美元)**

如果我们使用修正的模型,情况就会发生戏剧性逆转。直到美国全力干预之前,北越都比南越更强大。美国的努力包括直接向南越政府提供援助,以及通过直接军事调停提供援助,使南越可以获得的资源库达到几乎可与北越比肩的程度。一旦美国的参与程度降低,南越的资源就下降到美国确立在东南亚的存在之前的水平(见图 2.11)。

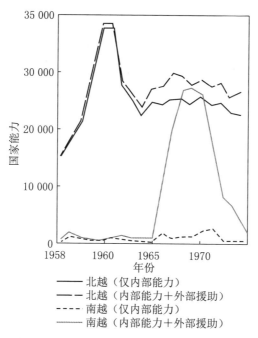

图 2.11　新的衡量北越和南越国家能力的标准(包括外国援助)

　　我们还需要继续点评。我们的估算总体上符合越南实际形势的演变过程。共产党在 1966 年以前进军南越的过程说明,在没有外力干预的情况下,冲突的结果将是毫无疑义的。随着美国人向南越提供新的资源,他们的对手也加大了制造资源的力度。在美国提供最大支持的时候,双方在能力上大致相等。然而南越从未拥有外界观察家相信的由美国干预带来的压倒性优势。如果使用过去的衡量标准,就无法解释北越和越南共产党的表现。

　　人们常说,如果美国想要征服北越,就一定能够做到,美国并未发挥出其全部实力。换句话说,这并不是一场总体战。这样的逻辑毫无疑问也适用于苏联。除了 1962 年中印战争,这个道理适用于我们检验的所有冲突。然而这一说法并没有触及问题的关键。我们并不认为北越与美国一样强大。我们的提议是,如果我们尝试用传统方式来估算北越和南越的能力,包括双方接受的直接和间接援助,那么北越拥有的资源库和南越相比小得可怜。确实,美国还有海量资源尚未投入战争,如果全部投入战争,可能会导致天平向另一端倾斜。这和我们尝试解决的问题关系不大。我们致力于通过分析双方投入的资源来解释战争的实际结果。我们观点的精髓在于,美国和南越的联盟只是具有表面上的能力优势,然而实际上北越在政治组织方面的有效性使双方实力趋于平衡。

让我们重申这一观点,北越之所以能抵制美国的干预并赢得战争的胜利,并不是仰仗意志、军事领导、气候、地形、游击战技巧,或者其他不胜枚举的用来解释美国惨败原因的借口。至关重要的因素是北越和越南共产党的政治组织能力使之可以维持历时四分之一世纪的军事努力。南越顶不住来自北越的压力,并不是因为其在经济资源方面更落后,而是因为其政治体制在提取资源方面的表现低于平均水平。

越南战争的证据支持我们的第一个和第二个假设。

在我们的样本中,唯有在1962年中印战争这一场战争中,可以通过国内生产总值估算出的国家能力来准确预测战争的结局(见图2.12)。我们修正了基于经济表现的估算,把这个因素作为我们的政府提取指数的乘数。通过这样的修改,中国在权力资源方面的优势,就由原来的2:1和3:1之间,迅速扩大到10:1和15:1之间(见图2.13)。尽管后面的评估让人惊讶,然而与社会经济衡量标准相比,这样的标准可以更准确地评估战斗双方的力量。无论如何,中国在战争中的表现说明后面评估是更接近事实的。

我们的第一个和第二个假设再一次得到了证实。

在越南冲突和1950—1953年的朝鲜战争中,大国进行了直接干预。美国和中国不仅向韩国和朝鲜政府提供了援助,也直接派出军队参与战斗。苏联向朝鲜和中国均提供了援助。这些大国投入的规模非常庞大。中国参战的人力远远超过了美国,然而美国提供的军用物资和其他援助却比中国提供援助的数量大得多。

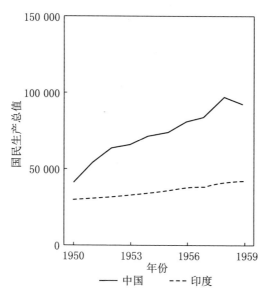

**图 2.12 以国民生产总值衡量的印度和中国国家能力（百万美元）**

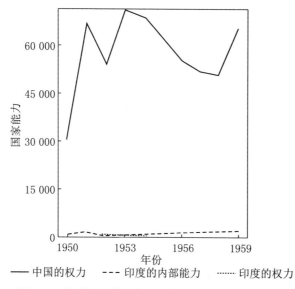

**图 2.13 按照新的衡量标准估算中国和印度国家能力**

然而，读者应该知道，我们在这个案例中面临的数据方面的困扰远远超过了其他案例。我们无法获取可靠的信息，只能进行估算，有时连估算都很难获得数据,我们不得不自己草拟数据。因此,最终的数据质量赶不上其他的检验案例。

我们首先要阐述我们估算出的权力应该对冲突行为作出什么预测。战争持续了三年。在第一年,朝鲜进攻韩国并击溃其部队。在美国和其他联合国成员国的支持下,韩国死守于朝鲜半岛一隅。在仁川登陆后,美国大胆地向朝鲜后方发动进攻。美军在击退了朝鲜部队后,一路向前推进,穿过整个朝鲜半岛逼近中朝边界。在中国干预下,美国和其他国家的部队再度退回了南方。经过持续战斗,战争最后陷入僵持状态,双方的当时分界线与最初划分朝鲜半岛的分界线相差无几。

如果只用国民生产总值这个标准来衡量权力,对形势的评估存在很大问题(见图 2.14)。我们提出的修正模型的估算结果更令人满意(见图2.15)。在第一年中,朝鲜似乎比韩国更弱小。然而大国在第一年不同时期的多种举措及其对战斗的干预,意味着估算战斗双方的相对实力面临很大不确定性。我们的衡量标准反映出了 1951 年和 1952 年的僵局,当时中朝联盟的实力稍稍逊色于韩国,双方力量对比在 1951 年是 1.3∶1,

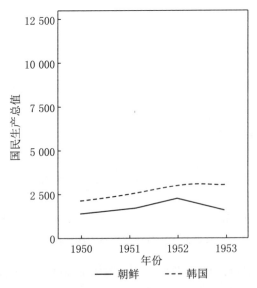

**图 2.14　以国民生产总值衡量的朝鲜和韩国的国家能力(百万美元)**

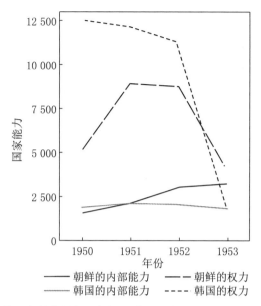

图 2.15　按照新的衡量标准朝鲜和韩国在战争期间的内部和外部能力

在 1952 年是 1.2∶1。然而根据我们的研究目标，假如对双方人力和物力资源库的估算值基本相等，而评估是正确的话，自然会出现僵局。

在越南的案例中，我们并不认为即使美国愿意将更多资源投入冲突中，它也不可能歼灭对手。尽管这种说法很可能是正确的，它却没有切中要害。重要的问题是，我们在战争中实际投入资源的基础上估算出的权力数值能否可靠地预测战争结果。我们似乎再次证实了我们的第二个假设。

# 小　　结

我们提出了两个根本问题。第一，我们能否预测战争的结局？具体而言，假定战争双方都全力以赴参战，我们能否预测战争的胜利者和失败者？目前为止，没有一个国家或国家领导人能在战争的开端就知道这场战争究竟会以胜利还是失败告终。回顾第一次世界大战和第二次世界大战，我们就能知道这一点。朝鲜战争、越南战争和中东冲突这些更近的例子令人印象更加深刻。我们的第二个问题与第一个问题密切相关：政治体系的结构变革是政治发展极其重要的组成部分，能否衡量其变化？

我们相信如果能够直接衡量政治体制的表现，就能补全此前国家权力模型中缺失的一环，解决这些模型在解释关键案例时出现的反复无常和不准确的问题。国家间的国际角力被视为国家能力衡量标准的试金石。我们选择的检验案例也可以证明我们衡量政治发展的标准是否正确。

我们有两个主要发现。

第一，在我们研究的四场冲突中，现有的国家权力的衡量标准对于三场冲突中战斗双方能力的估算都是不准确的。南越比北越更强大，韩国比朝鲜更强大，阿拉伯国家比以色列更强大。显然，从战争的结果看，这些判断都是错误的。

第二，当我们将社会经济指标与直接衡量政治表现的标准结合起来，我们就能弥补现有衡量标准的不足。这一政治指标可以在很大程度上改进总体衡量国家能力的模型。它彻底改变了此前的衡量标准估算的结果。

我们还要提出一些观点。

通过提取资源来衡量政治发展，得到了出色的结果。政治发展显然也包括在某一特定政治体制中所享有的生活质量。然而生活质量与我们关注的问题的答案关系不大。显然，财政收入数据提供了令人满意的衡量结构变化的线索，而结构变化是政治发展极其重要的组成部分。

通过思考一国政府在利用其社会经济体系中资源方面的表现，我们可以估算政府的发展状况，正确衡量每个政治体系的有效性。我们可以在历史某一时刻进行有价值的跨国比较，也可以跨越时代进行比较。读者不会忽略这一新能力的重要意义。

在冲突期间可以比较不同国家的实力。基于战败国比战胜国更弱小的假定,冲突可以验证估算是否正确。然而,我们在这里提出的评估标准,可以让我们在战争爆发前的和平年代对国家能力进行实证比较。

人们长期以来就知道,军队和武器至多是决定军事冲突结局的中间变量,战争是在"生产线"上打赢的。这个说法有一定道理,也得到了工业界经济决定论者的支持。然而现有的证据表明,政治安排可能与经济生产力同样重要,二者并不一定是齐头并进的。一个国家可能在经济生产力方面表现不佳,然而在政治有效性方面表现突出。

我们也注意到,我们的衡量标准并没有探究政府获得的民众支持。某一国家的政治体制完全有可能在有效性方面得分很高,然而在民众心甘情愿地支持政府领导人方面得分较低。根据一个数据推断另一个数据,是在推论方面的跨越。这样做对于宣传者是有用的,然而学者却不应迈出这样危险的一步。

我们的发现并不是完全出人意料的。毕竟,我们探讨的冲突的结果已经为世人所知,人们也对其原因作出了不同的揣测。然而,我们的发现完全违背了人们的直觉,正如我们研究的战争一样出人预料。这一研究将会进一步破除"真正重要的因素是无法衡量的,而能够量化的因素都无关紧要"的信念。它也挑战了这样的观念,那就是在国内政治或者政治发展这一落后的领域,单凭有经验和负责任的领导人的直觉,就完全可以舍弃更严谨的论证过程。

## 注 释

1. 研究发展问题的学者达成的共识是,要界定政治发展,能力层面即使不是一个中心要素,也是一个关键要素。参见 J. Coleman, "The Development Syndrome: Differentiation-Equality Capacity," in L. Binder and Joseph LaPalombara eds., *Crises and Sequences in Political Development* ( Princeton, N. J.: Princeton University Press, 1974), chap. 2; S. Verba, "Sequences and Development," in Binder and LaPalombara, eds., *Crises and Sequences,* chap. 8; R. Holt and J. Turner, "Crises and Sequnces in Collective Theory of Development," in *American Political Science Review* (APSR) 69, n. 3(September 1975):

979—994。

2. 从这个角度看,构建政治发展指标不过是我们尝试预测重大的战争结果的副产品。然而衡量"政治发展"的努力不应只被视为另一种构建指标的行为。要构建出可以系统追踪或者粗略勾勒政治体制发展差异的衡量标准,本身就是非常激动人心而又重要的实践。很多读者可能会将这一尝试本身视为重大问题,他们会认为预测一场国际冲突中的赢家和输家不过是实验室中的实验,旨在监控政治能力衡量标准的表现。当然完全可以这样看问题。在所有尚未检验衡量标准和行为之间联系的案例中,人们均面临一个关键问题:如何知道某一衡量标准是否真的能衡量其试图衡量的行为? 我们不能预先假定这一指标是有效的。我们完全可以认为其对国际冲突结果的预测,可以检验政治能力衡量标准最初的有效性。在阅读本书的时候,读者可以选择任何一种视角,而不会有什么损失。无论采用哪种视角,程序、数据和发现都是完全一样的。

3. 我们当然能选出一系列可以通过传统衡量国家实力的方式准确预测其结果的战争。在第一章中发达国家之间的对抗均属于这一类,然而这样扩充案例选择的范围无益于完成我们现在的任务。

4. 我们的观点并不是非正统的。我们在第一章中已经指出,一国实力基于其基本制度以及构成国家社会的人口拥有的多种技艺。军事组织充其量是中间变量,然而其最终影响力将与我们直接衡量的社会经济和政治表现密切相关。毛泽东的格言"枪杆子里面出政权"具有一定意义,然而也可能让我们得出错误的结论。

5. 数据来自 United Nations, *Demographic Yearbook, 1974* (New York: United Nations, 1976); Arms Control and Disarmament Agency, *World Military Expenditures, 1970* (Washington, D. C.: Government Printing Office, 1970), tables 2—5;及 United Nations, *Statistical Yearbook, 1976* (New York: United Nations, 1977)。

6. 参见图 2.7 和图 2.10。

7. Samuel Huntington, *Political Order in Changing Societies* (Yale University Press, 1967), pp. 290—310.

8. Karl Deutsch, "Social Mobilization and Political Development," in Jason Finkle and Richard Gable, eds., *Political Development and Social Change* (New York: John Wiley and Sons, 1966); Ted R. Gurr, "Persistence and Change in Political Systems, 1800—1971," *APSR* 68, no. 4 (December 1974): 1482—1504; Phillips Cut-right, "Political Structure, Economic Development, and National Social Security Programs," in J. V. Gillespie and B. A. Nesvold, eds., *Macro-Quantitative Analysis: Conflict, Development, Democratization,* vol. I (Beverly Hills: Sage Publications, 1971); Stein Rokkan et al., *Citizens, Elec-*

*tions, and Parties*(New York: David McKay, 1970).

9. United Nations Research Institute for Social Development(UNRISD), *Contents and Measurement of Socio-Economic Development*(New York: Praeger Publications, 1972).

10. Organski, *The Stages of Political Development*; Organski, *World Politics*; A. F. K. Organski, Bruce Bueno de Mesquita, and Aian Lamborn, "The Effective Population in International Politics," in Keir Nash, ed., *Governance and Population: The Governmental Implications of Population Change*; Commission on Population and Growth and the American Future, Research Reports (Washington, D.C.: Government Printing Office, 1972).

11. Huntington, *Political Order in Changing Societies*; Lucien Pye, "The Concept of Political Development," *The Annals of the American Academy of Political and Social Science*(March 1965):2—13; Binder and LaPalombara, *Crises and Sequences*.

12. Gabriel Ardant, "Financial Policy and Economic Infrastructure of Modern States and Nations," in Charles Tilly, ed., *The Formation of National States in Western Europe* (Princeton, N. J.: Princeton University Press), p.220.很多人认为选举结果适合用于评估政府的渗透程度。粗略一看，使用选举数据似乎是个很有潜力的解决方案。此外，因为这样的数据相对而言更容易获取，我们至少可以进行有限的国际比较。然而选举数据可能极具误导性。我们在这里并不担心一个国家的体制在多大程度上是真正代议性的。问题在于投票这一事实本身并不能告诉我们这种渗透水平究竟是象征性的还是真实的。在苏联和东欧政府中似乎全民都有投票权。这一选举程序当然并不意味着那些当选的政客代表着选举人口的真正选择。尽管政府形式并不是民主的，但政府的控制程度却很高。相反，在印度、印度尼西亚和大部分非共产党东南亚国家，选举人口数量比较多（尽管不如共产党国家的人口多），然而在多数案例中渗透是象征性的，而不是真实的。驱使村民四五年去投票一次，让他们在一张纸上留下印迹，往往标志着政府对其行为控制力的极限。与其说控制和渗透是真实的，不如说是想象出来的。为了实现我们的目标而使用的选举数据具有欺骗性。还可以补充的一点是，用来衡量政治发展的选举数据同样不尽如人意。

13. 该领域的基础研究是由国际货币基金组织的经济学家做出的。最密切相关的著述包括 Jorgen Lotz and Elliott Morss, "Measuring 'Tax Effort' in Developing Countries," International Monetary Fund Staff Papers(IMF Staff Papers), (July 1, 1971), pp.254—331; Roy Bahl, "A Regression Approach in Tax Effort and Tax Ratio Analysis," IMF Staff Papers (November 1971), pp.570—610;及 Raja Chelliah, Hassel Baas, and Margaret Kelly, "Tax Ratios

and Tax Effort in Developing Countries, 1969—1971, " IMF Staff Papers(May 1974)。

14. Chelliah et al. , "Tax Ratios," p.295; Bahl, "A Regression Approach," p.590.

15. 如果最终代表税收努力的比率等于1,这个国家就符合预期,或表现正常。如果比率大于等于1,这个国家的表现就优于整个样本中的标准值。如果比率低于1,国家就比根据其经济资源所预期的水平表现要差。

16. Bahl, "A Regression Approach," pp.582—583.

17. 克劳斯·诺尔指出,和平时代的军事准备水平并不能很好地衡量一国在战争时期的军事力量。直接衡量政治发展就可以随时间的推移预测一国的实力,因为在和平时代的政治体系能力表明了在军事冲突时代可能实现的动员水平。Knorr, *The War Potential of Nations*.

18. 据说苏联实际参与了共产党国家的部分空中行动,然而这种说法尚未得到证实。预计有130万中国士兵参与了朝鲜战争,联合国军为36.5万人。这一数据是美国军事学院(United States Military Academy)军事艺术和工程系主任埃斯波西托(Vincent J.Esposito)在《美国百科全书》中提出的。*Encyclopedia Americana*, 16(1965):527—528. 预计在战争期间(1950—1953年)朝鲜得到的援助为148.15亿美元。美国在朝鲜战争中耗资490亿美元(M. T. Haggard, "United States Expenditures in Indochina and in Korea," *Congressional Research Record* [Washington, D.C. : Library of Congress, April 1975])。

# 第三章

# 大战的代价：凤凰涅槃因素

    战争值得关注的三个重要内容是战争的起源、结局和影响。本章将探讨战争的影响。这些影响当然与战争的开端和结局密切相关。我们在这里有必要先简要说明过去的研究与现在的研究之间的关系。

    我们在第一章中指出，专业人士和门外汉历来都假定大战的爆发与国际体系中主要行为体的力量对比有关。他们往往认为某些力量对比会导致战争，某些力量对比则意味着和平。然而，没有人从相反的视角来看待这一问题：冲突的结局对于国际体系中的力量对比有什么影响呢？这个问题的答案将揭示国际政治的根本运作过程。除此之外，我们还可以将一个国家在战争开始时的预期与战争的真正结局对应起来。它也间接地说明有些国家为何决定打仗。对于有优势地位的国家，战争可能意味着赶走挑战者的努力。对于努力赶超对手的挑战者，战争可能是合理地实现其赶超目标的方式，或者是更可取的实现目标的捷径。不打仗可能意味着实现目标的过程将会延长。"我现在就要得到属于我的东西"，这似乎是国际关系和人际关系中常见的态度。

    准确地研究战争的结局，对于人们理解影响国际体系运行的基本要素，以及对于探寻国际政治核心问题的答案具有至关重要的意义。弱国能否通过战争削弱强国的实力呢？强国能否通过打赢这场战争来打退弱国呢？总之，从权力的角度看，各国在战争中"赢得"了什么，又"失去"了什么呢？对于这些问题，过去人们认为压倒一切的答案，就是大战及其结果导致国际体系发生了根本变化。参战国的未来取决于战争的胜败。不管还有什么其他理由,这是打仗的"逻辑"基础。这似乎是个有说服力的理由,而且已经广为人们接受。战争正当化的基础就是这样的信念。

然而,我们怀疑这样的论证过程是不正确的。因此,我们要进行这项调查。研究人员在这一领域面临的问题是,战争的结局会不会影响国际体系中的权力分配呢?二者究竟是具有相关性,还是无关?可以把这个问题分为几个任务。

首先,我们必须将哲学关切转化为理论观点,然后再转化为可操作的假设。

其次,因为我们想要探究和解释力量对比的变化,我们需要简要梳理衡量权力的文献。

第三,因为根本问题是冲突是否会影响力量对比,并且在多大程度上影响力量对比,我们需要将大部分精力用于筛选作为研究对象的冲突。

最后,我们必须判定,在任何一场冲突中应该评估谁的表现。换句话说,谁是主要行为体?


# 理 论 假 设


在很多观察者看来,国际体系成员国的权力地位显然受到其参与冲突的决策的影响,也受到其在战争中命运的影响。多年来,多数学者和实践者一直相信,现代国家究竟在战争中获胜还是失败,将会对该国权力产生最深远的影响。很少有人对这样的观点发表异议。

我们区分了战争的长期影响和短期影响,并尝试尽量展示出这些观点的分布情况。三种重要的理论观点探讨了战争不同的短期和长期后果。

第一种观点认为,从短期影响看,在战争结束之后,赢家和输家权力变化的模式恰似一把剪刀逐渐张开的过程。凯恩斯(J. M. Keynes)是这个观点最有影响力的支持者。他主张,在战争结束后,赢家和输家之间的差距将在未来短期内持续扩大,而输家落后的速度也会加快。[1]

第二个观点指出,作为战争的结果,所有的国家都会损失某些作为国家权力组成要素的能力,然而赢家比输家的损失更小,因此在战胜国和战败国之间的差距将会持续相当长的一段时间。这也是一种短期的估计。然而还有一些人相信,所谓"持续差距"(ongoing gap)不仅会出现在战争结束后的短暂时间内,差距还将持续很长的时间。诺曼·安杰尔(Norman Angell)就是这一观点的支持者。[2]有趣的是,尽管凯恩斯对于战争短期影响的判断与安杰尔相同,凯恩斯认为,经济困局导致输家百废待兴,这会给其贸易伙伴带来消极影响,从长期看将导致整个体系陷入混乱。因此,赢家应该放下身段与输家合作,这样双方之间的差距将会消失。

第三点假设采用完全不合常规的思路,奥根斯基在若干年前提出了这个观点。他指出,尽管输家毫无疑问比赢家承受了更大痛苦,并在冲突结束后立即陷入更糟糕的处境,然而从长期看其权力能力可能会超过赢家。此外,力量对比的水平将会很快合乎逻辑地恢复到假如不打仗应有的模式。变化的机制大致是这样发生的:在战败后,输家的能力急剧下跌,其复苏速度在加快;赢家在胜利之后,由于在战争中耗尽了能力,其复苏速度显著落后于输家;中立国则不受影响。在相对短的时间内,所有国家都将再次恢复到假如战争没有发生,国家能力根据合理预期应达到的水平。赢家和输家之间的实力趋向接近。其主要原因是在复苏过程中,输家恢复的速度更快,他们似乎真的能从失败的灰烬中东山再起。[3]这就是凤凰涅槃因素在发挥作用。

我们必须尝试将这些假定转化为可操作的内容,并确定检验它们的方式。我们的第一个任务就是重申我们的国家能力指标的内涵。

# 确定国家能力或权力资源的指标

我们之前已概述了如何界定权力以及如何比较不同国家的权力。确实，我们不能随心所欲地衡量任何内容。一个国家权力的某些方面是完全无法衡量的，而其他方面又可以合理地被忽略。任何衡量国家权力的努力都显然面临着复杂的技术和概念挑战，然而我们不能像人们经常做的那样，以困难为借口放弃努力。

我们想要重申我们测量国家权力方法的三个要点。

第一，我们并没有真正衡量权力，而是退而求其次去衡量一国使用其资源来控制另一国行为的国家能力。因此，我们并没有关注一个国家实际上行使的控制权，而是民族国家有能力行使什么样的控制权。

第二，可用于行使权力的关键国家能力包括人口、经济生产力和政治发展水平。我们认为其他因素并没有那么重要，或者与我们直接衡量的资源没有高度相关性。因此，为了我们的研究目的，可以放心将它们排除在我们的计算之外。

第三，我们并没有将政治发展直接纳入本章使用的权力指标。我们在前一章中指出，当战斗各方是发展中国家的时候，这是个关键问题。然而对于发达国家，不能直接衡量政治发展水平却无伤大雅，我们在本章中将会忽略这一因素。

因此，我们在这里将再次使用国民生产总值这个衡量标准。我们要提醒读者的是，尽管国民生产总值并不是衡量国家权力的一个理想标准，它却是目前为止最适用于发达国家的标准。它比其他指标面临的制约因素更少，也无需那么多的预设前提。它给了研究者更大的灵活空间。最重要的是，有证据表明，和其他标准相比，国民生产总值的数据可以更准确地说明我们想知道的东西。

# 估 算 战 争 的 结 局

决定通过什么样的程序来确定战争的结局和使用什么样的权力整合方法一样至关重要。我们将分三个步骤进行。

首先，我们可以在冲突前和冲突后选择恰当的节点并对它们进行比较，二者之间的差异就是战争的代价。人们经常使用这个方法，然而这样做可能会出现重大错误。

估算战争的影响的第二种方式就是在上述步骤的基础上，增加对冲突前和冲突后国家能力演变态势的估算。这样做控制了正常增长的影响，然而仍然以对两个固定时间点差异的比较为基础。按照这样的步骤，可以计算出冲突即将爆发前的变动率情况。这种做法显然优于前一种做法，但也存在不足。一方面，如果我们比较冲突爆发前一年和冲突爆发后一年的数据，这两个阶段显然都属于反常态时期。因此，即便不

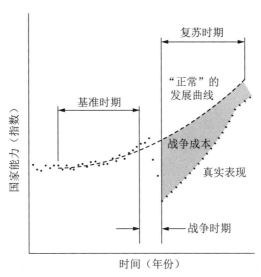

图 3.1　重大战争的代价

是绝无可能,也很难估算真正的战争代价。另一方面,选择时间跨度更大的节点,还可能从其他方面导致衡量出的战争影响出现偏差。最终,选择固定的节点可能会对增长模式迥异的单元造成不同影响。因此在评估长期模式的时候,我们前面说过的问题将更加突出,可能会得出有误导性结论。[4]

第三个方法显著改进了前两种方法,包括三个步骤。一是选择战争前的一段时期作为基准时期,确定这一时期的发展曲线。二是将这一曲线外推,以其延伸曲线作为基数与实际表现进行比较。三是估算实际表现和延伸曲线的差异。[5]图 3.1 有助于我们理解模型的基本原理。我们采用的方法可以避免其他操作手法可能导致的偏差。

## 预测

我们要再解释一下外推曲线的问题。在我们使用的模型中,将基准时期的发展曲线外推以估算战争引起的变化,显然是个关键步骤。发展曲线的质量是至关重要的。本来应有的表现和实际表现之间的差异取决于把外推曲线放在什么位置。在较短的时期内,我们基本上可以通过复杂而精确的方法来预测总产出。[6]然而,我们不可能用这些方法来进行长期预测。然而如果我们选定的数据序列表现良好,在不同年代仅出现了很小的波动,我们就可以使用回归技术将基准期发展模式的曲线外推。这种手法特别适合分析时间序列数据,可以通过多样化的检查方法来避免违反假设,减少不必要的波动造成的影响。然而,我们必须回答一系列相关问题。基准时期和外推时期应该是多长时间? 如何应对基准时期的反常状况并作出预测? 我们应该使用什么模型来绘制曲线?

让我们首先解决基准时期和外推时期的时间跨度问题。关键在于选择基准时期究竟从何时结束,而复苏时期从何时开始。例如,宣布敌对状态标志着二战的正式开始,而在此前很久,德国就已经开始武装并进行动员了,而在宣布和平很久以前,意大利早已退出了那场战争。在由大型国家联盟参与的战争中,这样的突发状况比比皆是,尝试调整的结果越来越难以预料。为了避免这样的偏见,对于每一个冲突参与者,我们将冲突的起点定为双方激烈对抗开始后的第一个完整年份，而复苏时期从战斗结束后的第一个完整年份开始。

以战争的正式开始和正式结束作为节点，我们选择了战争爆发前历时 19 年的基准时期，以及战争结束后跨度 20 年的外推时期。我们并不是随意作出这样的决定的。在选定时期的时候，我们意识到，和回归线相匹配的时间越长，预测就越可靠。另一方面，时间越长，增长趋势的特色就越不鲜明。某些学者曾言之成理地警告人们，由于社会科学数据和模型的不足，预测不应超过 20 年时间。[7] 然而，究竟是选择 15 年还是 25 年的时间跨度，却没有可供我们参考的指导原则。我们自己的选择也是通过不断试错确定的。我们在两场冲突前的 15 年、20 年和 25 年分别进行了类似的回归分析，以判断结果是否稳定。对 15 年的回归分析结果显然不如 20 年的回归分析那么稳定。二者孰优孰劣是一目了然的。然而对 25 年进行回归分析的结果并不比 20 年更好。此外，25 年不能被用来作为二战的基准时期，因为从一战结束到二战开始仅间隔了 21 年。19 年的周期似乎是最合适的，因为它保证两次世界大战相隔的时间足够长，不同年份的样本也足够大，可以至少在估算中选择 16 个时间点。

尽管如此，在敌对活动结束后，我们运用外推法分析了 20 年的时间。显然，很难将复苏时期分离出来。战争的某些影响仍挥之不去。法国在普法战争中战败于德国之后，在数十年间一直对德国恨之入骨。德国在一战中战败于协约国之后，其愤愤不平和复仇情绪导致了二战的爆发。我们最感兴趣的就是那些直接受到战争影响、战争后果主导国际体系行为的时期。

后面的分析在很大程度上取决于我们选择什么样的预测模型。[8] 我们决定不选择线性模型，因为该模型认为每年增加的总产出是恒定的，假定随着基数的扩大，增长速度会放缓。这样的假定是不正确的。[9] 尽管这样的模型可能适合评估 15 年时期的趋势，在这个案例中，它们却在 40 年和 50 年的时期中严重低估了增长的模式。另一方面，当我们使用对数变换方法的时候，就可以改善低估的问题，因为稳定的增长率本身可以在基数扩大的情况下进行估算。

　　为了检验我们的选择，我们运用不受战争影响的时期的数据检验了线性和对数调整的表现。我们可以获得 1870 年以后少数国家总产出的估算值。我们比较了 1870—1913 年这段时期中算数和对数模型的表现。在所有的案例中，算数曲线总是低估了这些国家的真正表现，在序列的后半部分不断出现反常数据。在各种情况下，经过对数转换的数据更符合这些国家的实际表现。[10]

　　然而我们需要指出两点，因为我们不能保证我们在研究中使用的 1900—1970 年的增长模式，与我们用来检验模型的 1870—1913 年的增长模式是相同的。对数模型完全排除了随着时间的推移增长率提升的可能，然而我们知道国家的增长有时确实会经历这样的加速过程。例如，在工业化进程之初会出现加速发展，当然在二战结束之后似乎也出现了加速发展的趋势。在二战结束后的那个时期，我们的"正常"增长率曲线低估了某些国家的真正表现，是因为我们没有考虑增长因素。

　　我们还应该补充一点。如果想要通过外推法来预测未来，正常增长的曲线是至关重要的。我们假定战争是影响总产出增长模式的唯一干扰因素，而在两场战争之间的时期被视为正常增长时期。实际上并非如此。战争不过是妨碍经济增长的多种因素之一；萧条和革命也可能严重扰乱总产出的模式，正如 20 世纪 30 年代的大萧条时期那样。在一战结束后的复苏时期以及我们的基准时期结束后的 1946—1965 年均发生了经济萧条。除非可以排除或者尽量降低大萧条的影响，我们才能按照本项研究的要求和研究目的开展研究。而最简单有效的方式就是去掉这段时期出现的三个异常值。这似乎是个合理的决定，最终结果表明，当我们将周期中影响所有国家的最糟糕的三年去掉之后，衡量的可靠性得到了显著提升。然而，要彻底消除萧条的影响是不可能的，在理论上也是不可接受的，我们分析的某些结果表明，一些偏差就源于这一基准时期的干扰因素。

　　大萧条也不是基准时期发展曲线面临的唯一阻碍因素。两场革命以及随后的内战也制造了重大问题，西班牙革命和内战对西班牙经济造成毁灭性打击，我们只得将这个国家排除在样本之外，尽管我们想尽了办法,以不再减少原本就为数不多的非作战国的数量。革命和内战也对俄国和苏联经济带来灾难性影响。此外,我们仅能获取该国在 1895 年、1899 年、1913 年和 1920 年的数据。直到 1928 年以后,苏联的年度数据才是连续的。尽管如此,我们仍然将苏联保留在样本之中,因为该国在两场世界大战中都是关键的行为体。此外,我们在失败者组合中仅保留了苏联和德国两个国家,因为奥匈帝国的解体使我们无法使用该国的数据来分析战败国的复苏问题。

为了最好地应对这一情况,我们使用了能够得到的数据,仍然采用了我们估算结果的程序。我们的可靠性衡量表现出色。然而我们应该强调的是,与其他国家的曲线相比,我们在苏联的案例中得到的结果既不稳定,也不可靠。

曲线并不是预测,数据上的一致性并不意味着我们能预测在不发生战争的情况下真实产出的数值。此外,即使预测和现实相同,也不能最终证明预测本身的正确性。正如弗鲁姆金(Frumkin)提醒我们的那样,荒唐和不科学的估算偶尔也能歪打正着。[11]

## 标准化

我们不能仅通过计算各国的相对损失来估算战争结果对力量对比的影响。国家大小以及增长率的不同,意味着比较绝对损失是没有意义的。一个大小与丹麦相仿的国家的总体国家能力,甚至赶不上参与同一场大战的大国所蒙受的损失。同样,如果一个增长迅速和一个增长缓慢的国家在战争中承受的绝对损失相等,最终还是增长更迅速的国家蒙受了更大损失,因为这个国家有望实现更快的增长。因此我们需要实现标准化。

我们使用了两种方法,一种是指标法。从理论上看,1930 年是我们可以选定的最佳基准年,因为它位于我们研究时间段的中点。然而这一年却是经济全面萧条的年代。因此,向我们提供了原始数据的奥格斯·麦迪逊(Augus Maddison)将 1913 年确定为基准年。这显然是一个有意义的起点,因为它是一段漫长的和平增长时期的最后一年。[12]

我们选择以年度为衡量单位,来解决各个国家大小和增长率不同的问题。因为无法对最初的指标进行代数运算,我们对这些指标进行了对数调整,以避免将时间单位的损失简单地评估为偏离了最初回归。这让我们的估算变得更加复杂。为了解决这一难题,我们在回归估算中将自变量和因变量调换位置,并降低了时间单位内的残差。[13] 因为时间显然是对所有人一样平等的,也不受增长率的影响。因此,当我们说一个国家丧失或者赢得了 15 年,我们想要用时间来表示其权力资源,而其损失或收益永远与该国在基准时期的表现相关。因为我们认为要用负数的指标来表示损失,用正数的指标来表示收益,所以我们会用残差乘以 −1(参见图 3.2)。

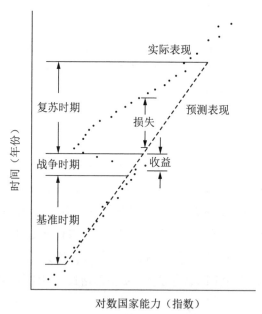

**图 3.2　重大战争的时间成本**

我们对所有相关国家都进行了独立的估算,也加入了对每场战争的研究,在所有的案例中,模型是:

$$时间 = a + bLog \ 总产出指数国家_i;$$

其中，

时间 = 1，2，…，n，其中 n 是基准时期的长度；

国家 = 在所有战争中所有国家$_i$的样本。

图 3.3 中的模型展示了我们使用的方法。

在这个模型中，斜率和截距并不重要，只有残差是重要的。我们在估算过程中使用了两个变量。当我们再一次将模型转化为人们更熟悉的方程，拟合优度衡量不受影响。时间成为自变量，而总产出成为因变量。

表 3.1　对拟合优度的衡量和基准期残差的取值范围

| 第一次世界大战 | | | | | |
|---|---|---|---|---|---|
| 国　　家 | 观察次数 | $R^2$ | 基准时期的残差 1895—1913 年 | | |
| | | | 最大损失 | 最大收益 | 前一年 |
| 美　　国 | 19 | 0.97 | −1.7 | 2.0 | −0.9 |
| 西　　德 | 19 | 0.99 | −1.0 | 1.0 | 0.7 |
| 英　　国 | 19 | 0.80 | −6.0 | 5.2 | −0.1 |
| 日　　本 | 19 | 0.87 | −4.1 | 5.0 | −0.3 |
| 苏　　联 | 3 | 特别估算 | | | |
| 意大利 | 19 | 0.96 | −2.4 | 1.9 | −0.6 |
| 法　　国 | 18 | 0.92 | −2.4 | 2.7 | 1.2 |
| 比利时 | 无数据 | | | | |
| 丹　　麦 | 19 | 0.98 | −1.5 | 1.3 | 0.6 |
| 瑞　　典 | 19 | 0.98 | −1.8 | 1.5 | 1.4 |
| 瑞　　士 | 无数据 | | | | |
| 加拿大 | 19 | 0.97 | −1.6 | 2.3 | 0.6 |
| 澳大利亚 | 19 | 0.96 | −2.4 | 1.8 | 0.4 |
| 荷　　兰 | 14 | 0.96 | −1.3 | 1.1 | 0.7 |
| 挪　　威 | 19 | 0.95 | −2.2 | 2.3 | 2.3 |
| 捷克斯洛伐克 | 尚未建国 | | | | |
| 匈牙利 | 尚未建国 | | | | |
| 南斯拉夫 | 尚未建国 | | | | |

续表

| 国　家 | 观察次数 | 排除大萧条年份 | $R^2$ | 基准时期的残差 1921—1939 年 | | |
| --- | --- | --- | --- | --- | --- | --- |
| | | | | 最大损失 | 最大收益 | 前一年 |
| 美　国 | 19 | 1932— | 0.30 | -6.2 | 4.6 | 2.6 |
| | 16 | 1934 年 | 0.66 | | | |
| 西　德 | 19 | 1931— | 0.76 | -4.5 | 2.7 | -1.9 |
| | 16 | 1933 年 | 0.87 | | | |
| 英　国 | 19 | 1931— | 0.83 | -2.9 | 2.3 | -2.3 |
| | 16 | 1933 年 | 0.94 | -2.4 | 2.6 | -0.7 |
| 日　本 | 19 | 无 | 0.92 | — | — | — |
| | — | | — | | | |
| 苏　联 | 19 | 1931— | 0.98 | -1.3 | 1.5 | 0.7 |
| | 16 | 1933 年 | 0.98 | | | |
| 意大利 | 19 | 1931— | 0.80 | -4.2 | 3.3 | 0.8 |
| | 16 | 1933 年 | 0.80 | | | |
| 法　国 | 19 | 1931— | 0.56 | -5.1 | 5.5 | 4.5 |
| | 16 | 1933 年 | 0.56 | | | |
| 比利时 | 19 | 1931— | 0.65 | -5.1 | 5.5 | 4.4 |
| | 16 | 1933 年 | 0.67 | | | |
| 丹　麦 | 19 | 1931— | 0.95 | -2.8 | 2.2 | 0.3 |
| | 16 | 1933 年 | 0.95 | | | |
| 瑞　典 | 19 | 1932— | 0.89 | -2.5 | 2.1 | 0.1 |
| | 16 | 1934 年 | 0.93 | | | |
| 瑞　士 | 19 | 1931— | 0.79 | -3.6 | 4.8 | 3.0 |
| | 16 | 1933 年 | 0.79 | | | |
| 加拿大 | 19 | 1932— | 0.37 | -5.9 | 6.1 | 3.2 |
| | 16 | 1934 年 | 0.59 | | | |
| 澳大利亚 | 19 | 1931— | 0.56 | -5.0 | 6.4 | 1.1 |
| | 16 | 1933 年 | 0.79 | | | |
| 荷　兰 | 19 | 1932— | 0.75 | -4.0 | 4.4 | 2.4 |
| | 16 | 1934 年 | 0.78 | | | |
| 挪　威 | 19 | 1931— | 0.98 | -1.2 | 2.0 | 0.1 |
| | 16 | 1933 年 | 0.98 | | | |
| 捷克斯洛伐克 | 17 | 1933— | 0.47 | -6.8 | 3.4 | n.a. |
| | 14 | 1935 年 | 0.61 | | | |
| 匈牙利 | 15 | 1931— | 0.65 | -3.4 | 3.7 | n.a. |
| | 12 | 1933 年 | 0.72 | | | |
| 南斯拉夫 | 19 | 1932— | 0.80 | -4.9 | 3.9 | 0.1 |
| | 16 | 1934 年 | 0.83 | | | |

第二次世界大战

## 曲线的可靠性

如前所述,在战争后估算正常增长的数值取决于能否得到稳定的有关战前时期发展态势的数据。我们根据模型的假定,使用多种相互关联的数据分析技巧来确定回归估算的可靠性。测定系数(coefficient of determination)$R^2$(说明我们解释的总偏差的比率),被用来估算在基准时期发展态势的可靠性。我们关注的是残差的情况,以确定增长线的稳定性并评估战争的代价。我们得到的平均值被用来确定预测的容许水平(level of tolerance)。表3.1展示了我们进行的主要测试的结果。

我们从表3.1可以看出,一战前时期的测定系数稳定在0.90的高分,只有英国和日本的 $R^2$ 数值低于该水平(分别是0.87和0.81)。考虑到这两个国家在该时期的行为,这样的估算并不出人意料。因此,我们可以合理地认定一战结束后的正常趋势的曲线是稳定可靠的。

按照类似的标准来看,二战的结果就差强人意了。只是在我们通过控制来降低大萧条的影响之后,多数国家的测定系数才达到了一战的水平。如果不进行控制,奥地利的系数可以低到0.04,而美国的系数低到0.30。然而对于某些国家,即使进行了控制,系数仍然很低。如奥地利($R^2 = 0.17$)、法国($R^2 = 0.56$)、加拿大($R^2 = 0.59$)、捷克斯洛伐克($R^2 = 0.61$)、美国($R^2 = 0.66$)、比利时($R^2 = 0.67$)。需要解释这些数值。

奥地利表现不佳源于该国在两次世界大战之间动荡的历史。一战结束后,奥匈帝国解体;经济面临严重萧条的局面;内战爆发;最后奥地利被第三帝国吞并。由于无法得到稳定的估算值,我们将奥地利从样本中排除了。法国也是一个特例。在两次世界大战之间,法国的增长非常缓慢,尽管回归估算值与之相匹配,然而这个数据意义不大,因为得数接近0。其他国家数据的低相关性是因为受到20世纪30年代大萧条的影响。尽管当我们将异常值从计算中排除,就可以将经济浩劫的影响最小化,然而从表3.1看大萧条的影响仍然一目了然;当我们不进行数据控制的时候,最大损失的余值高达 $-12.3$ 年。当我们将三个异常值删除后,可以将其减少一半,缩短到 $-6.8$ 年。

我们表格中的残差说明了三点。

第一，一战前我们估算发展趋势的数据比在二战前的数据更可靠。

第二，我们可以预计随着时间的推移，在我们探讨的时期内各国表现与预计线的偏离不会超过两到三年。

第三，在我们观察的最后一年，数据出现了显著改善，说明压制各国经济发展的阻力被克服了。

还应该注意到一个更重要的问题。因为残差包含的信息对于我们的研究如此重要，我们还增加了检验的次数。在二战的基准时期，某些迹象表明，当前面的数值高的时候，残差的值也很高。然而，当我们排除了大萧条年代的异常值的时候，这些线索就没有那么明显。这一操作让我们对这个回归模型信心倍增。[14]

# 选择检验案例

在讨论与评估战争后果相关问题的时候，选择研究哪些冲突是至关重要的。我们又回到了上一章提出的问题。我们该如何选择案例，才能公平地检验我们提出的观点是否正确呢？假如结果可以有代表性地说明战争的真正后果，那么检验案例也必须有代表性。由于我们不可能抽取那些具有代表性的冲突样本，因此我们一定要选择那些可以给我们最充足的机会来观察我们所关注的行为的案例。如果这些极端测试的结果表明，并没有具有一致性的模式，我们至少可以充满信心地宣布，对于那些非极端的检验案例，我们也不太可能得出不同的结论。[15]

我们不能随心所欲地选择案例。在尝试确定战争原因的时候，我们确实选择了同一类冲突。检验案例必须满足两个条件。第一，在这些战争中，战斗各方均在全力以赴争取胜利；否则我们将无法知道如果失败者倾尽全力的话，胜利者能否取胜。第二，因为我们关注战争是不是决定两个国家或国家团体战争结果的唯一原因，而没有受到其他不直接参与战争的国家干预的影响，我们有必要研究那些由看似有把握获胜却在现实中失败的国家参与的战争。

我们必须排除某些类型的战争。小国之间的战争以及有限战争并不能提供检验我们观点的合适条件。即使我们假定小国倾尽全力打仗,也无法确定战争的结局和后果没有受到不直接参与战争的国家行为的影响。中东地区充分说明了这个困难。这些年来,埃及、叙利亚、约旦和以色列是几场全面战争的战斗方。各方均在战争中投入血本,每个战斗方在打仗时都倾其全力。然而失败者总是宣称战争的结局和后果主要受到外来干预者的影响,具体而言就是美国和苏联。显然,在 1948 年、1956 年、1967 年和 1973 年阿拉伯国家和以色列之间战争的结局确实均受到两个大国在冲突期间和冲突后干预的影响。

中东地区的情况并不是例外。国际政治的研究者知道,军事对抗的结局与此后的和平往往受到大国秘密或公开行动的影响,而它们干预的程度往往是难以确定的。因此,这类冲突并不足以检验我们的假设。

有限战争同样令人费解,费解之处也许不同于前者。从定义看,在这样的冲突中,战争一方或者双方将限制其努力和目标。因此,结局只是说明了战斗方实际上达到的目标,而不是冲突升级为全面战争后他们可能实现的目标。在紧随战争之后的时期,我们无法评估战争结局对于力量对比的影响。我们必须选择那些足够重要且战斗过程异常艰难的战斗,以彻底消除对战斗各方未尽全力的怀疑。因此,有限战争并不是很好的检验我们观点的案例。

我们选择了战斗双方均至少包括一个积极参与的大国的冲突。因为大国参与的战争往往规模浩大,其结果也不容易受到外部力量的影响。[16]我们通过两种方式确保大国全力投入战斗中。我们规定适合检验的战争应该在伤亡人数方面远远超过历史上任何一场战争。我们还应该保证战斗各方都全力投入,选择其结果可能导致丧失领土或损兵折将的战争。顺便说一下,这样的损失也是我们确认战争中的失败者的操作标准。

用我们提出的方法也可以分析小国之间的战争和有限战争,条件是我们要能通过可靠的程序来评估所有各方、战斗者和两翼的赞助者究竟会对战争本身、结局和复苏时期作出什么具体贡献。由于我们还不具备这样的能力,我们的检验案例样本必须受到严格的限制。在这一阶段,更好的方案是先分析那些不存在这类问题的冲突。

在我们的研究计划中,能否获取数据是选择作为检验案例的战争的最终标准,也是不可或缺的标准。多数严谨的国际政治研究面临着缺乏数据的困扰。只有最近几年,研究者才在 19 世纪末寥寥无几的领域获得了可靠的时间序列。要研究国家能力的变化,这些数据当然只能是凑巧得到的。[17]然而,这样的序列还是非常罕见的;当我们考虑 1900 年以前的研究素材的时候,数据的质量和数量几乎已经降到了零。[18]

我们提出了一些对数据的要求:伤亡人数、损失领土或者人口的水平。然而,更重要的是可以推导出国家能力指标的数据。我们在前面反复强调了这类数据数量有限。严苛的理论要求意味着满足研究目标的战争样本已经寥寥无几。尽管拿破仑战争、第一次世界大战和第二次世界大战满足我们制定的理论标准,然而要想在足够频繁的周期内获取时间序列数据,而且数据质量高到可以进行我们需要的分析,只有两次世界大战可以满足这一要求。因此,我们必须在这里提出一个问题,那就是分析两场战争是否比仅做两个案例研究更具代表性?这一研究面临着如此多的限制,又想得出超越案例应用范围更广的推论。我们能否证明,在这两个例子基础上得出的结论也适用于我们没有探讨的战争呢?如果不能,这项研究的发现的价值就会显著降低。

在大战对于力量对比的影响方面,我们认为可以在这份研究结果的基础上继续归纳,得到意义深远的发现。尽管我们研究的战争数量非常少,我们在这些冲突中观察的 31 个案例的样本却并不少。我们将在下一个部分更深入地探讨这两场历史上最惨绝人寰的战争中的各个案例,其中包括在中央国际体系中的多数国家。此外,我们研究的两场大战也是检验我们的假设的唯一机会。

一方面,将研究限定于两场战争,无疑让我们的推论带有严重的局限性。另一方面,我们在这里的发现确实说明这些假设是有根据的。只要我们改进理论和方法论,并且能得到足够的数据,就应该在扩大的样本中检验它们。

# 行　为　体

　　有些人认为,如果只关注国家行为,就无法从战争研究中学到太多有价值的内容,更合适的做法是进行其他层面或者其他类型的分析。对于某些类别的战争研究,确实是如此。在某些案例中,人们可能更愿意关注国家之外的分析单元,这样做也是合理的。如果对战争的原因和结局感兴趣,特别是前者,观察军事领导人、政治家、外交官、负责工业和劳动力的官员以及民众的观点和行为或许更合适。然而如果我们对于战争胜败如何影响战后国际权力分配感兴趣,情况并非如此。在这里,个人决策和行为的作用微不足道,国家是唯一的行为体。

　　把国家作为尤为重要的行为体也带来了问题。为了比较一个国家在战争之前和战争之后的行为,我们必须确定我们在整段时间内比较的是同一实体的行为;否则,就可以合乎情理地判断,行为差异是由实体不同导致的。这类比较的内在问题在于,国家并不如人所愿,可以随着时间推移始终保持一个稳定单元的状态。确实,人们对一个国家生命力重要指征的性质展开了深入讨论。在理想情况下,我们应该期待一个国家至少拥有固定的领土和人口,政府对领土和人口享有主权,国际社会中多数国家给予该国正式的外交承认。现实与理想截然不同。国家或者收缩或者扩张,已经建国的国家不复存在,新的国家取而代之。此外,有些国家将对外事务的控制权转让给其他国家。有些国家至少在部分上被国际机构托管。还有一些国家对于其法定管辖范围内的人口和领土只享有象征性权力,这些国家实际上是由反叛团体控制的,反叛团体又受到外国运作的权力机构的指使。[19] 人们越来越认识到这一现实。[20] 目前为止,人们编纂的最全面的国家清单基于这样的假设,那就是并不是每个国家在任何时间都拥有所有关键要素:包括主权、领土延续性和国际承认。[21]

在确定我们准备观察并衡量其表现的国家清单的时候,我们很清楚应该纳入第一次世界大战和第二次世界大战中的所有战斗方,并将一组未参战的国家作为控制群体。我们显然需要这样的控制群体:我们必须能说明这些行为是战斗各方独有的,而不是非战斗方也有的行为。在确定战斗方清单的时候,我们首先选择了辛格和斯莫尔在其经典搜集信息的著作《战争的代价》(The Wages of War)中确定的包含全部战斗方的清单。我们在清单中还增加了最初的一组控制群体,包括所有在冲突时期已经建国然而没有参战的国家。[22]

我们必须对第一个清单上的国家精挑细选。我们马上从样本中删去了所有欠发达国家。还没有一种方法可以令人满意地估算欠发达国家和发展中国家的国家能力。[23]由于这个原因,在辛格和斯莫尔列出的两场战争参与者的清单中,必须排除许多参与战争的国家。不幸的是,这类国家数量很多,包括蒙古、保加利亚、波兰、罗马尼亚、埃塞俄比亚、希腊、巴西、土耳其和芬兰。有些国家在通过第一次筛选之后,又由于另一个原因而被淘汰:那就是缺乏相关数据。我们在研究中删去了南非和新西兰,因为有关其能力的数据不足以完成我们的分析。

我们还需要考虑这一事实,那就是南非、新西兰、澳大利亚、挪威、德国、日本和奥地利在对本研究很重要的部分时期并不是完全自由和独立的国家。我们并没有因此而将这些国家从清单上除名。例如,澳大利亚、新西兰和南非尚未获得自治领地位,而挪威尚未从瑞典独立。它们在法律上尚未获得自由。然而无论其法律地位如何,因为这些国家在事实上和行动中是自由的,我们最后还是把它们当作自由和独立的单元。由于在二战结束后被占领,德国和日本在我们研究的整个时期都不是自由的,而在战争开始之前,奥地利被德国吞并。对于我们的研究而言,这些国家丧失独立性将带来灾难性后果。在战争中丧失行动自由也许并不重要。然而如果一个国家在此前或此后受到一个或者更多国家的控制,该国可能会在分配资源方面丧失独立性;这反过来将会影响其战前的增长模式或战后复苏。由于无法控制由于外国占领而导致的数据变化,我们决定把所有在占领后恢复国家认同的国家都视为具有连续性的单元。我们纳入德国和日本的时候没有考虑其占领时期。然而,因为1919 年奥匈帝国解体了,我们舍去了奥地利。[24]

将奥地利排除在研究之外的另一个原因是,该国经济在战前经历了严重的混乱,这已反映在其国家数据中。被德国吞并只是这个饱经疮痍的国家遭受的最后一个打击。我们找不到令人满意的方式来解决这些问题导致的数据偏差。我们还排除了西班牙,它在两场战争中都是中立国。西班牙在一战结束到二战爆发前经历了革命和内战,导致土地荒芜,民众生活困苦。这对西班牙的体制造成了灾难性影响,导致我们很难在两次世界大战之间的关键时期估算其国家能力,去掉这个国家似乎是唯一的选择。

我们应该在这里指出,其他国家也面临类似问题,然而不那么严重。正如前文所述,我们仍然保留了这些国家。总体而言,获取俄国和苏联的数据面临重重困难,我们还是留下了这个国家。美国和许多其他工业化国家是我们研究的核心内容,它们均受到大萧条的严重影响,制造权力资源的国民生活各部门百废待兴。这些经济错位极其严重,使我们很难估算两次大战期间国家能力的正常水平,因此影响了我们对该国倘若不打仗其能力所能达到水平的估算。

## 分析团体

我们已经凑齐了戏剧中的全部演员,现在我们必须将国家分组,归入在分析中发挥核心作用的不同群体。我们需要把演员分为作战国和非作战国、战胜国和战败国、积极国和被占领国。首先我们必须区分参与战斗和袖手旁观的国家,在大型国家联盟中往往会出现这样的情况。并不是总能轻而易举地作出这样的区分。例如,在二战进入尾声的时候,阿根廷向轴心国宣战了。阿根廷从未向战争地带派出一名士兵,在战争大部分时期它显然同情对手。阿根廷是作战国吗?另一个例子是巴西。巴西仅仅派出极少的力量参与战斗,其主要贡献是允许其他国家使用其空军基地为派往非洲的飞机加油。苏联在二战的最后几个月加入了对日本的战争,当时德国投降已成为大势所趋。因此,苏联参与冲突是为了分一杯羹,在战后时期赢得新的势力范围。我们该如何将战斗方与其他国家区分开来呢?非作战国有的处于完全中立状态,有些则只是象征性地参与了战争。

对于赢家,我们也面临着同样的困难。法国在二战中的处境就说明了这个问题。在二战大部分时间里,法国完全被德国占领。然而法国在战争开始和结束时都属于战胜联盟的阵营。法国是与英国、苏联和美国同等意义上的赢家吗?我们只能拒绝接受这样的观念。我们也需要对输家作出同样的区分。意大利在开战时属于轴心国一方,在中间改变效忠对象,最终作为同盟国的成员结束了战争。意大利究竟是赢家还是输家呢?

在阐释理论概念时,可操作的定义必须澄清可能出现的模糊之处。分类需要界定概念:作战国和非作战国、积极国和被占领国、战胜国和战败国。下面就是我们的定义。

第一,作战国是指那些至少在战争中损失了五千名士兵的国家。

第二,由于奉行严格中立政策或者象征性地参与战争,损失士兵人数不足五千名的国家被视为非作战国。此外,我们还使用了四种理论和操作方面的区分方法对作战国进行分类。

第三,在冲突最后三分之一时间仍然在同一阵营战斗的作战方属于积极作战国。

第四,在冲突最后三分之一时间(由于被占领)脱离其在战争之初的阵营的国家被归类为被占领的作战国。因此,法国、英国和意大利都是一战中的积极作战国;意大利和法国在二战中是被占领的作战国。

此外,要对战胜国和战败国作出具有可操作性的界定也面临问题,我们需要在理论层面消除不确定性。这些定义如下。

第五,在冲突结束后保持全部领土,或者作为战争的直接结果在冲突后立即拓展领土的国家被视为积极作战的战胜国。这样界定的理由很简单,在大战中没有一个胜利者能够容忍丧失其管辖范围内的领土。

第六,上述观点的反面可以界定战败国:丧失领土是战败国的特点。在转让领土的时候,即使其领土损失得到了充分的补偿,也标志着显而易见的失败;因为没有任何一个胜利者能够屈服于这样的条件,只有战败国才别无选择。我们将这些国家界定为积极作战的战败国。[25]

第七,我们还应该提到另一类国家:那些在冲突结束后丧失领土的国家,在丧失领土的过程中被别国占领,我们将其称作被占领的作战战败国。例如波兰和捷克斯洛伐克都在战争中失去了领土,最后它们都得到了补偿,而德国承受了损失。我们在分析中几乎没有探讨这一类国家,因为缺乏支撑的数据。

运用三种根本的两分法(作战国和非作战国、积极国和被占领国、战胜国和战败国)进行的分类并没有穷尽所有的逻辑组合。然而它们满足在分析战争的时候各种在理论上很有趣的可能性,可以通过文氏图来简单地表示(见图3.3)。[26]

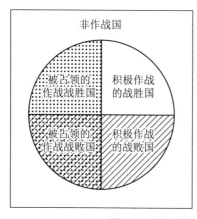

图3.3 分析群体的文氏图

我们对另一种区分方式也很感兴趣,它跨越了我们列出的所有分析团体。我们想要分析战争对大国以及整个国家群体的影响。我们力求分析每场世界大战对每一个国家和所有国家产生的后果。之所以要这样分解,是因为我们的案例样本太小,有必要探究我们发现的行为模式是否不过是集合的产物。当我们将每个国家分离开来,这样行为模式是否将不复存在呢?然而我们需要强调两点。我们并不想在每个国家的层次上进行分解。第二点同样重要的是,要知道分解的结果并不是独立的发现,因为它们都基于同一个样本。[27]

表3.2展示了我们如何将所有的国家归入上述分析团体。

表 3.2　一战和二战中交战国和非作战国的样本

| 一战 | | 二战 | |
|---|---|---|---|
| *美国 | 积极作战的战胜国 | *美国 | 积极作战的战胜国 |
| *英国 | 积极作战的战胜国 | *英国 | 积极作战的战胜国 |
| *意大利 | 积极作战的战胜国 | *苏联 | 积极作战的战胜国 |
| *法国 | 积极作战的战胜国 | 加拿大 | 积极作战的战胜国 |
| 澳大利亚 | 积极作战的战胜国 | 澳大利亚 | 积极作战的战胜国 |
| 加拿大 | 积极作战的战胜国 | | 总数:共5国 |
| | 总数:共6国 | | |
| *德国(西德) | 积极作战的战败国 | *日本 | 积极作战的战败国 |
| *苏联 | 积极作战的战败国 | *西德 | 积极作战的战败国 |
| | 总数:共2国 | *意大利 | 积极作战的战败国 |
| | | 匈牙利 | 积极作战的战败国 |
| | | | 总数:共4国 |
| *日本 | 非作战国 | *法国 | 被占领的作战战胜国 |
| 丹麦 | 非作战国 | 比利时 | 被占领的作战战胜国 |
| 瑞典 | 非作战国 | 丹麦 | 被占领的作战战胜国 |
| 荷兰 | 非作战国 | 荷兰 | 被占领的作战战胜国 |
| 挪威 | 非作战国 | 挪威 | 被占领的作战战胜国 |
| | 总数:共5国 | 南斯拉夫 | 被占领的作战战胜国 |
| | | | 总数:共6国 |
| | | 捷克斯洛伐克 | 被占领的作战战败国 |
| | | | 总数:共1国 |
| | | 瑞典 | 非作战国 |
| | | 瑞士 | 非作战国 |
| | | | 总数:共2国 |

* 指大国。

由于理论上的限制以及缺乏数据的问题，18个国家的样本和31个案例是我们可能实现的最佳组合。这些国家数量确实有限，然而足以完成我们要从事的研究。

# 经 验 假 设

我们现在会把我们在本章开始提出的理论假设转化为经验假设，准确地运用本研究的工作语言来表述。我们有8个假设：前4个假设是我们的短期预期，后4个是我们的长期预期。

我们对短期效果的假设包括：

第一，成为大战战胜国的作战国将增加权力，非作战国保持其战前权力模式；作战的战败国则会承受沉重的权力损失。

第二，在战争结束后不久，作战的战胜国和非作战国保持战前的权力模式，而作战的战败国承受沉重的权力损失。

第三，在大战之后，所有交战国的权力能力均蒙受重大损失，非作战国保持战前的权力模式。

我们的零假设（null hypothesis）是这样表述的：

第四，在大战之后，作战国和非作战国的权力模式并未受到系统的影响。

我们对于长期效果的假设是：

第五，从长期看，所有参与战争的群体都承受了权力损失，无法再度回到大战开始之前确立的权力模式水平。

第六，作战的战胜国和非作战国恢复了战前的增长水平。以作战战胜国和非作战国为一方、以作战战败国为另一方的权力差距，因为战败国复苏速度更快而被迅速抹平了。

第七，大战胜败导致的差距得以保持或在缓慢增加。因此，在战后立即出现的以作战战胜国和非作战国为一方，以战败国为另一方的差距将会保持或可能扩大。

我们对于长期趋势的零假设是：

第八，作为战争的结果，所有群体的战后模式均未系统地受到影响。

还有最后两点内容。第一，应该说明为了检验我们关于长期效果的假设，我们必须拒绝关于短期预期的零假设。第二，这两套假设以及先于它们的理论假定，并没有展示逻辑上的全部可能性，然而确实总结了文献中关于战争的结局及其对力量对比的影响的观点。


# 发　　现


我们起初打算分析样本中所有国家在两场战争中的行为，随后我们想要分析两场战争中大国的子集；之后我们计划分析整个样本的行为，并单独分析每场战争中的大国行为。假如我们有更多的国家和战争的样本，就可以将所有国家的表现汇总，得出我们预期战胜国、战败国和中立国在经历大战后将出现什么行为的证据。然而由于我们的样本很小，尽量深入而宽泛地研究整个样本中的重要子集的行为似乎是个明智的选择。尽管我们对总样本中的每个分组分开进行审慎观察，重要的是，这些国家不是独立的，因为样本对于所有国家都是相同的。

第一个分组使我们可以观察两场战争中所有国家的行为。我们只考虑了分析团体中的三组国家（积极作战的战胜国、积极作战的战败国和非作战国）。我们排除了被占领的作战战胜国和战败国，因为按照我们的定义，在一战期间，没有国家被占领。如果我们想要检验在两场战争中体系中所有的行为，我们必须在分组中排除这类国家。

结果（见图3.4）表明，在战后的前两年，作战战胜国和非作战国的损失从1.5年到3.5年不等。这两类国家和预期表现差距不大。然而，相比之下，积极作战的战败国承受的类似损失为20.4年到21.6年。两个团体之间的差距约为19年，是一个显著差异。

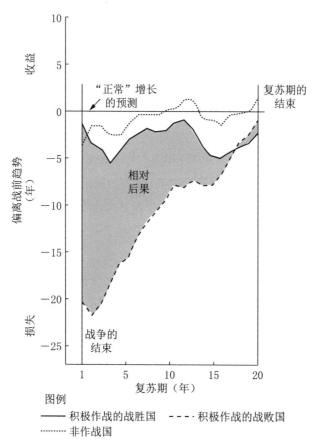

**图 3.4　分组 I：一般的结果。样本：两场战争中所有的国家**

我们现在必须考虑战争的结果对于三个分析团体的长期影响。非作战国保持了战前时期的增长率。积极作战的战胜国平均经历了三年偏离零线的时间，表明在战后复员时期持续出现了损失。积极作战的战败国的表现受到了凤凰涅槃因素的影响。在战争结束后，战败国开始并维持了稳定的复苏率，并在战后 18 年的时间里赶超了战胜国。在这一时期结束后，所有团体之间的力量对比的差异已不复存在；其权力水平回归到了一个国家在战争不爆发的情况下预期能达到的水平。

因此，我们得到的结果有力地支持假设 2（从短期看，不同团体将出现重大权力差异）和假设 6（从长期看，这些差异将会消除）。

在第二个行为体子集中,我们检验了两场战争期间大国体系的行为,得到的轮廓线非常相似(见图3.5)。我们只考虑了积极作战的战胜国和战败国,因为在二战中没有一个大国奉行中立政策。在战争结束后,积极的战胜国立即承受了两年损失,和预期增长曲线相比呈下滑趋势;之后它们迅速恢复,然后再次下滑。从总体上看,它们的表现低于预期水平,并严重受到两次世界大战之间大萧条的影响。然而,整体发展轨迹与战前的能力相比并未蒙受损失。另一方面,积极作战的战败国在战争结束后立即承受了20年的损失,然而它们很快地复苏,用15年的时间赶超了战胜国。此后,两个团体都恢复了此前的增长模式。

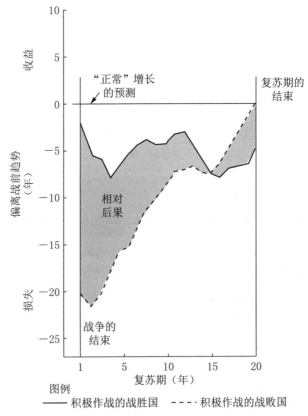

图例
—— 积极作战的战胜国　----积极作战的战败国

**图 3.5　分组Ⅱ:对大国的影响。样本:两场战争中的大国**

通过整合大国在两场战争中表现的数据,假设2和假设6再次被证实。我们在后面四次操作中将样本分组,来说明在每场世界大战中整个体系的表现以及大国次体系的表现。

通过第三次分组,我们观察了一战结束之后整个体系的行为(见图3.6)。从短期看,非作战国似乎在战后第一年受到轻微影响,然而在第二年依然保持了和零线不到一年的差距。积极作战的战胜国在冲突结束后立即承受了5年到7年的损失。积极作战的战败国承受了21年到25年的损失。战胜国有损失,然而失败者的损失是战胜国的4倍。无疑从短期看,战胜国和战败国在大战后的权力均承受了损失。证据再一次在很大程度上支持假设2,尽管积极作战的战胜国也经受了沉重的损失。

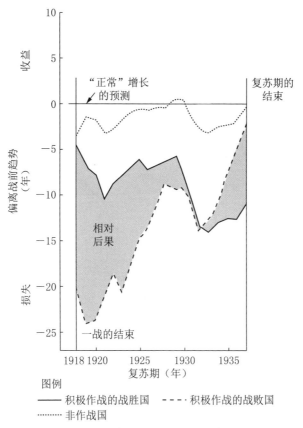

图3.6　分组Ⅲ:一战的后果。样本:一战中所有国家

对长期后果的评估与经济萧条的影响密切相关。我们可以首先考虑一战结束后的 12 年。证据有力地支持了假设 6 描述的特征。积极作战的战胜国缓慢地从战争影响中复苏；非作战国保持着此前的增长模式；积极作战的战败国在战后时期马上承受了严重损失，之后复苏速度明显比战胜国快得多。在大萧条的冲击下，所有的团体在两年时间内的表现都差强人意。然而作战国似乎比非作战国承受的损失更大。在 1933 年以后，萧条前的趋势再次恢复，然而因为后续时期太短，我们无法作出合适的评估。

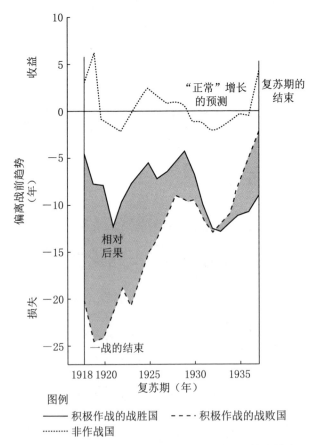

图3.7 分组Ⅳ：一战大国权力的后果。样本：一战中的大国

一战期间大国体系的表现与整体上的样本非常相似（见图 3.7）。积极作战的战胜国的表现比整个样本稍差一些，然而差距是如此小，我们感觉可以再次有把握地得出支持假设 2 和假设 6 的结论。尽管大萧条带来了破坏，我们仍然能得出这个结论。数据说明，大萧条是导致所有国家整体复苏模式出现偏差的主要因素，这不仅适用于第一次世界大战，也适用于第二次世界大战。此外，大萧条也是我们对于二战后时期作出的预测准确率低的主要原因，让我们严重低估了增长趋势（见图 3.8）。

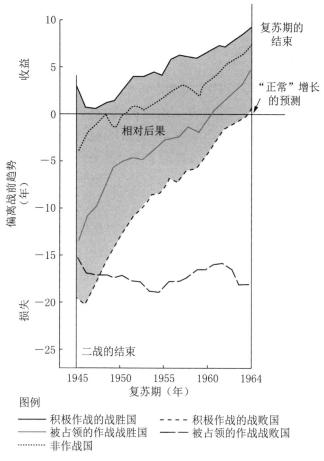

图 3.8　分组 V：二战的后果。样本：二战中所有国家

　　我们的第五个分组展示了二战期间所有主要的分析团体。然而图中的某些曲线只是初步估算，我们需要审慎地看待其传递的信息。

　　二战结束后不久，其对力量对比的影响与我们的预期接近。在第一年，积极作战的战胜国略微处于领先地位，然而在第二年趋近了零线。非作战国略微低于零线，然而在第二年转向了可容忍限度之内的水平（在这次分组中用了两年时间）。在战争结束后最初的 24 个月中，积极作战的战败国承受了沉重的损失，为 16 年到 17 年，而被占领的作战战胜国在同期损失了 11 年到 14 年。在初期，积极的战胜国和积极的战败国损失的差异从 21 年到 23 年不等。

　　在长期分析中，我们首次发现证据表明，战胜国和战败国之间可以保持而不是缩小差距。[28]

　　我们应该提出几个观点。对数曲线严重低估了体系的增长。仅以非作战国为例，随着时间的推移，非作战国的收益在提升，说明战前发展模式由于大萧条而出现偏差，并不能很好地评估二战后时期整个群体行为。然而从某种意义上说，正如库兹涅茨（Kuznets）所述，自从 1945 年以来的经济增长源于工业社会的贸易自由化，因而出乎人们预料。[29] 我们的印象是，要更准确地勾勒出增长趋势，应该将零线置于非作战国大致走向的位置。无论如何，我们的主要关切是积极的战胜国和战败国，我们必须首先保证在这方面模式的偏差不会影响相对的计算。在整个时期，积极作战的战胜国在约三年时间里保持了相对于非作战国的稳定而微弱的优势。复苏速度加快并没有改变战胜国和战败国之间的绝对差异。

　　在这里应该注意，积极的战胜国的复苏模式迅速加快，在这一时期恢复了战前增长水平。由于两点原因，它们并没有完全消除自身与战胜国之间的差距：一是整个体系的加速；二是复苏速度在最后五年显著放缓，可能会导致 5 年到 8 年的绝对损失。

　　然而，复苏阶段结束后，二者仍然约有 9 年的差距。可能有人主张，我们因此找到了支持假设 7 的证据，从长期看战胜国保持了它们从胜利中享有的优势。

余下的分析团体的行为非常有趣。被占领的作战战胜国的表现居于积极战胜国和战败国之间,非常接近前者的表现。被占领的作战战胜国在 15 年的时间内恢复了战前增长速度,超过了此前的增长速度,并且在复苏阶段的末期接近战胜国的水平。

因为只有捷克斯洛伐克属于被占领的作战战败国,我们当然不能通过观察一个国家的行为来讨论我们的"发现"。我们注意到,如果能得到足够的数据,这个问题就值得调查;如果其他被占领的作战战败国的行为和捷克斯洛伐克一样,我们就能确定大战中真正的失败者是那些无法复苏的国家。我们可能也发现了支持替代性假设的必要条件,这不同于我们在这里阐述的观点。这可能是个重大发现。在目前为止的所有分析中,我们发现胜利和失败的长期结果对于体系中力量对比只有边缘性影响。然而,如果捷克斯洛伐克的案例(在我们有数据的时期)确实说明了其他被占领的作战战败国的情况,那么显然,如果战胜国坚持占领、剥削和压迫战败国的人口,我们的发现将发生戏剧性变化。战胜国有可能通过占领和压迫来延缓战败者的复苏。例如,希特勒计划削减受害者的人口并剥削他们。如果希特勒打赢了战争,被征服的国家可能无望复苏。倘若希特勒取得了胜利,就会支持假设 5。然而希特勒不可能取胜。

尽管如此,我们不能孤立地看待第五次分类的结果,而应该将其与第六次分类对照着看(见图 3.9)。因为如果我们仅仅观察二战时期的大国次体系,偏差就会消失,次体系完全符合假设 2 和假设 6 的预期。从短期看,积极作战的战胜国并没有承受损失。在战后的两年内,被占领的作战战胜国和积极作战的战败国承受了 20 年"正常"增长的损失。在这一时期积极的战胜国和后两类的国家的相对差异分别是 20.9 年和 18.1 年。关于长期效果的证据完全支持假设 6。积极的战胜国维持了预期增长模式,而积极的战败国的复苏速度加快,并在战后第十六年超越了战胜国。

我们应该如何协调上述行为与整体样本之间的差异呢?我们应该作出一些解释。在两次分组之间观察到的差异并不是以所有分析群体的行为为基础的。在两次分组中,积极的战败国和被占领的战胜国的行

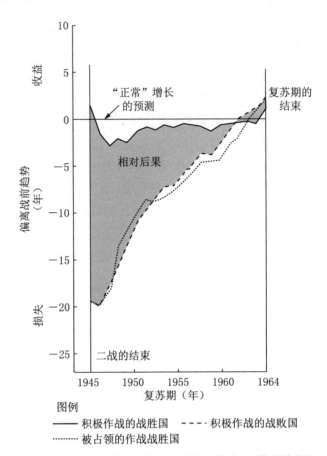

图例

—— 积极作战的战胜国　 - - - · 积极作战的战败国

·········· 被占领的作战战胜国

**图3.9　分组Ⅵ:二战的重大权力后果。样本:二战中的大国**

为仅有微小差异。显然我们选择的对数模型正确地描绘了大国在二战结束后的时期里的表现。因此,战胜国中较小国家的行为没有得到准确的表示。其前所未有的快速增长影响了整个样本的表现。

# 凤凰涅槃因素

最出人意料和有趣的发现是,在战争结束之后,积极的战败国可以在相对短的时间内赶超战胜国,而国际权力体系开始像人们预期的那样,像尚未发生战争一样运作。我们无法解释这一现象,我们不知道为什么失败者似乎可以从灰烬中东山再起。

　　然而我们可以作出一些推测。结构因素似乎在发挥作用。例如,有利的占领布局可能有助于加快复苏速度,正如摧毁过时的工厂和工业设备可以推动复苏一样。人们的态度有可能也对于推动复苏进程发挥着重要作用。一个经济发达的国家战败了,民众虽然生活在废墟之中,然而当他们回想起战前岁月的盛况,就会雄心勃勃地开始重建。受到这样的鼓舞的民众可能借助科技手段让经济系统正常运转。战败国的民众可能会比战胜国的民众更愿意付出努力推动复苏,而后者更愿意享受战争的战利品。对于战败国,社会中每个成员都充分意识到他们必须工作并作出牺牲。例如查尔斯·蒂利(Charles Tilly)发现,在二战结束之后的一段时间内,意大利和德国发生的罢工事件数量远远低于英国和法国。[30]

　　这些理由是可信的,然而我们不能保证其中每一个理由都能准确地解释战败国家为何能如此迅速地复苏。但我们确实知道,某个被广泛视为有影响力的因素发挥的作用是微不足道的。战败国能够从废墟中崛起,并不是因为战胜国对它们的扶植和栽培。如果真的是这样,这将完全推翻我们得出的结论。因为倘若失败者不能不依靠援助来弥补自身损失,那么只要积极作战的战胜国拒绝提供援助,战败国与战胜国之间的差距将继续存在。这支持了持续差距的假设,这也是我们此前提出的一种关于可能性的假设。这一点值得人们高度关注,我们通过两种假设来检验它们。第一,我们感兴趣的是,援助是否与受援国的复苏有积极的联系。第二,大规模的外国援助能否像某些经济学家坚信的那样启动复苏过程。

　　我们的检验方法很简单。既然在二战结束后美国就是这类援助的发起者,而且 1948—1961 年每年都提供这样的援助,我们比较了美国援助的总额和人均援助值以及二者与受援国相对经济增长率之间的关系。[31]

　　如果援助和复苏是直接相关的,那么在控制人口的情况下,增长率就会随着援助而提升。如果援助强度是一个因素,我们就可以预期一旦受援国接受了数额庞大的援助,其增长率就会出现强势增长。[32]因为我们在处理时间序列数据时,反复进行评估,以控制时间因素的潜在线性和延迟性影响。[33]

通过分析表 3.3 中的数据,我们认为外部援助和复苏之间没有太大关系。测定系数能够解释的变化总是低于 0.1,这说明增长和对外援助总量和人均援助额几乎是完全无关的。即使存在这样的关系,也是负面的关系:接受援助时间最长、数额最高的国家表现最差。英国得到的援助总额和人均数额均高于法国,法国得到的援助远远超过意大利,意大利远多于德国,德国远多于日本。然而复苏最快的国家是日本,其后是德国、意大利和法国,英国则居于末位。因此,很难说明外国援助和复苏是密切相关的。

表 3.3  美国援助与受援国复苏的相关性,1948—1961 年

| | 援助年 | 援助 | 调整时间因素的援助 | 人均援助 | 调整时间因素的人均援助 |
|---|---|---|---|---|---|
| 复苏速度 | 1948—1961 年 | − 0.01 (N = 63) | − 0.17 (N = 63) | − 0.01 (N = 63) | − 0.15 (N = 63) |
| | 1948—1953 年 | − 0.33 (N = 23) | − 0.21 (N = 23) | − 0.18 (N = 23) | − 0.30 (N = 23) |

这些特殊发现并不是完全出人意料的。[34]很多经济学家质疑这类援助的效果。这些数据强调的是,作为对另外一个国家经济的投资,对外援助并不能有效地帮助该国迅速实现经济复苏的目标。对于复苏真正重要的变量源于那些饱经疮痍的国家本身。其此前行为模式的重要性远远超过了外部援助。

# 小　　结

我们从一系列问题入手进行这项研究。大战的结局是否重塑了国

际力量对比? 从权力的角度看,一国究竟是战胜国还是战败国是否有实质上的差别? 战胜国的优势能保持多久? 失败者将落后多长时间?

我们将列出一个简单的清单来说明我们的发现。

第一,在重大冲突结束后,力量对比的系统模式(用国民生产总值衡量)就已经确定了。

第二,冲突仅对战胜国和中立国的权力水平造成微弱的影响。

第三,战败国承受了严重的短期损失;这些后果短期内对它们影响很大,特别是在权力水平方面。

第四,从长期看(15—20 年),战争的影响将会消散,因为失败者复苏的速度加快,重新开始了战前的增长率。它们甚至可能赶超胜利者。体系中的力量对比将很快恢复到假如没有打仗的预期水平。有证据表明确实发生了这样的情况。我们可以猜想应如何解释,然而我们没有决定性解决方案,还需要进行大量研究。

要预测一个国家在战争结束后 15 年或者 20 年的行为,战争的结局如何,该国家是否参与了战争,它究竟是战胜国还是战败国,都不应该是我们关注的焦点。在战争结束后不到一代人的时间里,衡量一国权力地位的最佳指标就是该国在冲突之前的表现。

我们还有另一个发现。显然战胜国向战败国提供的援助并不是影响战败国复苏速度的重要因素。

我们甚至想要提出战争结果对国际权力对比影响不大的观点。然而,我们不应忘记,已浮出水面的线索表明,我们可能只了解了故事的一部分。尽管无论援助数额多么庞大,战胜国都不能通过提供援助来帮助战败国复苏,战胜国却可以阻止或延缓失败者的复苏。如果捷克斯洛伐克真的是一个有代表性的例子,那么战胜国可以通过占领和剥削来延缓战败国的复苏进程。在这方面,我们尚未获得足够的信息;我们只能根据线索来进行猜测。

这样的发现当然尚未被证实。然而,需要再次强调,因为缺乏数据的问题,我们从这个案例中仅得出了推测性结论。如果我们可以通过比较分析和更深入的研究确认我们的发现,这将对研究战略有深远的意义。

如果国际力量对比及其变化是由某个国家的关键部门的差异以及体系中不同国家增长速度的差异决定的,如果即使发生大战这种最暴力的国际互动也无法改变增长速度,那么我们就必须研究这种变化的原因,而不是研究国家间的互动。因此,在国际关系中自变量的来源其实并不是国际关系,而是构成体系的单元的增长。某些学者已经开始这样研究国际政治,然而这完全不同于该领域的传统观念。

## 注 释

1. John Keynes, *The Economic Consequences of the Peace*(New York: Harcourt Brace and Rowe, 1920). 凯恩斯得出了最权威的结论,相信作为战争的结果,赢家和输家之间的差距将会继续逐渐增加。然而从长期看,输家对经济体系造成的消极影响也会传播给赢家。战争对于战斗各方的短期影响参见 United States Strategic Bombing Survey, *The Effects of Strategic Bombing on the German War Economy*(Washington D. C. : Government Printing Office, 1945); cf. also, idem. *The Effects of Strategic Bombing on Japan's War Economy*(Washington, D. C. : Government Printing Office, 1946)。

2. 两部作品深入探讨了作为战争结果的持久巨大损失。参见 Norman Angell, *The Great Illusion*(New York: Putnam, 1933); John U. Nef, *War and Human Progress*(Cambridge, Mass. : Harvard University Press, 1950)。还有多部出色的人口学研究著作分析了战争对于人口结构的影响,以及在战争结束后各战斗方人口的行为。例如 Frank Notestein, Irene Taeuber, Dudley Kirk, Ashley Coale, and Louise Kiser, *The Future Population of Europe and the Soviet Union*(Geneva: League of Nations, 1944), chap. 3;及 B. T. Urlanis, *Wars and Population*(Moscow: Progress Publishers, 1971)。

3. 在人口学领域,Gregory Frumkin, *Population Changes in Europe since 1939*(New York: Augustus M. Kelley, 1951)这本书主张战争结束后的"婴儿潮"可能抵消在战争中持续的人口损失。近期联合国对于所有历史上有记录的战争的人口学影响的研究表明,三十年来全球人口损失并不高于人口增长速度。参见 United Nations, *The World Population Situation in 1970*, Population Studies No. 49(New York: United Nations, 1971)。然而,这一对全球损失的估算并没有说明战争对于每个国家造成的人口学影响。

4. 人口统计学家使用这一方法来估算战争对参与战争人口的影响,参见 Notestein et al. , *The Future Population*;及 Frumkin, *Population Changes*。

5. 人们偶尔会建议在研究政治时采用这一程序。例如,参见 Kenneth Boulding, *A Primer of Social Dynamics* (New York: The Free Press, 1970), pp. 99—107; cf. also Ted Gurr, *Why Men Rebel* (Princeton, N. J.: Princeton University Press, 1970), chaps. 2—4。这一程序的主要的实证应用出现在经济文献中。

6. Lawrence Klein, "The Procedure of Economic Prediction: Standard Achievement, Potential" (Paper presented at Conference on the Economic Outlook for 1973, University of Michigan, November 16—17, 1972).

7. Heiss et al., *Long-Term Projections of Political and Military Power*, p. 107.

8. 我们在这里使用的简单估算技巧还有一些替代性方案,我们有必要解释一下为何选择这一技巧。具体而言,拓展了回归分析的博克斯(Box)和詹金斯(Jenkins)模型,以及傅里叶分析(参见第四章),旨在对单一时间序列作出精确预测并反映内部结构。在我们的数据中,对应萧条时代的单一周期是主流,而不那么明显的变化并不能显著改变对我们选择时期的预测。此外,考虑到我们的样本中某些国家数据组的质量,运用更复杂的技巧必然需要受制于案例的子样本。在我们看来,尽管采取了这样的权宜之计,分析过程也不应过于复杂。这一决定导致我们低估了二战结束后某些国家的表现,然而读者可以通过检查来调整这一数据上的偏差。参见 George Box and Gwilym Jenkins, *Time Series Analysis* (San Francisco: Holden-Day, 1970)。

9. 库兹涅茨(Simon Kuznet)颇具说服力地说明,发达国家的增长率保持不变,或者在过去的一个世纪中有所增长。参见其著作 *Economic Growth of Nations* (Cambridge, Mass.: Harvard University Press, The Belknap Press, 1971), chap. 1。

10. Kugler, "The Consequences of War," pp. 116—117.

11. Frumkin, *Population Changes*, p. 17.

12. Maddison, *Economic Growth in the West*, pp. 193—196.

13. 我们要感谢政治学系的桑德斯(Thomas Sanders)和埃尔布林(Lutz Erbring)以及密歇根大学数据研究实验室的兰德韦尔(J. Landwehr)和福克斯(D. Fox),他们为帮助我们解决这一棘手的问题,慷慨地贡献出点子和建议。当然,他们无须为最终研究结果中的不足负责。我们该为这些问题负责。

14. 参见 Kugler, "The Consequences of Wars," chap. 4。

15. 经济学家使用这种方法来研究经济萧条。经济学家将其大部分精力用于研究最严重的经济萧条,发现了可以用于预测规模更小的萧条的相关性。参见 Arthur Burns, ed., *The Business Cycle in a Changing World* (New York: National Bureau of Economic Research, 1969), pp. 3—53。

16. 我们接受赖特（Quincy Wright）在理论上对战争的定义，"战争是一种法律情境，使两个或者更多敌对团体在平等的情境之下通过武力展开冲突"（*A Study of War*，p.7）。我们也进一步接受了理查森（Lewis Richardson）的可操作定义，那就是任何导致约 300 人死亡的冲突都可以被视为一场战争。因为我们关注国际战争，我们运用了辛格和斯莫尔 1815—1965 年的战争清单数据 *Wages of War*，pp.17—19，30—32，58—70。

17. 我们非常感激麦迪逊（Augus Maddison），他慷慨地向我们提供了在本书写作的过程中尚未发表的数据库，使我们的研究成为可能。我们在研究中使用的关于能力的大部分数据出自他的"产出与福利的趋势"。完整数据库参见 Kugler，"The Consequences of War"，app.2。

18. Cf. Maddison，*Economic Growth in the West*.

19. 即使是那些立国根基最牢固的国家，如德国、法国、奥地利、波兰和芬兰，在我们的研究关注的半个世纪也缺少国家身份中的一个或两个要素。

20. 当然，人们对于哪些特点最重要的看法差距甚远。例如多伊奇（Karl Deutsch）指出，对于政府机构、人口和领土相当大一部分的实际控制权足以证明一个国家存在（*The Analysis of International Relations*，p.70）；另一方面，赫茨（John Herz）指出在不受外部干预的情况下执行政策是国家的重要特征（*International Politics in the Atomic Age* [New York: Columbia University Press, 1959]，p.104）。

21. Singer and Small，*Wages of War*，pp.58—59，and Bruce Russett, J. David Singer, and Melvin Small，"National Political Units in the Twentieth Century: Standard List"，*APSR*，62，no.3（September 1968）:932—951.

22. 在 Russett et al.，"National Political Units"中删除了第二组国家。

23. 我们以正统的方式来衡量经济发展水平，也就是看农业部门和非农业部门之间的劳动力的分配。只要 50% 以上的男性工人从事非农业的工作，这个国家即可被视为发达国家。

24. 分析中一个重要因素是一国领土完整的延续性。在历史上某些国家经历了领土巨变，变化如此之大，必须选择一个继承国。我们并没有在研究中选择奥匈帝国的继承者，我们将苏联作为俄国的继承者，西德作为德国的继承者。苏联领土变化很小，然而其他国家的领土发生了深刻变化。我们可以这样认为，战争的结果并不是由权力界定的，因为我们完全没有考虑领土变化因素。例如，由于领土面积减小了，德国可能不再是一个大国，而这应该被视为战争的结果。我们也可以对奥匈帝国的命运发表同样的评论。然而这样的论断却并没有说服力。德国丧失领土正是其实力虚弱的结果，而不能颠倒因果关系。如果控制领土因素，政治管辖权的恢复过程恰恰展现出战争的影响。

25. 我们需要再评论一下"积极作战的战败国"的理论和操作定义。金德尔伯格(Kindleberger)最早提出了这样的定义。Charles Kindleberger, "International Political Theory from the Outside," in William Fox, ed., *Theoretical Aspects of International Relations* (Notre Dame: Notre Dame University Press, 1959). 显然我们对于战败的操作性指标基于这样的观察:胜利者在过去从失败者那里获得了某些领土,然而从未放弃自身的领土。我们假定,倘若失败者能够打赢这场战争,他们也能从敌手那里获得领土。然而没有证据可以支持这样的主张,我们无法让历史重演,判定如果结局逆转将发生什么结果。我们假定如果失败者恰巧获得了胜利,他们会要求对方放弃领土。有很多指示性证据表明这样的结果很可能发生。例如,德国和意大利在二战开始的时候打败了法国并从战败的法国剥夺了领土。这样的例子不胜枚举。

26. 这类团体可以简洁优美地运用集合论的语言来表达:

积极交战的战胜国 = B∩(O∪T)$^c$;

积极交战的战败国 = B∩T∩O$^c$;

被占领的战胜国 = B∩O∩T;

被占领的战败国 = B∩O∩T;

非战斗国 = B$^c$。

27. 然而我们应该强调的是,这些结果不仅是聚合在一起的结果。因为我们样本的规模有限,在我们每一个主要分析类别中国家数量都非常小。然而在进行计算的时候,基准时期的节点数量是绰绰有余的。意识到数据聚合确实不可避免地会导致结论上的偏差,我们观察了每个国家的行为,看一看每个国家的表现是否与分析群体的表现差异很大。我们发现事实并非如此。此外分析团体的重要行为在反复分离后仍然存在,说明我们得到的结论并不是源于聚合的。

28. 两部作品主张在战争结束时,各国要承受重大的长期损失。参见 Angell, *The Great Illusion*;及 Nef, *War and Human Progress*。对于战争对人口结构的影响以及参战国人口在战后的行为,参见 Notestein et al., *The Future Population of Europe and the Soviet Union*;及 Urlanis, *Wars and Population*。

29. Simon Kuznets, *Economic Growth of Nations*, p.43.

30. 通过与查尔斯·蒂利交谈得知。

31. 人们可能期待在接受援助一年以内,受援国的经济增长率就有所改观。为了计算每个受援国的复苏速度,我们用受援国接受援助第二年的增长速度减去接受援助第一年的增长速度。例如,如果一国在 1948 年的增长减少了 15 年,而在第二年的增长减少了 13 年,那么复苏率就是两年。应该强调的是,负数并不是表示增长不足,而是复苏不足。

复苏率是这样计算的:复苏率$_i$ = 相对增长$_{i+1}$ − 相对增长$_i$;在这里 i = 复苏年。

32. 关于援助的文献非常丰富。利特尔（I. M. D. Little）和克利福德（J. M. Clifford）作出了出色的文献综述。I. M. D. Little and J. M. Clifford, *International Aid*(London: Allen and Unwin, 1965). 波尔·罗森斯坦-罗丹（Paul Rosenstein-Rodan）提出了"助推力"假设。Paul Rosenstein-Rodan, "International Aid for Less Developed Countries," *Review of Economics and Statistics* 43(May 1961):107—138.其关于"助推力"的经典论据出自 Paul Rosenstein-Rodan, "Problems in Industrialization of Eastern and South Eastern Europe," *Economic Journal* (June 1943):204—207; Paul Rosenstein-Rodan, "Notes on the Theory of the 'Big Push'" in Howard Willis, ed., *Economic Development for Latin America* (New York: St. Martin's Press, 1961), pp.57—66。

33. 我们使用相关系数 R 是因为我们想要说明影响力究竟是积极还是消极的。$R^2$ 的数据从未高于 0.1。我们检验了我们的假设，即需要多长时间才会出现援助和复苏率落后两年到三年的结果，结果并没有发生变化。

34. 关于使用对外援助的经典论述，参见 Milton Friedman, "Foreign Economic Aid: Means and Objectives,"及 Charles Wolf, Jr., "Economic Aid Reconsidered," in Gustav Ranis, ed., *The United States and the Developing Economies,* rev. ed. (New York: W. W. Norton, 1973), pp.250—278。

# 第四章
# 核军备竞赛与威慑

读者很有可能认为，我们之前提出的论点和概念在一定程度上已经过时，仅仅适用于不复存在的国际秩序情境中，主导这一国际秩序的规则已经失效了。在核时代，导致战争、影响战争胜败以及推动复苏的力量仍然完全不受人左右，也无法改变方向吗？那么核武器呢？难道核武器并没有完全改变国际冲突的规则吗？肯尼迪总统是这样认为的，他曾经说过，美国和苏联拥有核武器"改变了问题……，也改变了所有问题的答案"[1]。然而真的是这样吗？

我们要在开始分析前提出一个观点，此前各章得出的结论是，大国和超级大国之间的大战与其说是不同国家相互冲突的目标和政策的产物，不如说是体系中行为体的经济和社会发展模式以及人口变化的产物，其中超级大国的变化尤其重要。在很大程度上，军备计划也是这样的内部进程的结果。国家购买武器是因为它们因发展而更加富有，获得了可能用于防务的额外资源。当然，获取武器反过来也加快了该国的发展速度。

我们应该考虑发展和军事力量之间的关系。我们在整本书中均探讨了战争问题，却没有直接探讨军事力量，因为没有必要这样做。我们认为，政治经济权力和军事权力如此密切相关，因此完全可以从一个因素推导出另一个因素。如果社会经济和政治变量的总分很高，我们就可以假定在绝大多数情况下军事权力的得分也会很高。我们应该在这里再一次解释其原理。

作为规律,在工业革命后,工业和军事权力密切相关。每一枚武器的破坏力都比较小,军备和武装力量的上限是由经济生产力以及能够工作和战斗的人口规模决定的。单纯通过增强武装,没有任何一个国家可以解决其发展水平和人口规模导致的严重劣势。事实上,一个国家究竟有多么强大,完全取决于其经济生产力指标。在核武器出现之前,即使是最有决断力的武装政策也仅能略微改善任何国家的总体权力地位。只有在两个对手的人口、经济生产力或者政治效力方面差距不大的情况下,这样的政策才会有明显效果。例如,这往往适用于欧洲大国。这就是为什么可以通过直接衡量政治经济权力来推断军事力量。国际体系也以这一联系为基础。

然而,核武器的出现即使没有彻底切断这一联系,也严重削弱了这一联系。作为结果,掌控体系生命线的规则已被彻底颠覆。时至今日,过去总是发挥重要作用的社会、经济和政治能力不再是决定性因素。如今唯一重要的因素是军事力量,特别是核力量。按照这一新的世界观,军事力量似乎最终摆脱了过去人口基数以及生产和政治能力对其的制约。

这种新的事态将导致什么结果呢? 概言之,我们可以提出两个观点。

第一,有人主张,这些新的恐怖武器无需被使用,就会在很大程度上发挥作用。威胁使用这些武器就足以让其他国家感到恐惧,让它们不做核国家不能接受的事。总之,核武器的作用就是威慑作用。[2]从根本上看,世界和平取决于核力量分布大致平衡的状态。

第二,因为新的武器如此强大,人们相信,科技或者数量上的突破可能导致核力量的布局发生重大变化。有人认为,只要双方均拥有第二次打击能力(在承受敌手的核攻击后仍然可以回击的能力),核武器的分布就有大幅度波动的空间。这种说法是毫无意义的。核国家能否可靠地运用第二次打击力量取决于侵略者的力量和准确性。一个国家如果在核武器方面落后,可能会在安全上面临灾难性后果,因为世界和平以及国际和平是与核力量的平衡密切相关的。[3]一个核国家别无选择,只能非常密切地关注其他核国家在做些什么,以免自身陷入不利地位。对于一个核时代的国家,竞争就是生活准则。

显然即使上述主张只是基本正确的,我们还是需要修正此前写过的大部分内容,以解释当代战争。因此,本章的重要任务就是探究这些主张。

我们的战略就是,通过系统分析每个发生核对抗的案例中参与者的行为,来检验上述假设(例如其中至少一个竞争者拥有核武器),并尝试判断如果没有核武器的话,参与者的行为是否会发生变化。如果双方均有核武器,我们的战略就将探究二者是否会相互竞争以避免落后。在核威慑理论中,竞争者存储武器的竞赛正是证明恐惧和威慑关联性的关键一环;这反过来也是军备计划是外部危险的产物的重要证据。另一方面,如果军备计划与外部威胁无关,而是内部压力的产物,那么核军备的发展和生产就不是由相互竞争的国家间互动决定的。如果确实如此,我们将会发现,和其他项目一样,在生产和购买武器方面投入更多资源的决策源于一个逐步推进的过程。顺便提一句,这种对建设和储备武器的解释,更符合此前我们在书中的发现。如果数据说明这些解释确实是正确的,它们就会在核时代的特殊情境下有更大说服力。

我们首先要分析核威慑的总体构想。随后,我们假定威慑理论成立,并将探究事实上是否正如该理论所言,主要核国家打造核武库的做法是对其对手行为的直接回应。最后,我们将提出一些关于最重大问题的观点:倘若没有爆发核战争,在什么条件下可以使用核武器?

# 威慑力量与威慑

核威慑的概念非常简单。按照这种观念,核武器的存在让任何潜在受害者感到恐惧,因此后者不敢袭击或激怒拥有核武器的国家。威慑模型(参见图 4.1)包含两个特定预期:核武器的存在会激起那些受到核袭击威胁的国家的强烈恐惧;核惩罚的恐惧足以让人改弦更张,改变潜在侵略者的进攻行为。在我们看来,第一个预期是大致正确的,然而第二个预期则不一定如此。核武器确实拥有让人难以置信的破坏力,它们确实让潜在受害者感到恐惧。然而这一恐惧真的拥有威慑模型所宣称的效果吗? 受到核报复威胁的国家领导人无疑会感到恐惧,然而他们确实是出于尊重而不会与那些据说因为拥有核武器而变得不可侵犯的国家打仗吗? 如果第二个预期是错误的,那么威慑的概念也不再是正确的。

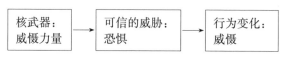

**图 4.1　威慑的过程**

无论正确与否,威慑在目前各种对大国冲突行为的解释中占据重要地位,值得我们悉心思考。威慑概念包含三要素:恐怖的破坏力,即核武器令人震惊的速度和远程打击范围;这类武器激起的恐惧;主张受到核破坏威胁的国家一定会放弃其侵略行动。我们对于前两个假设并不是非常关注。关于这两个假设的事实已经被探讨了多次,我们认同其正确性。我们简单地回顾其内容之后将不再赘述。我们非常关注第三点的正确性。根据威慑理论,通过三个要素的互动而使威慑发挥作用的机理存在重大缺陷。

根据威慑理论,恐惧可以发挥威慑作用,而核武器是恐惧的来源。因此,核武器可以被恰如其分地称为"威慑力量"(deterrents)。研发核武器是我们要讲的故事中最简单的部分,因为我们在这方面有丰富而翔实的资料。确实,核武器演变的大部分历史如今已经成为常识,我们只需和读者一起回顾其中的重大时刻。[4]

自从第二次世界大战以来,武器科技先后经历了三场革命。第一个重大变化是随着核武器的诞生而发生的,运作的原理是核裂变。这类核武器的爆炸力是此前使用过的常规炸药爆炸力的一千倍。

　　第一次革命后接踵而至的是第二次深刻变化，迎来了热核武器的诞生，其运作原理是核聚变。这一原理转而将核设备的爆炸力提升了一千倍。在二战结束后不到十年的时间里，武器的破坏力增长了一百万倍。

　　第三次革命将导弹引入新型爆炸物的现有运载方式中。只要飞机还是将爆炸物送往目标的主要方式，受害者至少还有足够时间发动反击（如果他们也拥有核武器的话），并进行某种形式的防御，以降低其要承受的全面打击的强度。新型运载工具的发射速度是声速的几倍，受害者只剩下几分钟来判定自己将遭受袭击，并在敌人核导弹命中目标前启动反制攻击（如果他们也拥有核力量）。此外，对于能同时打击不同目标、运载数百万吨级弹头的洲际弹道导弹，我们很难希望确实能进行有效防御。此外，热核武器加上制导导弹当然完全排除了下面的可能性，那就是一旦潜在受害者遭到核武器攻击，可以侥幸避免大面积的破坏。

　　因此，核武器的恐怖程度与威慑理论的支持者所说的分毫不差。

　　如果在冲突双方中仅有一方拥有核武器，威慑的运作似乎是相对简单和直接的。然而在冲突双方均为核国家的情况下，威慑当然会更加复杂。核国家如何让拥有核武器的对手预先知道，自己会抵抗对手的攻击并使用核武器呢？一个核国家如何说服另一个核国家，自己愿意冒着必死的危险将行动诉诸实施，而威胁者本身将被其预期的受害者置于致命危险中呢？这样的核威胁具有可信性吗？

　　我们应该知道，不同的核战略对这一观点的表述各不相同。我们不可能对所有复杂的进程、模型和观念进行总结，它们均探究了行为体在核对抗中的行为、意图和预期。我们也不必这样做，因为如果我们想综述这些理论，这些理论触手可及。下面的概述仅涉及特定的核心问题，我们选择讨论这些问题是因为任何基于威慑观念的核战争理论均无法忽略这些问题。一旦某个核国家决定使用核武器攻击另一个核国家，受害者就难免灾难性破坏，因此，受害者的威慑能力不高于受到侵略者袭击后可以幸存下来并发动报复性袭击的核武器的力量。意识到这一点，人们区分了第一次打击能力（first-strike capability）和第二次打击能力（second-strike capability）。"第一次打击能力"这一术语当然是指如果一个国家决定率先发动核袭击，它能够使用的核力量。这很可能包括其全部核力量。"第二次打击能力"则是全部核武库遭遇敌人的第一次袭击后，可以幸存下来并进行反击的核力量。在所有的重大威慑战略中，强有力的第二次打击能力是和平的保障，是管控核战争的重要工具，或者说是复仇的保障。

多数关于核战略的理论著作均由美国战略家完成，他们显然考虑的是美国的具体案例。然而他们提出的某些问题是每一个核国家都要面对的。核战略家不得不提出两个重大问题。

第一，核武库究竟该有多大规模，应该达到什么样的多元化程度，才能确保其全部力量中足够多的武器可以在敌人最初的攻击中幸存下来，转而突破敌人的全部防御，确保侵略者在任何情况下均将承受无法接受的破坏。

第二，如何部署核力量？大部分核弹头和其他运载工具究竟应该瞄准对手的核武库还是其城市？

因为核大战必然意味着一方彻底摧毁另一方的尝试，由于使用武器的性质，此举毫无悬念将取得成功。第一组战略并没有规定在第一次打击和对手反击之后，下一个阶段该怎样做。该战略也作出了一系列假设：在考虑最终结果的时候，我们不能首先使用核武器。使用核武器的目的是彻底摧毁对手，决不能手下留情。考虑到武器的性质，核战争假如不是一开始就是总体战，就根本不会发生。

第二组战略的预期几乎是与前者截然相反的。首先，核战争并不一定从一开始就不可避免地进入双方互相发动大规模核袭击的阶段，这种情况最可能发生于长期持续的恐怖时期的尾声，而不是在开始阶段，往往是由低层次的威慑机制失败所致。其次，威胁使用核武器可能是一种讹诈行为，旨在让对手不发动有限核战争和非核战争的侵略行为，这样的行为不会立即威胁美国的生存。（因为有限核战争的严重后果而被排除的战略选择，在第二组战略中仍然有可能发生。）再次，核袭击更倾向于攻击对手的核力量，而不会重点打击其城市，尽管不同的战略准备打击不同的军事和非军事目标。最后，任何冲突的升级都是渐进的。这一观点的支持者认为,如果对目标精挑细选并采取渐进的升级战略,威慑就可以在冲突进程中发挥作用,它们甚至希望冲突能远远低于相互发动大规模报复袭击的水平。无论如何,只有到了威慑机制未能在早期发挥作用、核战争变为以彻底摧毁对手为目标的总体战的时候,对手的人口中心才会作为终极手段成为核袭击的主要目标。当然,对于这种情况,所有的战略提出的行动方案都非常类似,它们对于结果的阐述也相差无几。[5]

两个例子有助于我们理解第二组战略的支持者预期其计划应如何发挥作用。第一个例子描述了如果苏联在 20 世纪 50 年代和 60 年代初决定入侵西欧国家,他们设想的事情发展态势。面临这样的形势,美国可以通过明智地使用其当时享有的巨大核优势地位迫使苏联退缩。美国的回击方式不仅是在西欧和苏联进行接触,而且要摧毁苏联的国内核进攻力量。丧失了防御能力,苏联就别无选择而只能撤退。他们将重建核力量,重建相互的威慑。

我们的第二个例子是一位目击者对于持有同样战略观点的支持者的描述,这位人士在古巴导弹危机期间提出建议,研判如果美国决定袭击古巴的导弹基地可能会发生什么。

　　……苏联可能作出军事上的回应。"苏联人将如何回应呢?"他回答,"我认为,他们将摧毁我们在土耳其的导弹基地。""那我们该怎么做?""按照《北大西洋公约》,我们有必要摧毁苏联的基地。""那么他们将怎样做?""那么我们希望每个人都能平静下来并且想要谈判。"在他说话的时候,会议室的气氛非常肃静。[6]

因此,威慑机制的关键就是恐惧。从词源学的角度看,"威慑"的词根来自拉丁语的"terrere"一词,含义是"使……恐惧"。简而言之,"威慑"(to deter)的意思就是使某人感到如此恐惧,以至于无法做其否则可能会做的事。正是核惩罚的恐惧发挥了威慑力量的作用。

精英和公众其实都对敌对国家拥有核武器感到恐惧,这种说法当然是有道理的。精英们反复相互警告,并警示公众需要控制军备竞赛,避免直接核对抗,卷入与第三方的争斗中,并在避免这种危险时发出如释重负的叹息,这一切当然支持这样的解读。然而要解决我们提出的问题,并不真的需要了解这些信息。

我们想要知道的是,核国家潜在受害国的领导人会不会因为对手拥有核武器而感到更加恐惧。或者,更确切地说,对核武器的恐惧如何影响了对和平与战争拥有最终决定权的少数精英的决策过程;而在实践中,这样的影响力是否恰如理论阐述的那样,可以从根本上改变他们倘若没有核武器可能会作出的决策呢?

我们很难直接获得关于这类问题的证据,这不仅是因为核国家之间处于极度紧张状态的时间少得可怜,也因为相关决策是秘密地作出的。无论原因如何,我们得到的证据只能用茶叶占卜术来解读。例如,有谣言称,当苏联和中国发生冲突的时候,苏联政治局讨论了向中国使用核武器的问题,而不使用核武器的决定是以一票之差作出的。[7]我们可以在其弟弟罗伯特的回忆录中再次难得一见地了解肯尼迪总统在古巴导弹危机期间所经历的痛苦:

> 我想在这短暂的几分钟里,总统思考了他最严峻的关切。世界是否已经濒临大灾难的边缘?这是我们的错吗?是一个失误吗?还有哪些我们应该做而没做的事情?抑或我们做了哪些不该做的事情?他的手伸向他的脸,捂住了嘴巴。他张开拳头,又紧握拳头。他的面容憔悴,眼神痛苦,眼珠几乎变成了灰色。我们凝视着桌子另一头的对方。在稍纵即逝的几秒钟里,那里似乎空无一人,而他不再是总统。[8]

令人惊讶的是,另一方的尼基塔·赫鲁晓夫经历的痛苦也与肯尼迪有异曲同工之妙。这位苏联领导人回忆录中一段吐露心声的文字揭示了其绝望的心情:

我记得在长达六天或者七天的时间里威胁尤为严峻。为了让形势不再那么紧张焦灼,我对政府其他官员说:"同志们,让我们今天晚上去莫斯科大剧院吧。我们本国的人民以及外国民众将会注意到,这也许会让他们平静下来。他们会对自己说,在当前的形势下,如果赫鲁晓夫和我国其他领导人能够去剧院,那么至少我们在今天晚上可以安宁地睡一觉了。"我们试图掩饰我们的焦虑,因为这种焦虑情绪非常强烈。[9]

然而从这类文献证据中我们只能察觉两位领导人经历的折磨;我们仍然找不到其他重要时刻的证据。在这些案例中,到底是什么因素让苏联和美国决定不出手?对核报复的恐惧是如何影响这些决定的呢?

政府领导人感到的恐惧对于政府行为的影响,与其在多大程度上愿意承受敌人的破坏相关,这样说似乎是合理的。正是在担心袭击的恐惧超过了接受敌方破坏意愿的这一节点上,威慑才能发挥作用并制止侵略行为。困难在于推断出这一节点究竟是从哪里开始的。我们可能合理地期待多种因素改变一个国家的立场,例如这个国家是不是民主国家,是否在保卫自身或者援助盟国,究竟有庞大的人口还是只有数百万人口等。然而我们也应该注意到,某些证据是和这样的假定相矛盾的。在核时代早期,某些来自美国的调查对象表示,为了帮助西欧抵抗苏联的侵略,值得一千万到六千万美国人付出生命的代价。这似乎表明,与我们的预期相反,一国承受核大战后果的意愿并不会在保护盟国时大幅下降。[10]当死亡人数达到上千万或者上亿,要确定一国究竟要死多少人才能达到其不可接受的水平,已明显带有不真实的意味。

最后,对核武器的恐惧是双向的。不仅受害者感到恐惧,拥有核武器的国家也害怕使用核武库可能导致的后果。我们很少关注这个问题,它是威慑理论中缺失的重要部分。我们将会在后面的讨论中深入探讨这个问题。

总而言之,核武器应该让作为潜在受害者的一国统治精英及大众担心他们有生命之虞。我们将假定确实如此。然而读者应该知道，我们掌握的关于这个论点的证据非常少，而且往往是相互矛盾的。我们对此知之甚少。我们不知道什么样的核武器足以让侵略者因恐惧而改变计划。我们不知道如何经过推理来确定，潜在受害者在什么时候将认为破坏已达到不可承受的程度。我们并没有充分的证据表明，正如人们宣称的那样，恐吓潜在的受害者可以使之改变侵略行为；从威慑理论的支持者提出的证据中，我们可以得出截然不同的结论。最后一个问题尤其重要，这个问题的答案可能将给核讹诈生效的信念致命的一击。

## 检验威慑：危机的结果

我们必须尤为小心地研究威慑的最后一个要素。它包括一系列作为威慑理论核心观点的主张：核威胁将改变受到威胁的国家的行为；受到核报复威胁的国家将改变其侵略意图；核灾难的危险让各国领导人在相互打交道的时候采取更审慎的态度。总之，核讹诈是有效的。人们普遍而坚定地相信这些主张。它们是目前解读大国行为的起点，也是论证核武装计划合理性的出发点。

然而，这样的观点是正确的吗？这些观点反映了国际冲突的现实吗？显然，如果这样的观点并不是事实，那么单边威慑或者相互威慑就是没有根据的。如果这些观点并不正确，那么我们就要得出核武器是用来打仗的，而不是用来避免战争的结论。皇帝并没有穿衣服。某些国家之所以从事无休止而又耗资甚巨的研发和储备核武器的活动，唯一的解释就是要准备打仗。

然而，我们如何判定受到核威胁的国家是否真的改变了主意，也改变了行为呢？我们似乎可以采取三种研究战略。第一种战略是比较两组冲突，第一组包括拥有核武器的国家，第二组不包括拥有核武器的国家，看一看在第二组冲突中的各国是否更倾向于通过战争来解决冲突。

第二种战略就是系统地分析第一组核国家参与或者本应参与的冲突案例,以更密切地观察核武器对于战争结局的影响。第三种战略是分析少数最重要的案例,以在每个案例的层次上探析核讹诈的效果。

在没有拥核国家参与的危机中,我们可以使用下面两组数据中的任何一组。第一组是二战之前的危机,因为二战将结束时核武器才首次出现。第二组是二战之后的冲突,在这些案例中核武器不是或者不可能成为重要因素。我们选择了后者。我们比较了从 1945 年到 1975 年的两类冲突中参战国的行为,将核国家没有发挥作用的所有冲突与可能通过使用核武器来改变战争结果的冲突进行了比较。[11]

我们必须严谨地评估另一个重要因素的影响:危机中每个战斗方究竟多么渴望赢得争端中有价值的东西。进行这样的评估很关键。如果失败者没有尽力,我们该如何判断胜利者是否取胜了呢?或者用威慑的语言说,假如被威慑的对象并不那么在意这个议题,因此不能将冲突进行到底,我们该如何判断威慑是否有效呢?读者会发现我们在此前各章中反复探讨了这个问题。[12]

在我们第一次比较的时候,我们归根到底对一个简单的问题感兴趣:与核武器至少是个重要背景因素的冲突相比,如果冲突不涉及也不应涉及核武器,冲突参与方会不会更愿意冒险打仗?(显然,核超级大国的介入是使用核武器的必要条件。)看下面这个简单的交叉列表,就能一目了然地知道这个问题的答案(见表 4.1)。[13]

**表 4.1　国际体系中的冲突,1945—1977 年**

| | 超级大国发生战争的可能性 | | | |
| --- | --- | --- | --- | --- |
| | 无 | 低 | 有可能到很可能 | 确实发生了 |
| 不打仗 | 143<br>(69.5%) | 16<br>(59.3%) | 4<br>(28.6%) | 0 |
| 打仗 | 63<br>(30.5%) | 11<br>(40.7) | 10<br>(71.4%) | 0 |
| 合计 | 206 | 27 | 14 | 0 |

要注意在核国家不参与的情况下,通过军事手段来解决争端的可能性变化是与我们的预期相反的。在不可能使用核武器的 206 个案例中,因为拥有核武器的国家不参与,其中 69.5% 的争端是不经军事冲突解决的,30.5% 的争端是通过战争解决的。在超级大国介入可能性较低的 27 个案例中,只有 59.3% 是和平解决的,而 40.7% 是通过武力冲突解决的。最后在核对抗的可能从低到可能或很可能的 14 个案例中,通过武力来解决冲突的倾向进一步上升,28.6% 的冲突得以和平解决,71.4% 的冲突是通过军事手段解决的。

这些数据清晰而明确地传达了下面的信息:随着大国干预倾向的上升,打仗的可能性也会上升,使用核武器的可能性变得更为现实。那么为什么人们却相信相反的说法呢?这可能不过是他们一厢情愿的想法。人们宣称当使用核武器的危险上升的时候,领导人会变得更加审慎。然而这些数据并没有说明这一点。威慑被界定为当人们可能成为袭击受害者的时候所表现出的避免风险的倾向。

自从核武器出现以来,各国领导人在处理相互关系时变得更具侵略性。对于经历过二战前希特勒和东条英机不计后果的侵略的人们,这样的观点看起来令人吃惊又不可思议。有这样想法的读者应该注意,必须通过系统地比较才能得出结论。现实世界中相互矛盾之处如此之多,人们总能通过有偏见的表述来证明他们想要证明的任何观点。在核时代之前,我们当然能够找到像希特勒和东条英机那样冲动的冒险者,我们也总能发现像斯大林、佛朗哥、达拉第和张伯伦这样优柔寡断的人。我们也能对核时代的冲突得出同样的结论。只需要回顾二战结束后三场最重要的冲突,我们就能从古巴导弹危机、朝鲜战争和越南战争期间某些主要参与者的行动中得出这一结论。如果要比较希特勒和艾森豪威尔,并完全在此基础上进行总结,我们当然会说,在核时代领导人变得更加审慎了。然而,如果我们比较佛朗哥和武元甲,或者比较张伯伦和赫鲁晓夫,我们还能得出同样的结论吗?我们不能随意挑选观察对象。因为苏联没有在美国拥有核优势的情况下袭击西欧国家,或者美苏之间的争端没有升级为核冲突,或者第三次世界大战尚未爆发,就断定威慑发挥了作用,虽然看上去有道理,其实是毫无根据的。我们怎么知道苏联想袭击西欧国家,而只是因为美国享有核力量优势才改变了计划呢?从事后诸葛亮的角度看,更可能的情况是苏联根本不想,也不准备冒着和美国打仗的风险去袭击西欧国家,即使美国没有核武器也是如此。假如核武器不是一个重要因素,我们应如何确定争端升级为全面战争的风险会更大呢?我们无法确定这一点。

在我们记录的41个案例中(见表4.1),最符合我们研究目的的案例是那些至少有可能遭到超级大国干预并发生核对抗的冲突。在这41个案例中,最简单的方案就是研究那14个至少有可能升级为核战争的案例,它们最有可能展示威慑发挥作用的机制,而忽略那些不可能升级为核战争的案例。如果有证据表明,正是因为统治精英想要避免核战争的风险,我们想要舍弃的冲突才没有升级,我们舍弃它们的决定就是不明智的。然而没有证据支持这一观点。当然,与我们准备探讨的冲突相比,这些被舍弃的冲突的结局并不是对核国家更有利。此外,正是因为我们选择的14个案例足够重要,可能升级到让人们担忧可能会使用核武器的程度,它们提供了检验参与者是否在努力地避免提升核冲突风险的最佳机会。

然而,我们该如何分离出避免此类风险的努力呢?最好也最直接的方式就是观察核国家是否在与其他国家对抗时得到了它们想要的东西。如果双方都同样想得到争端中的某些东西,就可以期待出现下面的结果。非核国家必须作出让步;它可以勉为其难或心甘情愿地让步,粗暴或优雅地让步,然而它必须让步。核国家将达到目的。核国家可能是好斗的、暴虐的、自大的、善解人意的,或者庄重的。然而,经过虚张声势、会晤、妥协、登上头条新闻,核国家最终将按照自己的意志行事。如果威慑发挥了作用必将如此。

核国家应该在争端的中心议题中得到其想要的。在主战场上失利而在其他方面得到补偿不足以平衡其损失。在每一个案例中,胜利者都向失败者抛出一根骨头、一项边缘的好处,一个可能让它挽回面子的举措。专家无数次地强调应如何评估这些东西的分量。然而在我们的赋值体系中这些都不重要：只有重大议题才是重要的。

当争端一方有核武器而另一方没有核武器，我们可以比较容易地把握这个问题。然而，在相互威慑的例子中，事情变得更复杂，其中双方均拥有核武装，二者均可能成为袭击者和潜在受害者。

我们将分析下面 14 个案例：1945—1949 年中国解放战争、1948 年柏林封锁、1948 年捷克斯洛伐克政变、1950—1953 年朝鲜战争、1956 年匈牙利事件、1956 年苏伊士运河危机、1961 年柏林墙事件、1962 年古巴导弹危机、1964—1973 年越南战争、1967 年阿以战争、1968 年第二次捷克斯洛伐克政变、1969 年中苏冲突、1973 年阿以战争、1979 年中越苏争端。在这个清单上，一方拥有核武器，而对手或者完全不具备核能力，或者核武器不具备实战能力的有 7 个案例；有 4 个相互威慑案例；还有 3 个案例如此复杂，它们既可以属于这一类，也可以属于另一类。我们将分别应对每一组国家，在每一组中我们将按照时间先后顺序分析每一个案例。

## 单边威慑案例

在下面七个案例中，核国家的对手是非核国家或者核武器还不具备实战能力的国家：中国解放战争、第一次捷克政变、柏林封锁、朝鲜战争、匈牙利事件、越南战争和 1969 年中苏争端。在不同情况下，与核国家对峙的非核国家分别是另一个超级大国、一个大国或者一个小国。我们选取的 7 个案例数量并不多，然而这些案例确实提供了威慑机制发挥作用的理想条件，可以用它们来检验威慑理论。如果在这些案例中找到威慑失败的证据，意味着在其他检验中得到截然不同的结果可能性很低。对抗的结果如下：

### 中国解放战争

毛泽东领导共产党解放中国是美国遭遇的重大挫败。在从 1945 年到 1949 年的全过程中，美国在核武器方面享有霸权地位，人们对美国向日本使用核武器一定还记忆犹新。即使到最后，美国仍然强烈反对共产党执政。美国政府向蒋介石提供了外交、经济和军事援助。蒋介石在共产党的压力下失败,共产党军队将其从中国大陆赶到了台湾。美国的援助全都付诸东流。在随后几年中,这一损失从根本上动摇了美国政界的看法,改变了美国国际参与的性质。然而美国干预的可能并没有阻止中国人,他们甘愿冒任何风险。

可能有人认为,我们不应该把中国解放战争纳入案例中;这是一场全面内战,也不涉及使用核武器问题。这样的观点并不是完全没有道理的,然而当然也可以论证相反的观点。

### 1948 年柏林封锁

在柏林封锁中,争端的大致发展脉络如下。苏联违反了与同盟国签订的协议,封闭了通往柏林的道路,柏林唯一开放的就是空中路线。在争端持续的整整一年中,美国通过空中运输向柏林提供补给。苏联最终作出了让步,重新开放了通往柏林的陆上道路。这场争端的核心问题是很清楚的。毋庸置疑美国胜利了,苏联失败了。苏联在柏林享有压倒性优势,而美国享有核霸权。按照我们的解读规则,威慑生效了。

### 1948 年捷克斯洛伐克第一次政变

在 1948 年捷克斯洛伐克政变中,捷克共产党威胁使用苏联军队,控制了捷克政府。其行为和苏联对其接管政府的支持,不禁让人们惊讶地回想起希特勒的策略。美国政府和民众对此深感震惊。可能会有人认为,共产党发动政变,组建服从于苏联的新政府,这完全是一场内部冲突,而不是一场国际冲突,因此不能用这个例子来检验威慑。这种观点是错误的。揭开案例薄薄的面纱,这还是一场苏美冲突。苏联人可能认为让其追随者像捷克斯洛伐克那样行事是有风险的。我们从案例的国际影响上就可以看出其中的风险有多大,它揭开了冷战的序幕。无论如何,我们判定苏联赢得了这场冲突,威慑没有发挥作用。

### 朝鲜战争

在朝鲜战争中,威慑失败了。中心议题是中国从鸭绿江赶走美国军队,让美国军队从中朝边界后撤到朝鲜半岛中部,退到和战争之初朝鲜发动袭击时与韩国控制地带大致相同的位置。美国受到了很大的挑衅,直接参与了战争。中国军队在朝鲜半岛击败了美国军队,并与之在战场上陷入僵局(美国人再也没有回到过北方)。由于中国干预,美国承受了严重的人员伤亡和装备损失,美国的国际声望也严重受损。许多位高权重的美国民事、政治和军事精英都相信,美国应该进攻中国让战争升级。双方的终极能力差距悬殊。此外,在中国干预的全过程中,美国空军力量可以易如反掌地打击中国工业中心以及多数位于集结待命区的中国军队。美国在核武器方面仍然享有霸权地位,不必担心遭到中国的攻击,广岛和长崎的记忆仍历历在目。我们该如何解释中国人为何愿意承担风险呢?

对于中国的行为有两种解释。第一种解释是中国人仰仗苏联核武库的保护。苏联其实刚完成一次核试验,不太可能拥有数量太多的核武器。苏联当然尚未研制出能轻而易举地对美国进行核打击的运载工具,苏联本身也面临着美国报复的风险。第一个解释看上去是毫无根据的。

第二种解释是,中国人知道美国不会向他们使用核武器。确实,我们无法确定美国将使用核武器击退中国的进攻,扭转最初的挫败和最终的僵局。然而我们可以合理地期待,美国可能再次重复其五年前在广岛和长崎所为。自二战结束以来,朝鲜战争是美国经历的第一场大战,美国将其视为一场灾难性挫败。在当时的情境之下,如果中国将希望寄托在美国进行克制上,不认为自己冒着极大的风险,反而很奇怪。人们往往认为,美国的对手知道美国不会使用核武器,他们往往这样解释这些对手为何作出看上去铤而走险的选择。然而只是在人们淡忘了广岛和长崎的历史之后,这一说法才具有可信性。随后越来越多的证据表明,美国宁愿接受代价沉重的失败,也不会使用核武器。然而在20世纪50年代还没有这样的证据,这种说法在当时简直是不可思议的。

**1956 年匈牙利事件**

匈牙利事件也是一个很好的检验威慑的案例。该事件发生于我们研究时段的最后几年,由于苏联运载工具的不足,美国仍然能摧毁苏联,而不必担心苏联有效地进行报复。苏联核力量的目标是西欧。当时苏联在地理位置方面享有直接优势,而美国在破坏能力方面拥有关键优势。核心问题在于苏联能否重建对匈牙利人的统治。匈牙利人发动叛乱推翻了其苏联傀儡政府,然后退出《华沙条约》,宣布在东西方之间保持独立地位。当匈牙利人发动叛乱的时候,他们迫切期待美国能支持他们并进行干预。匈牙利人恳请西方国家,特别是美国伸出援手。当时掌权的共和党艾森豪威尔政府曾经公开承诺要帮助东欧民众获得解放,人们相信这是真诚的承诺。美国失败了,苏联胜利了。为什么苏联不害怕美国?威慑为什么失效了?

**1964—1973 年越南战争**

在整场战争期间,北越自始至终都在对抗美国。北越非常清楚美国是世界核大国,而本国没有核武器,北越为什么甘愿冒着灭亡的风险呢?或许是因为核报复的风险并不大?人们通常对北越行为给出两种解释。第一,北越可以指望苏联的帮助;第二,美国向世界保证不会在越南使用核力量。让我们来评述这两个解释。

北越和苏联之间毫无疑问有密切的关系,苏联可以和美国打核战争。然而我们并不知道苏联是否甘愿为了北越献出本国人的生命。另一个理由也值得重视。但是,北越能完全相信美国的保证吗?想一想,美国正经历着可以想象的最严峻的挑衅。其陆军已经在战场上遭到挫败。使用常规空军力量切断北越向南方运送的武器和补给的努力已彻底失败。这场战争导致美国国内出现动乱,还在摧毁美国的经济。美国的国际声望已降到了前所未有的低谷。在这样的情境之下,美国对于潜在受害者作出的自我约束的保证真的具有可信性吗?难道北越不应感到有点紧张吗?随着北越一次又一次地打败美军,它难道不应该越来越对核报复感到焦虑吗?随着美国人员伤亡和物资损失越来越大,美国难道不会更丧心病狂地试图摆脱越南战争的泥潭吗?

显然越南战争的核心问题是美国试图阻止北越控制南越。美国的损失是清楚的,威慑的失败也显而易见的。

**1969 年中苏争端**

这是中国和苏联之间两次危机中的第一次危机。在这个案例中,中国和苏联争夺对乌苏里江上珍宝岛的控制权,当时双方均已组建具有一定规模的当地部队。据报道,中国最终控制了该地区。这场冲突是中苏之间围绕如何划定边界的更大争端的组成部分,它继而也是两个共产主义超级大国之间重大而激烈的斗争的一部分。尽管从更宽泛的意义上说,两国斗争陷入了僵局,我们认为中国在冲突中获胜了。

我们可以通过分析这个案例中的核力量对比来出色地检验威慑概念。中国和俄罗斯均可以在地面动员大量部队。然而在珍宝岛事件发生时,俄罗斯是一个核大国,而中国的核能力尚不足以伤害苏联。[14] 中国唯一的运载系统是轰炸机,这些轰炸机不太可能突破苏联的空防。中国在珍宝岛事件中对苏联表现得极其强硬。如果威慑是有效的,那么苏联对中国的威慑当然没有发挥作用,正如美国对中国的威慑没有发挥作用一样。在后面将要讨论的第二次危机中,我们将目睹同样的故事再次重演。为什么面对恰好是世界上两个核大国的凶残敌人,中国人从未表现出足够的恐惧呢? 他们为什么始终如一地勇于直面风险?

## 相互威慑案例

我们有四个相互威慑的案例:1961 年修建柏林墙、1962 年古巴导弹危机、1968 年捷克斯洛伐克政变和 1979 年中苏对抗。因为涉及相互威慑,我们将通过在每个案例中探寻各方行为,来回答威慑是否发挥作用的问题。然而根据相互威慑的条件,除非竞争导致平局,一个战斗方仍然会在争端的核心问题中获胜。然而,相互威慑对于一方的胜利和另一方的失败究竟发挥着什么作用呢?

### 1961 年柏林墙事件

这个争端的核心问题显然是苏联和东德修筑柏林墙将城市一分为二的举动。之所以要修建柏林墙,是因为掌握专门技术的东德人大批叛逃,他们对东德的生活条件感到不满,经过西柏林来到西方。关键人群的叛逃对于东德的经济和士气造成毁灭性影响,政府必须采取措施遏制这股洪流。柏林墙做到了这一点:叛逃的洪水变成了涓涓细流。美国非常愤怒,但并未采取行动。

苏联在冲突中获胜,然而它的获胜是否能说明对美国的威慑取得了成功呢? 力量对比大致是这样的。苏联享有陆上优势地位,苏联核力量从1961年开始已经有能力攻击美国的领土。美国本想长驱直入夷平柏林墙，却因为苏联的核力量和核大战的危险而止步了吗？我们完全不能确定这一点。然而要记住，在几十年前的柏林封锁中，美国虽然没有面临核报复的风险，行为却同样慎重。建筑柏林墙发生在苏联的势力范围内。从某种意义上说，苏联在自己的世界巩固权力的行为是完全"合法的"。

## 1962 年古巴导弹危机

古巴导弹危机的核心问题是苏联秘密向古巴部署导弹，美国发现后想要移除这些导弹。经过一段提心吊胆、举棋不定的时期，苏联拆除了导弹，将它们打包运回本国。我们认为古巴导弹危机明显是美国的胜利和苏联的失败。

有人不同意这样的评价。他们认为苏联也胜利了，理由是在谈判期间，苏联要求美国公开宣布不会再像前一年那样入侵古巴，美国同意了。那么，难道苏联不应该被称为胜利者吗？在我们看来，这对案例的性质作出了完全错误的评价，显然违反了我们的评判标准。在古巴导弹危机中，核心问题就是导弹的存在。顺便说一下，苏联人对结果的解读也和我们一样。赫鲁晓夫被赶下台的原因之一就是在古巴的惨败。如果苏联的政府和政党都要求负责任的领导人下台，很难说他们认为苏联赢得了胜利。

威慑发挥了什么作用呢？据说古巴导弹危机是威慑生效的最危险与最著名的案例。在这个案例中，双方进行了直接对抗。两个国家都有足以摧毁对方的核力量。然而由于古巴靠近美国的海岸，美国可以在争端地区使用其更优越的常规力量。这一优势是至关重要的。将导弹运往古巴的苏联战舰在海上逼近美国的封锁线，然后服从苏联指令掉转了船头。当美国告诉苏联，如果不主动移除导弹，美国就会派出部队和飞机来摧毁导弹后，已经部署在古巴的苏联导弹被拆除并被运回本国。当苏联退缩的时候，每个人都认为核威慑理论胜利了。然而如果是核威慑决定了美国的胜利，那么我们如何解释这一事实：美国并没有被苏联的核力量威慑，也没有通过诸多可能的渠道来避免核对抗。

### 1968 年捷克斯洛伐克政变

第二次捷克危机在很大程度上是十几年前匈牙利历史的重演。捷克民众反抗作为苏联傀儡的政府，并用更具独立性的政府取而代之。叛乱的暴力程度不如匈牙利事件，权力移交的过程更加合法，然而民众支持和街头暴力运动对于将苏联支持的势力赶下台，让更具民族主义特点的联盟掌控权力发挥了关键作用。在确信独立的捷克共产党可能危及苏联对该国和东欧地区统治的时候，苏联才进行了干预。苏联再次占领捷克斯洛伐克，将反叛领袖处决或关进监狱，重建了控制。美国人捏了一把汗，却没有采取行动。毕竟，东欧是苏联世界的一部分，解放东欧的计划在很早以前就已化为乌有了。

1968 年捷克斯洛伐克的案例与十几年前匈牙利的案例也有一点不同。这次苏联拥有可以威胁美国的核力量。苏联入侵捷克是否意味着威慑的失败，取决于美国是否想阻止苏联再次削弱捷克斯洛伐克的独立地位。美国在 1968 年忙于应付越南的事务。人们有这样的印象，到 1968 年国际势力范围已经被大致接受，竞争性国际秩序的两个领袖均可以自由支配其体系内小伙伴，让它们遵守规矩。苏联在捷克斯洛伐克所做的事情在当时是"合法的"。令美国无法容忍的是苏联想要将其影响力拓展到分配给它的势力范围之外，苏联在古巴的做法正是如此。

### 1979 年中越苏对抗

这个冲突实际上包含两个案例，一个是核国家和非核国家的对抗案例，另一个是相互威慑案例。苏联的盟国越南袭击并征服了中国的盟友柬埔寨，推翻该国政府，并组建了可供越南支配的政府。中国进攻越南以"惩罚"其"恶行"。在历时几周的战争之前以及战斗期间，苏联人威胁中国将采取报复行为。然而中国继续战斗，战斗按照中国公开宣布的时间表进行。中国满意地实施了"惩戒"后，从冲突中脱身并从越南撤军。中国的行为让人回想起 1961 年中印冲突。

显然越南入侵并征服柬埔寨的行为违抗了核国家的意志，当越南拒绝撤军并与中国交手的时候，其违抗行为升级了。双方均派出了上万军队，打了多场堑壕战。这样的违抗是有效的。越南成功的抵抗活动让中国接受了柬埔寨的现状。

冲突中的第二场对抗是在中国和苏联之间展开的。当中国威胁对越南进行报复然后开始进攻，苏联威胁中国倘若袭击越南的话后果将不堪设想。中国显然对此表示关切，他们重视苏联的威胁，并从某些边界城镇撤出了平民。然而中国也违抗了苏联的意志，并且持续这样做，直到中国认为已经达到目的为止。

我们当然可以这样说，越南认为它可以违抗中国而不必受到惩罚，是因为中国人明确表示，他们只是想教训越南人一下，也因为越南受到了苏联的保护。也许确实是如此。然而如果像人们常说的那样，中国的核力量足以威慑苏联，因此中国人就可以自由干预越南，那么越南人的行为又无法解释了。此外，为什么苏联如此强大的核力量却不足以阻止中国呢？我们没法回答这些问题。但是可以确定，这场冲突违反了威慑理论提出的每一个预期。一个非核国家违抗一个较弱的核国家，并逃脱了惩罚。而这个较弱的核国家也违抗了核超级大国，又逃脱了惩罚。威慑到底出了什么问题？人们假设苏联具有侵略本质，只要一有机会就要占非核国家或者更弱的核国家的便宜，这个假设为什么没有生效呢？苏联为什么没有出手呢？

## 对威慑有缺陷的验证

在最后三个案例中，我们并没有足够清晰地检验威慑的条件。尽管如此，我们将简要探讨这些案例，然而我们并不会把它们归入威慑发挥作用的案例当中。这些案例是 1956 年苏伊士运河危机、1967 年阿以冲突和 1973 年阿以冲突。

### 1956 年苏伊士运河危机

苏伊士运河危机是一个离奇的事件。危机是由法国和英国的势力煽动起来的，得到了以色列的援助，旨在重新控制此前不久被纳赛尔实现国有化的苏伊士运河。美国和苏联均威胁英国和法国，若不撤军则将遭到报复。苏联威胁进行核报复。美国对苏联的回应是，美国将保卫英国和法国，然而假如英法两国不服从，他们将遭到来自美国的经济制裁。

侵略者服从了美国和苏联的要求。

有人可能会说威慑似乎发挥作用了。如果英国和法国撤军是对苏联威胁的回应,这样的判断是有道理的。然而这样解读法国和英国的行为是匪夷所思的。苏联的威胁完全不具备可信性。苏联在当时正忙于在匈牙利做英国和法国在埃及做的事情,根本不可能发动一场重大冲突。此外,美国对苏联核报复的反威胁,在苏联还不能命中美国,而美国却能轻而易举地打击苏联的情况下,意味着苏联的核恐吓不过是虚张声势。看来让英国和法国屈服的是威胁经济制裁,而不是苏联的核报复。

另一方面,可能会有人认为,如果苏联的威胁是认真的,美国的反威胁阻止了苏联的行为,因此威慑发挥了作用。这种观点是完全没有根据的。苏联人显然是在虚张声势,美国也是如此。当然我们无法百分之百地确定。

### 1967 年和 1973 年阿以冲突

这两场冲突可以放在一起看。从威慑的角度看,这两个案例都令人费解。事实的真相是这样的:在 1967 年,以色列受到阿拉伯国家的威胁,决定率先发动袭击;此后闪电战的胜利让以色列人获得了重大的领土收益,而阿拉伯国家则颜面扫地,遭到了碾压式的失败。在第二次战争中,阿拉伯人率先发动袭击,核心问题就是夺回阿拉伯人在 1967 年失去的土地。阿拉伯人失败了,但是他们得到了展示其战斗能力的机会。他们令人耳目一新的表现被人们称作道义上的胜利。在两个案例中,两个超级大国都没有直接干预,然而美国向以色列人提供援助,而苏联向阿拉伯人提供援助。以色列取得了两场冲突的胜利,极大增强了美国在中东地区的存在。另一方面,阿拉伯人在战场上表现出色,也没有损害苏联的利益。

显然美国和苏联均未试图阻止战斗各方的冲突。1967 年苏联没有采取行动阻止以色列人获胜。在 1973 年战争中,美国和苏联再次没有干预战场上的形势,直到阿拉伯人战败为止。在阿拉伯人取得初步成功的时候,美国并没有威胁进行核报复来反制(尽管当美国人得知捷克斯洛伐克要向叙利亚运输武器的时候,美国军队进入了警戒状态)。苏联也没有尝试阻止以色列人占据上风。似乎两个超级大国都遵守这一规则,他们会帮助战斗各方靠自身实力打仗,而不会参与任何一方的战斗。如果威慑发挥了作用,那就是阻止美国和苏联干预冲突。然而我们无法知道究竟是不是如此。美国当然不准备干预,因为其支持的一方即将获胜。苏联不进行直接干预的理由是不是因为考虑到美国的核力量,却是我们不得而知的。显然战争的胜败主要是由陆地上的常规力量决定的。

我们认定在1967年战争中美国获胜了,而苏联失败了。两个超级大国均在1973年冲突中取得了胜利。然而目前我们还无法确定威慑是否在冲突中发挥了作用,以及是如何发挥作用的。

## 总结

我们从这部分分析中可以总结出几点结论。

第一,当我们比较冲突中的国家行为的时候,对比核国家参与的冲突以及核国家完全没有参与的冲突,并没有证据表明当冲突可能升级为核战争的时候,所有的国家都会更慎重。实际上我们得到的证据与这种说法恰恰相反。

第二,当我们聚焦那些很可能升级为核大战的冲突的时候,我们并没有在卷入潜在核冲突的国家行为中找到符合威慑理论假定的证据。在14个案例中,有7个案例涉及核国家与非核对手的对抗。这也是最强有力的检验威慑效力的天然标准。然而在这7个案例中,只有柏林封锁这个案例以核国家的胜利告终。我们也可以按照逻辑推导出,在这个案例中出现了威慑成功的必要条件。在其他案例中,威慑没有发挥作用。非核国家违抗、攻击并打败了核国家,而且没有受到任何惩罚。考虑到这些发现,我们确实没有发现威慑理论成立的任何证据。我们需要通过新的方式来解释核冲突中的行为。

第三,我们检验了四个相互威慑案例,分别是1968年捷克政变、1962年古巴导弹危机、1961年柏林墙事件和1979年中苏争端。在这些案例中威慑发挥作用了吗?我们在这里的答案是:"是也不是。"在每一次对抗中,显然支持或反对威慑的判断取决于观察者的视角。我们可以说在所有的案例中,胜利者都威慑了失败者。然而我们当然有义务解释为什么在相互威慑的情境下,失败者却没有阻止胜利者。我们将在本章继续检验相互威慑的有效性。

第四,在苏伊士运河危机和两场阿以冲突这三个案例中,争端均关系到超级大国的重大利益,但它们没有直接参与。我们在充分探讨了这些案例后得出的结论是,威慑和冲突结局之间的联系是如此微弱,我们在评估威慑的作用时应该慎重地舍弃这些案例。

第五,我们能否确定哪些因素决定了核对抗中的胜负呢?受到核报复威胁的国家是否会冒险违抗核国家呢?显然我们回顾的证据少得可怜,我们至多只能畅想各种可能性。然而要知道,在我们回顾的所有案例中(除了在苏伊士运河危机和柏林封锁中的美国和苏联),胜利者均享有在冲突所在地的常规军事优势。这似乎是个关键因素。如果某一方在打仗时更弱小,很可能无论其核武装的地位如何都将输掉战斗。在我们所有的案例中,战胜者都是那些无须诉诸核武器就能取胜的国家。那些不使用核武器就不能获胜的国家尽管拥有核武器却没有使用它们,最终在战争中失败了。换句话说,战胜国是无须将冲突升级就能取胜的国家。无论是在朝鲜和匈牙利这样仅一方拥有有效核武库的案例中,还是在古巴和柏林这样相互威慑有效地发挥作用的案例中,这一点均是成立的。这两类冲突的结果殊途同归,这很有说服力。因为地面部队似乎决定了战争的结局,如果我们回顾的案例发生在没有核武器的世界,结局也不太可能发生逆转。我们将在本章最后一部分继续讨论这一假设的意义。

我们并未强调我们发现的信息的另一面。人们也许会问,这些国家为什么没有在威慑失效时使用核武器,或者为什么并没有更频繁地威胁使用核武器。即使在核国家精疲力竭的时候,它们也没有认真考虑使用这些武器。如果我们仅仅考虑各国实际行动而忽视其发表的言论的话,我们也许会得出这样一个奇怪的结论,那就是核武器并不能阻止核国家的对手,只能阻止拥有这些武器的国家。我们甚至可能居心叵测地指出,根据这样的记录,核扩散是确保不爆发核战争最有效的手段。[15]

　　这些发现引出了另一个观点。正因为美国是多年来唯一的核国家，美国人做出了最多的构建威慑理论的尝试，虽然可能尚未提出最完善的威慑理论。美国人选择这样解释在核武器方面的自我约束现象，那就是这是美国文明而慈悲的国际政治文化的产物。他们认为美国别无选择。其弦外之音是，假如世界命运多舛，苏联享有压倒美国的核优势地位，苏联将不遗余力地压榨那些指望其在使用核武器方面大发慈悲的国家。这一观点展示了美国人的偏见，也被人们普遍接受。然而近期的证据让我们对这一观点产生了严重怀疑。在与中国的争端中，苏联从未大张旗鼓地威胁进行核报复，以让心怀芥蒂的邻国恢复理智，苏联的自我约束不可能是因为担心遭到核报复。[16] 可能有人会说，苏联对中国采取约束的态度并不能保证它也能对西方国家采取约束态度。然而如果苏联对中国的态度与其声明一致，中国就面临着比西方国家更危险的处境。无论如何，苏联对于中国的克制态度确实证明，我们不应毫无保留地接受"如果是苏联人而不是美国人享有核优势地位，西欧的宁静和安全将岌岌可危"这样的观点。

　　因此，无论风险如何，只要一个国家认为其行为具有合法性，它就会参与战斗。我们要提醒读者，我们将非常严谨地使用"合法性"（legiti-macy）一词。然而，没有任何一个其他词汇可以更贴切地表达我们的思想。一个国家可能行为残暴，然而我们并不是在讨论其行为的道义性质。相反，尽管这个国际行为体的行为可能令人不齿，关键在于它是否有权利做这件事。例如世界认为苏联入侵捷克斯洛伐克和匈牙利并剥夺二者自由的行为是合法的；同样的规则也适用于美国对于古巴的干预。对于划分为多个势力范围的世界，竞争性国际秩序的领导国严厉地打击其管辖范围内国家的反叛行为是"合法的"。另一方面，苏联尝试将其控制地区拓展到美国势力范围的做法被认为不具有合法性。因此，美国准备在古巴导弹危机中投入战斗，而苏联愿意让步。在核对抗中，合法性是至关重要的问题。

　　最后，我们回顾的证据显然说明，不同于人们在核时代之初的观点，核导弹并不是可以创造奇迹的武器。一切将威慑行为剥离出来的努力均以失败告终。恐怖并不能提供安全。如果不投入使用，核武器就无法带来和平,也不能保护其所有者;如果和平真的是核武器使用者的职责,那么显然巨额资金和大量工作均已付诸东流。总之,核武器无法阻止各个层次上的对抗。要相信它们能够做到这一点,就等于相信魔法。[17]

# 检验相互威慑:核军备竞赛

我们还是不能百分之百的确定。在双方都有核武器的案例中,很难将核武器对于终结冲突究竟发挥了什么作用剥离出来。我们无法证明威慑是否以这种或另一种方式按照威慑原则发挥着作用。因此相互威慑仍然是开放性案例,我们的问题中最重要部分尚未得到解决。即使我们假定某些国家的核武器无法威慑非核国家,然后得出威慑在美苏争端中也没有发挥作用的结论,这样的推论过程显然出现了不合理的跳步。许多威慑理论家确实主张,既然核武器的力量如此之大,就可以通过储存核武器来预防可能发生的核袭击。然而这个说法是正确的吗?

不幸的是,假如当事双方均拥有核武装,确定威慑对于解决争端所发挥的作用就不那么容易了。这个问题应该是显而易见的。当双方都有核力量,而冲突的结果不是平局,我们该如何知道一方的胜利和另一方的失败与核武器有什么关系呢? 我们如何解释对手坚守阵地而没有被吓阻的行为呢? 我们可以说,战败国之所以屈服是因为战胜国有核武器,并心满意足地得出相互威慑理论得到证实的结论。评论家就是这样评述古巴导弹危机的结局的。然而,有趣的是,肯尼迪总统却持不同看法。我们将美国视为古巴导弹危机中的赢家,是因为美国得到了争端中想要的东西。我们于是就此罢休,我们也不能用现有的证据得出更多结论了。然而,读者很清楚,我们尚未回答最重要的问题。那就是为什么在古巴导弹危机中,苏联被美国从岛上吓退,而威慑却没有阻止美国将苏联推向核大战的边缘呢? 如果苏联人坚守阵地,美国会被威慑吗? 这些正是我们想要回答的问题。

### 行为—回应模型

我们不能用分析核国家与非核国家对抗的方法来分析相互核威慑案例。对于相互威慑的案例,我们无法安排天然的试验。要走出这个死胡同,我们必须用另一种方式来解决问题,使用不同的数据和方法。我们需要做的是确定相互威慑运作的某个重要条件,对其进行经验控制,以检验它是否存在。在双方都有核武器的案例中,威慑理论生效的必要条件就是竞争性国家会相互回应。

根据威慑原理,担心对手拥有并威胁使用核武器,可以吓阻潜在对手发动袭击。核威慑的发生取决于攻击者是否相信防御者的报复力量。然而,威胁的可信性与每个战斗者的认知均取决于对手实际的核能力。由于情报问题,每个超级大国都无法切实评估应该担心对手的哪些杀手锏。这种恐惧驱使每个国家争先恐后地发展核能力,引发了核军备竞赛。这一切的理由很简单。如果每个国家要保障自身的安全,都必须指望其使用核报复来威胁对手的能力,那么任何一方都必须赶上对手核武库的发展速度。如果威慑力量的可信性取决于对报复的恐惧,每个核国家要想将对手的恐惧激发到必要水平,都应该明智地增加核力量以应对各类紧急情况。在核威慑理论的情境之下,我们不必假定核军备竞赛中的双方必须作出同样的努力或者拥有同等能力。然而我们必须假定,为了回应对手分配资源的行为,每一个竞争者都会分配相当多的资源来改善核能力。因此,我们必须和对手竞争甚至竞赛。即使在双方均具备第二次打击能力的时候,竞赛仍然在继续。我们必须牢记,防御者的威慑力量取决于侵略者首次攻击的破坏力。核军备竞赛、恐怖平衡和威慑的逻辑是非常相似的。[18]

如果我们在模型中加入了有效的军控协议,上述情况就会发生变化。恐惧仍然是个关键变量,是管控核武库和威慑的推动力,然而每一方均出于克制而不会让核武装超出规定的限度。双方依然在竞争,依然感到恐惧,依然在吓阻对方。

我们已经总结的观点早已为人所知。相关著述非常丰富。[19]从这些著作中,可以将符合威慑理论的替代方案表述为一个威慑模型(参见图4.2)。

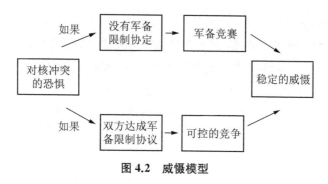

图 4.2　威慑模型

这个模型包含两个假设：

其一，如果没有限制武器的协定，对于对手武器的恐惧可能会导致军备竞赛，以确保建立稳定的威慑；

其二，如果达成了核军备控制协议，对于对手的核能力的恐惧可能会导致有限的军备竞争和稳定的威慑。

这些假设将这样发挥作用：第一，对于每一个战斗方，对于核报复的恐惧是军备竞赛、军备竞争、限制军备协议和稳定威慑的必要条件；第二，期待核武器可以吓阻其他国家，是核国家愿意提升或限制其核武库的必要条件；第三，如果尚未达成限制军备建设的协议，每一方追赶另一方军备建设的努力是稳定威慑的必要条件。[20]

要检验威慑理论的有效性，恐惧、核军备竞赛和威慑之间的所谓因果联系给了我们一个重大机会。竞争者之间的互动是威慑发生的必要条件。军备竞争显然是模型的组成部分，也最容易对其进行经验控制，我们想要检验是否出现了这一现象。如果确实出现了军备竞赛，假定它反映了符合威慑观念的相互恐惧，那么我们就可以假定发生了威慑。如果我们发现竞争者并没有相互竞争，威慑理论的根本假定就是错误的。

## 渐进模型

目前为止，我们在论述中作出的简单假定是，国家加强军备的行为大致是一种巴普洛夫式的对于对手加强军备的回应。然而我们在本章一开始就注意到，可以用截然不同的方式来解释在防务领域投入资源的行为。很多人主张,尽管凭直觉判断,从国际视角来看待防务预算是合理的,这样做却忽视了制定军事预算的关键事实。年复一年地在军事实力方面投入资源的主要动力其实来自国内,而不是国外。我们将简要陈述这一分析路径的核心假设。上一次防务拨款往往是后续向军备领域增拨款项的决策的出发点。"组织政治学"关注组织的要求、官僚联盟、派系、强大的客户以及独立的决策者联盟,倾向于增长军备。而官僚之间为争夺极其有限的资源的竞争则倾向于保持低增长。总之,预算行为在很大程度上取决于官僚和组织竞争。[21]

我们并不认为这个问题归根到底是要在军备竞赛和渐进的预算开支模型之间作出非此即彼的选择。当然,也许内部和外部压力均对防务开支决策有重要意义。多数人可能认为,"非此即彼"的假设不过是一种障眼法。按照这个观点,究竟是国际还是国内因素影响了开支的模式,并不是真正重要的问题。关键是这些内部和外部影响力在多大程度上影响了最终结果。我们将会按照这种研究路径来分析。

为了探究军备竞赛或者内部压力是否影响了防务分配的决策,学者采用了一系列风格迥异的研究路径。每份研究都提供了建议,然而没有最后的答案。[22]还应该继续推进这个问题的解决过程。

因为我们不能直接观察相互威慑,我们将检验哪些解释是正确的,观察是否满足威慑生效的必要条件。我们将通过直接观察来检验美国和苏联之间是否存在行为—回应的过程,我们也知道这一点对于保障相互威慑在一段时间内的运作是至关重要的。如果这一威慑的必要条件并不存在,我们就能假定相互威慑对核国家冲突行为的解释也是说不通的。

## 军备竞争的指标

我们将每个国家防务预算中用于进攻性战略核系统的开支作为其核能力的指标。战略核武器是指那些在全面核战争中使用的系统。在比较美国和苏联的时候,我们的核能力指标只反映了其进攻性战略力量的开支:一是提升导弹、潜艇和轰炸机运载能力的开支;二是研发和获取核炸弹的开支;三是部署和操作核战略系统的开支。[23]这样做是为了排除可能用于常规战争或者战术核对抗的武器成本。洲际弹道导弹(ICBM)和潜射弹道导弹(SLBM)属于战略武器,坦克和大炮属于常规武器,中子弹属于战术武器。然而,显然还有一类武器可以同时用于战略和非战略目标,例如 B52 轰炸机。要解决这个问题,所有包含战略功能的武器体系均被归入战略的类别之下,而不考虑其常规武器的用途。

我们的结论是,两国的进攻性战略能力可以最准确地揭示预算中用于威慑的部分。我们排除了反弹道导弹系统的成本,因为其军事有效性一直是值得怀疑的;在过去十年间这类武器系统部署的范围很窄,如今已经多半被淘汰了。

我们也决定比较战略武器系统的成本,以衡量核能力。情报部门通常使用这一指标,不仅是因为这样比较更简单(否则要比较无法操作的部分),也因为成本是决定每一个国家获取核武装的重要因素。确实,最高层的决策者一般并不具备完善的关于每种武器技术优势的知识,然而却可以通过比较本国和对手用于具体武器系统的开销差异,来有效地比较双方的努力程度。由于这个原因,在作出武器总体资源分配的决定之前,情报部门向政治决策者提供的是总成本数据,而不是复杂的武器评估报告,以供他们比较可供选择的武器。我们选择使用美元的固定币值,因为它们前后一致地反映了经过一段时间后武器能力的提升,并控制了通货膨胀因素的影响。

我们应阐明通过分析一段时间内竞争双方的预算分配来估算其核能力的假设的基础。这个假设就是只要给一个竞争者几年时间进行必要的调整,它就能赶上另一个竞争者的任何举措。因此,技术对等并不是问题。当一方的核能力增长后,另一方需要做的就是通过研发类似科技或者部署具有相同破坏力的其他武器系统来与之匹敌。例如,很多观察家指出,美国在运载工具的精度、可靠性、多目标以及潜艇技术方面居于领先地位,然而苏联可以部署更多的战略发射器、运载更大载荷的核武器来抵消美国的优势。[24]

读者可能知道,要估算美国或者苏联的战略武器开支是极其困难的,二者也是最难以比较的。在比较中难免出现偏差。我们通过几个相关因素将这类偏差的影响减到最小。我们的研究主要关注硬件和技术,使用固定价格来避免通货膨胀导致的偏差,这样就可以尽量缩小由不同定价导致的偏差。这一点很重要。我们假定苏联的武器系统是在美国制造的,通过估算这些武器在美国的造价来计算苏联的开支。这样做主要是为了解决苏联对于一切军备建设活动均严格保密的问题。此外,由于两国的经济体制和会计程序如此不同,通过其他方式来比较防务开支将非常困难。[25]此外,我们使用的成本估算反映了两国直接部署的核能力,而不是本应用于武器开支却因资金紧缺而被舍弃的项目。我们意识到我们无法消除偏差。[26]然而要记住,在美国决策者规划本国核防务开支的时候,他们使用的正是有偏差的对苏联分配的估算,而苏联领导人也是如此。我们想看看是否存在着一以贯之的系统的行为—回应过程。因此,只要开支中较小的偏差是前后一致的,并不影响我们的工作。

## 比较苏联和美国在战略系统中的投资

我们提出的第一个问题是,从 1952 年到 1976 年苏联进攻性战略系统开支的变化,是否与同期美国同类开支的变化直接相关。当然从逻辑上看,只有两种压力可以解释两国战略武器开支的增长:外部压力和国内压力。因此我们构建了一个简单的模型,以探寻两国之间是否存在行为—回应过程,每个国家是否面临内部压力。

我们需要解决一个关键问题。究竟要经过多长的时间,我们才能判断每个竞争者的开支不再是对此前敌手开支的回应呢? 有人认为这样的间隔应该短一些。在这个间隔中,防御者的报复能力或者威慑不再有效,潜在侵略者受到首先发动袭击的诱惑,向竞争者发动致命一击,也结束了竞争的过程。整个相互威慑概念的基础就是有必要避免对手获得这种优势。在理想情况下,要检验是否存在竞争或者军备竞赛,一方加强武装的计划与对方回应之间的间隔应该很短。如果规定无论某个竞争者在某一年作出什么努力,另一个竞争者均应努力在下一年赶上,这样是合理的。然而,威慑的支持者当然会主张,任何期待逐年回应的人关注的间隔太短,考虑到发现、评估、研发和部署核武器所需要的时间,这样来测试是否存在竞争可能并不公平。然而,如果直接分析逐年的回应并不是公平的测试,那么合适的间隔应该多长呢？我们认为将间隔的最大值设定为五年比较合理,宽限的时间也够长了。在核武装的情境下,在对手率先行动后,如果任何一方所谓的回应延迟了五年以上,我们就可以说其实并没有竞争,或者没有有效竞争。因此,我们的分析将搜索双方互动过程,在第一年和第五年之间寻找它们对对手此前任何时刻开支的回应。我们在讨论研究结果的时候,还会继续论述这一点。

我们作出了两个假定。我们认为决策者作出回应,是因为他们害怕对手的整个战略核武库。这个假定不同于刘易斯·理查森（Lewis Richardson）的理论,因为该理论的检验只是为了判断当一个国家的战略能力发生变化后,另一个国家是否会发生变化。我们的假设看上去更符合威慑观念,因为恐惧源于对手可能使用全部核武库,而不是源于其定期向现有库存中增加新武器。然而,我们仍然假定,两个国家的决策者都认识到了对手作出的决策,他们可以通过增加或削减预算来与之匹配。

我们的第二个假设涉及内部压力对于战略武器开支的影响。它可能涉及两类截然不同的要素。第一,这些年来人们怀疑一系列因素均与战略预算的增加相关:新兴武器技术的研究和开发进程——当研发出新兴武器科技的时候,很难抵制将其投入使用的诱惑;作出获取新武器决定的政治经济复合体;国家领导人的变化;每一年军事部门对资源的争夺等。但是我们无法确定究竟是哪个因素影响了防务分配,其压力为何有效。

第二个内部因素是贬值。与其他商品一样,储备进攻性战略武器会随时间而贬值,需要翻新、升级或更新换代才能维持其效率和有效性。我们假定随时间推移两个国家都按照同样的速度贬值。每个国家全部武器储备的价值等于所有此前的武器在考虑到贬值因素后的价值,加上现在的开支。这一假设对于我们的研究是关键的,然而应该说明该假设可能会从两方面歪曲现实。它没有考虑技术突破对于不同武器系统的影响是极不平衡的,某些武器可能会被淘汰,而其他武器却毫不受影响。例如,自从 20 世纪 60 年代,"民兵"系统一直是美国核力量的主要导弹运载系统,只是经历了改良。而战斗机技术的革新却是颠覆性的,尚未出现标准的战斗机。此外,美国和苏联战略武器储备的贬值并不一定是同步进行的。显然,两国战略武器库的组成并不相同,其成本、寿命和用途也不尽相同。例如在美国,运营和更新轰炸机群的成本远远高于苏联。苏联比美国部署了更多类型的洲际弹道导弹,然而某些苏联导弹大概已经过时了。[27]这些偏差是现实的,然而我们假定两个国家相同的贬值率是对总体现实的合理反应,因为两个国家均在维护庞大而多元化的系统,因此每个系统的偏差可以相互抵消。这一假定的主要影响是拥有战略武器储备更多的国家将比竞争者受到的影响更剧烈。

## 武力分配的正式表述

在我们描绘了各个要素之后,我们现在可以提出一个动态模型,尝试同时解释内部和外部压力的影响。考虑到下述苏联的一般方程,当然我们也完全可以照猫画虎地列出美国的公式。

$$(1.0)\ 苏联官方开支(t) = \gamma_1 + \alpha_1\ 苏联官方储备(t-1)$$
$$+ \beta_1\ 美国官方储备(t-1) + \varepsilon(t)$$

第一个要素代表美国武器储备可能对于苏联武器分配的影响,第二个要素关注苏联自身的武器储备对其新分配的影响。由于美国在每年7月公布关于战略开支的决策,而苏联在每年1月作出这类决策,我们预期苏联在向战略武器体系分配资源的时候,会对美国前一年的分配作出回应,而美国的分配则会回应同一年苏联作出的决定。因此两个等式的时间段略有差异,以弥补两国制定预算时间相差半年的差异。

我们的模型不能直接进行估算,然而可以把它简化为在数据上可追踪的形式。得到的方程可用于解释美国和苏联的战略武器开支,可表述为:[28]

$$(2.0)\ 美国官方开支(t) = \gamma_1(1-\lambda) + (\alpha_1+\lambda)美国官方开支(t-1)$$
$$+ \beta_1\ 苏联官方开支(t) + \varepsilon(t)$$
$$(2.1)\ 苏联官方开支(t) = \gamma_2(1-\lambda) + (\alpha_2+\lambda)苏联官方开支(t-1)$$
$$+ \beta_2\ 苏联官方开支(t-1) + \varepsilon(t)$$

分解因数是：

$\lambda$ = 被视为常数的贬值因数

$\gamma_1$、$\gamma_2$ = 美国和苏联的恒定影响因数

$\alpha_1$、$\alpha_2$ = 美国和苏联的内部影响因数

$\beta_1$、$\beta_2$ = 美国和苏联的外部影响因数

我们还应该进行评论。外部影响因数($\beta$)可以直接估算，而不会与内部因素混淆。然而，内部和外部资源影响是密切相关的，如果不进行干预就无法把它们分开。因为在我们使用的模型中，必须同时估算内部和外部因素。

常数因数($\gamma$)只能和贬值率($1-\lambda$)共同估算。[29]此外，内部要素的组成给我们带来了一些困难。我们所得到的内部要素结合了贬值因素以及来自政治经济联盟的压力($\alpha+\lambda$)，然而我们将尝试在分析中评估每个要素的数值。

## 总结

现在我们将探讨我们的发现。我们最初估算了美国和苏联核竞争的每一年中简化的等式；因为苏联于 1950 年首次成功爆炸了核装置，我们的分析从 1952 年开始。结果展示在表 4.2 中。[30]

**表 4.2　1952—1976 年外部和内部压力对美国和苏联的战略预算的影响**

| 美国官方开支(t) = 7.095 + 0.639 美国官方开支(t−1) − 0.345 苏联官方开支(t) | | | |
|---|---|---|---|
| 标准误差 | (3.550) | (0.165) | (0.196) |
| 显著性 | (0.058) | (0.001) | (0.094) |
| $R^2 = 0.72$ | 标准误差 = 2.82 | 显著性 = 0.000 | N = 25 |

| 苏联官方开支(t) = 1.835 + 0.933 苏联官方开支(t−1) − 0.057 美国官方开支(t−1) | | | |
|---|---|---|---|
| 标准误差 | (1.242) | (0.071) | (0.059) |
| 显著性 | (0.154) | (0.000) | (0.347) |
| $R^2 = 0.95$ | 标准误差 = 1.03 | 显著性 = 0.000 | N = 25 |

注：这些模型是稳定的，在两个版本中都没有显著的残差自相关性；自变量并不具有多重共线性。[31]

显然我们最具戏剧性的发现是,预期的两国间互动并不能解释大部分变化。外部因素在苏联的案例中从未发挥过重要作用,它对美国也并不重要。此外,即使我们不考虑显著性和关联强度,外部因素总是在发挥负面作用。实际上,当一个国家增加开支的时候,另一个国家降低了战略武器的开支。这与我们预期的两国竞争行为恰恰相反。因为内部要素可以解释模型中几乎所有的变化,我们必须得出结论,那就是内部因素决定了核武器方面的开支。因此,我们的结论是并没有发生军备竞赛,两个国家几乎没有发生竞争。我们的一般发现支持了威慑概念的创始人伯纳德·布罗迪(Bernard Brodie)最近发表的观点。

> 顺便提一句,这些(战略)部队的数量在 20 世纪 60 年代的增长速度,正如大英帝国过去的扩张速度那样,时而暴增,时而缓步推进。在 56 枚泰坦导弹之外,将美国民兵导弹的数量定为 1 000 枚而不是更少是有原因的。这也是为什么我们在已拥有 400 多架 B-52 战机的时候,选择部署 41 艘每艘能发射 16 枚导弹的北极星——波塞冬潜艇。我们在欧洲的快速反应预警部队当然也是如此。然而无论出于什么原因,它们并不是对苏联数据的回应。[32]

我们报告的数据是我们所能得到的最佳数据,值得关注的是这些数据是在行为和反应的间隔时间最短的时候得到的。也就是说,我们关注美国在某一年的资源分配是否受到前一年苏联分配的影响,苏联是否亦然。总之,一年间隔能得到最佳匹配。正如我们陈述的那样,我们检验了五年里双方延迟的反应,每一个结果都达不到我们预判的水平。有些人主张美国和苏联发生了竞争,我们可能忽视了行为和反应的模式,因为其发生的速度比我们的模型更缓慢,这种说法是不正确的。

我们应该警告读者,我们无法发现两个国家之间的互动,可能是因为可掌握数据的时间过于短暂,或者因为美国在早期已巩固了显著优势地位,只是在等待优势地位丧失之后再与苏联竞争。然而如果美国和苏联在这一时期是你死我活的敌人,为什么美国没有尝试保持其已有的核优势地位呢？当核破坏力已经达到过度杀伤程度的几倍,为什么会发生竞赛? 我们的数据无法回答这些问题。

我们第二个最重要的发现就是,战略进攻性开支与各国武器储备是密切相关的。在样本中,内部要素、贬值以及主张增加对战略武器资源分配的政治经济联盟,可以解释苏联的案例中 95% 的变化以及美国案例中 72% 的变化,尽管数据出现了几次罕见的波动。在更严格的样本中(排除 1952—1954 年以及 1965 年两个阶段),可以解释的苏联的变化基本上是不变的,而可解释的美国的变化增长到 91%。[33] 我们仅仅出于数据方面的考虑排除了异常值(我们不想过分强调结果),然而读者应该知道,无论是否包括异常值,能解释的变化水平仍然是很高的。

因此,内部因素是影响战略预算决策的主导性压力来源,尽量准确地确定两个内部因素所占比例是至关重要的。内部因素包括国内因素和贬值率。如果我们假定贬值率是一个常数,我们计算的美国和苏联内部压力水平的差距约为 0.2 或者这一系数的 20%。有趣的是,内部因素在苏联比在美国的影响力更大。然而我们如何推进研究呢? 我们能否尝试估算我们方程中的两个内部因素各占的比重是多少? 我们只要能成功地估算出两个要素中一个要素的值,就能知道另一个要素的值。

贬值是一个很好的切入点。尽管如果不能得到每个武器系统及其维护、寿命和数量等信息,估算贬值带有不确定性,然而我们可以进行非常粗略和尝试性的评估。美国处理本国武器库的经验表明,战略武器一般在 15 年到 20 年之后就会被彻底更换或者丢弃。[34] 如果确实如此,粗略地估算出的贬值率应该是 0.75。我们将继续评估政治—经济—官僚联盟对两个国家相对的影响力水平,在内部系数总值中减去贬值的因素。在苏联的案例中,系数的值是 0.92。由于贬值率为 0.75,占总数的 81%,内部压力为 0.17,必须还能解释系数中剩下 19% 的值。对于美国,内部因素是 0.72,内部压力等于 −0.3,可以解释系数多余值的 2.5%。我们的发现很清晰。苏联的趋势在加速,美国的趋势则在稍稍减速,然而由于美国最初的优势,美国仍然处于领先地位。

　　这一发现也非常耐人寻味。苏联的联盟可以比美国更有效地影响战略武器资源的分配。也许考虑到苏联经济和政治体制极其高的官僚水平,苏联表现"更出色"并不让人奇怪。

　　分析的结果清晰地表明,苏联人并不会因为美国的决定而改变本国战略武器系统资源的分配,美国同样无视苏联人的决定。现有的证据推翻了主流观念:在两个国家之间发生了军备竞赛或是直接竞争。然而,美国数据的周期性趋势是否会干扰美国和苏联开支之间的互动过程,我们得出这个结论是不是因为我们强行让周期性数据符合线性模型呢?我们借助专门用于在序列中辨析系统周期的傅里叶分析来探讨这个问题。[35]

　　我们的预判是,傅里叶合成对于苏联案例的解释力并不强(参见图 4.3)。苏联的模式仍然是线性的,随时间推移呈持续略微上升的趋势。美国案例则不同(见图 4.4)。我们可以发现系统和持续的周期性模式,说明美国开支的上下波动并不只是为了在替代贬值的硬件的同时增加资源分配。[36]这一模式能准确地预测 1974 年以后武器分配的增加,然而在线性模型中看不到这一趋势。

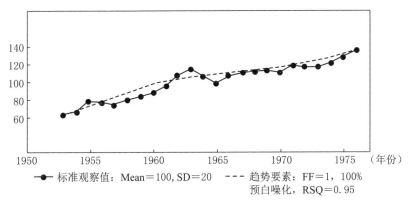

标准观察值:Mean=100, SD=20　　--- 趋势要素:FF=1, 100%
　　　　　　　　　　　　　　　　　　　　　预白噪化, RSQ=0.95

　　注:与美国相比,估算苏联的数据没有那么复杂。年度变化幅度较小可能是估算方法所致。当可以进行更精确的估算的时候,苏联序列中可能也会出现年度变化。

**图 4.3　傅里叶合成:苏联战略**

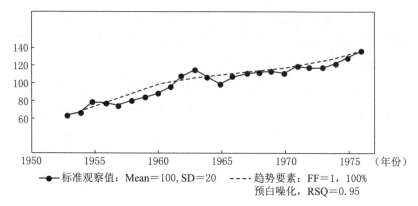

**图 4.4　傅里叶合成：美国战略**

　　最重要的是，符合去趋势模式的分析得出了 $R^2 = 0.09$，而互动的趋向是负面的。当考虑时间间隔的时候，结果的数值更低，没有出现互动迹象。结果再次清晰地说明两个趋势几乎是相互独立的，二者微弱的相关性正是与预测的趋势相反的。

　　关于美国开支周期还有最后一个尚未解答的问题。每个周期中的波峰和波谷究竟是否系统地发生于那些影响美国核武器开支的国际事件的同时？是之前还是之后呢？例如，当常规战争中常规武器占用了防务资源，战略武器的开支是否会降低？当面临核战争威胁的时候，战略武器的开支会不会增加呢？事实是不会的。美国开支的消长与外部事件无关。进行系统的分析很困难，我们可以通过几个例子来证明这一观点。在朝鲜战争期间（1950—1953 年），战略能力开支极其高，然而在越南战争期间（1965—1974 年），战略能力的开支又极其低。在古巴导弹危机导致紧张局势加剧后，资源分配却有所下降。而在越南冲突后，随着紧张局势的下降，战略开支又上升了。国际事件的行为—回应过程即使确实存在，也没有发挥什么作用。

## 战略力量的投资水平

　　我们已经两次尝试检验核心假设，两次发现均清晰地表明，并不存在竞争或者军备竞赛的必要条件。这一结果如此令人难以置信，我们将再试一次。我们可以另辟蹊径解决这个问题。我们可以监控两个国家在保障战略武装时作出的努力，如果投入水平的消长是系统相关的，我们就可以比较有把握地判断，找到了美国和苏联在战略核武器方面互动的证据。我们通过三种不同方式来估算努力水平：一是计算战略体系的开支占总防务开支的比率，二是计算其占国家总产值的比率，三是计算其占国家人均国民生产总值的比率。[37] 表 4.3 总结了我们进行的比较。

表 4.3　美国和苏联在研发战略进攻性能力方面的投入

| 年　　份 | 占总体防务开支的比率（%） | | 占国民生产总值的比率（%） | | 占人均国民生产总值的比率（%） | |
|---|---|---|---|---|---|---|
| | 美国 | 苏联 | 美国 | 苏联 | 美国 | 苏联 |
| 1951—1955 年 | 12.2 | 2.9 | 1.7 | 1.5 | 2.3 | 2.1 |
| 1956—1960 年 | 17.7 | 6.6 | 1.7 | 2.1 | 2.3 | 2.9 |
| 1961—1965 年 | 13.4 | 13.2 | 1.2 | 3.1 | 1.6 | 4.9 |
| 1966—1970 年 | 5.9 | 12.4 | 0.5 | 2.6 | 0.6 | 3.6 |
| 1971—1975 年 | 6.8 | 12.7 | 0.4 | 2.5 | 0.5 | 3.4 |

表格前两列说明了防务总开支中用于增强进攻性战略能力的部分。浏览这两列就能知道下面的故事。苏联和美国的发展路径是截然相反的。美国在前三个五年期间，投入水平高达 12% 和 17%，到最后十年投入水平仅约为此前的一半。另一方面，苏联在第一个十年投入水平低，然而在过去十五年间将投入翻了一番。表 4.3 中所有其他衡量标准也展现出同样的相反关系。总体上看，显然两个国家是沿着相反轨迹发展的。

再看进攻性支出占国民生产总值的比率，我们看到美国和苏联一开始在进攻性战略武器方面投入的国民生产总值比率是相同的，然而第一个五年是美国的峰值却是苏联的谷值。之后两个国家均呈现出线性发展轨迹。在 20 世纪 70 年代，苏联将国民生产总值的 2.5% 投入战略武器系统，而美国的开销则不到国民生产总值的 0.5%。如果我们将在战略武器方面的投资与国民生产总值结合在一起分析，将毫不吃惊地发现，两国在战略武器系统中投入的人均国民生产总值也大相径庭。美

国和苏联最初提取了几乎相同比率的人均资源:美国占 2.3%,苏联占
2.1%。而到了最后,美国占 0.5%,苏联占 3.4%。

从表格的数据中可以得到几个有趣的观点。首先,苏联人无疑更努
力。表 4.3 清楚地说明,无论是衡量在战略武器方面投入的资源占国民
生产总值的比率,还是衡量其占人均国民生产总值的比率,苏联人明显
将其拥有的更少资源中的更大部分投入战略武器方面。然而我们应该
指出,尽管美国并没有竭尽全力,美国在 20 世纪 50 年代的投入占防务
开支的比率,和苏联在 20 世纪 70 年代的投入是相等的。此外,在最后
十年中,苏联的投入已显著低于 1961 年和 1965 年的水平。第一列和第
二列数据与表格其他部分的数据有所不同。通过观察这两列数据,我们
可以知道两国军事部门决定如何使用分配给防务的资源。要知道,这些
比率数据所占的绝对总数是不同的。有趣的是,两个国家投入的低值和
高值是非常相似的。如果我们比较在第一列前两格中展示的美国从
1951 年到 1960 年用于战略分配的防务预算,与第二列最后两格中苏联
从 1966 年到 1975 年类似的开支,我们就可以更清晰地发现这一点。然
而,如果说两个国家作出了相似水平的努力,这些努力是在这一时期的
不同时间作出的,这样是否有些不公平?美国决定一开始就投入,而苏
联决定在最后投入。

毫无疑问,这些数据揭示了深层的进程,这些进程只有在我们分解
序列后才清晰可见。同时,数据明晰地表明了一个中心观点:通过分析
两国努力的模式,我们无法辨析二者互动的进程。由于缺乏这个必要条
件,美苏并没有进行直接的军备竞赛。这些发现令人惊讶,也挑战了所
有现存假设,但是我们仅仅根据数据得出了结论。

## 小　　结

我们在本章中关注一个至关重要的问题。根据我们的数据,核军备

竞赛并不是国际政治的必然现象,而不过是一种空想。我们一次又一次地尝试证明发生了军备竞争或者军备竞赛,每次均一无所获。显然美国和苏联在建设核武装,然而此举并不像其宣称的那样,是因为两国在相互竞赛或者竞争。出人意料的是,两国并没有竞争意味着并不存在威慑的逻辑条件。我们可以推导出这个结论,那就是并没有发生相互威慑。这个结论令人震惊。我们的发现并不符合人们对两个竞争者运作及互动方式的看法。

与我们观察的核时代之前的大国行为相比,在核时代参与国际冲突的大国行为是否存在根本不同呢?在核武器出现之前,大国战争的每个重要方面,从缘起、直接结果到最终结局,似乎都与国家发展和体系中主要行为体的不同增长速度相关。我们提出的问题是,核武器是否正如人们宣称的那样,已经在事实上改变了这一切。我们判断核武器并没有带来这样的改变。

和过去一样,武力及其反映出的紧张局势是国内进程的结果。外部威胁可能是最初的合法化机制,使一个国家真心实意地开始加强武装。然而,一旦武装项目启动,外部威胁对于延续它们的作用就微乎其微了。此外,核武装并不能比常规武装更有效地消除各国在社会经济和政治能力上的差异。它们并不能像人们幻想的那样,可以重新分配竞争性国家体系中的全部力量。它们并不能赋予国家领导人其梦寐以求的控制国家命运和国际和平的工具。建设核武器与对手的所作所为无关。最后,所谓核武器的奇迹特性,其实像多数奇迹一样是空中楼阁。威慑力量无法发挥威慑作用。核武库的作用与建设它们的初衷相同,那就是它们是非常可怕的待命武器。如果我们不是对于从威慑视角(威慑是研发核武器的一个可接受的正当化理由)来看待核武器有兴趣的话,我们显然会这样看待它们。

我们的发现从另一个方面挑战了与核武器相关的国际政治常识。如果核相互威慑是有效的,而美国精英和民众仍然对核武器扩散到苏联、法国、中国和印度以及在旁边跃跃欲试的国家怀有深深的恐惧,那么他们焦虑的反应已远远超出其分析问题的能力。尽管随着核武器的传播,意外发生战争的可能性将上升。同样正确的是,如果我们相信威慑理论,核武器向许多国家的扩散也会导致稳定威慑的扩散。[38]相信核威慑原则,却又认为核威慑对于和平毫无益处,这在逻辑上是自相矛盾的。另一方面,如果我们的结论是正确的,构建核武库几乎完全是国内压力的产物,而非外部因素的结果,威慑就没有生效。那么人们对于核扩散危及世界和平的恐惧就是正确的,应该阻止核扩散。

最后,应如何理解我们发现的其实并未发生战略军备竞赛,相互威慑理论无法解释加强军备以及维持和平的现象呢?目前我们还没有圆满的答案,只提出了一个也许有道理的解释。有证据表明,在二战结束后,尽管美国和苏联多次相互将对方视为深恶痛绝的竞争者,然而两国均不能正确地分析或理解这种经历。因此,从那时起直至今日,愤怒、迷茫和怀疑主导了两国关系。两国均将对方视为敌人,这一解读成为强劲而持续的战略武器建设的通行证。这些最初的印象是如何代代相传的呢?为什么会这样?美苏每一对新的领袖是如何实现社会化并用其前任的视角来看世界,而全然不顾世界的真相呢?这些还不为人所知。此外,美国提供了一个彻底颠覆战略武器目的的理由。战略武器并不是用来打仗的,而是用来维持和平的。尽管如此,从 20 世纪 40 年代末至今,人们却丝毫没有认为获取战略武器的必要性下降了。没有人去分析开始或持续武装是否真正符合当时形势的需要,或者战略武器计划是否真正与来自对手的战略打击相匹配。战略武器的研发者几乎完全在封闭体系中运作。也许他们发现两国并没有互动后并不会感到不安。

在没有竞争的情况下,我们很难评判两国疯狂储备核武装的行为。尽管如果说两者获取战略武器的进程是"神经过敏",也许言过其实。然而我们想到的就是这个词汇。那么就只好用"神经过敏"这个词汇来形容了。

这个发现完全不同于人们的预期。某些读者可能会认为这些发现和结论具有挑衅性,甚至冒犯了他们。我们的本意并非如此。我们的发现挑战了人们的直觉和当代国际政治思想的主要假设。也许我们全错了。然而我们拥有的数据却清晰地说明了问题。我们遵从数据的指引进行了分析。我们预感到对我们结论的批评将不绝于耳。对于这样的观点,我们很想重复奥利弗·克伦威尔(Oliver Cromwell)1650 年在苏格兰教会大会上的恳求:"我恳求你们,以基督的慈悲心肠想一想,你们可能错了。"

**注 释**

1. Theodore C. Sorensen, *Kennedy*(New York: Harper and Row, 1965), p.512.

2. 布罗迪(Bernard Brodie)在 1946 年提出了经典的威慑概念:"因此,在核武器时代,美国安全项目的第一步也是最重要的一步,就是采取措施确保我们在面临袭击时可以作出报复。提出这样主张的作者毫不关心谁会打赢下一场使用核武器的战争。目前为止,我们军事系统的主要目的就是打赢战争。如今其主要目的应该是避免战争。除此之外它不应有其他有用的目的。"(Bernard Brodie, ed., *The Absolute Weapon: Atomic Power and World Order* [New York: Harcourt Brace, 1946], p.76).参见 Bernard Brodie, "The Development of Nuclear Strategy," Center for Arms Control and International Security, Working Paper 11(University of California, Los Angeles, February 1978)。

3. 理查森提出了关于军备竞赛过程的经典论述。Lewis F. Richardson, *Arms and Insecurity*(Chicago: Quadrangle Books, 1960); also Samuel Huntington, "Arms Races: Prerequisites and Results," *Public Policy* 8(1958): 41—86.对于对目前数学正规化表述的优雅论证,参见 Dina Zinnes and John Gillespies, eds., *Mathematical Models in International Relations* (New York: Praeger, 1976), pt.3。

4. 出色的总结参见 Samuel Huntington, *The Common Defense*(New York: Columbia University Press, 1961); Bernard Brodie, *Strategy in the Missile Age* (Princeton, N.J.: Princeton University Press, 1959); Arnold Horelick and Myron Rush, *Strategic Power and Soviet Foreign Policy*(Chicago: University of Chicago Press, 1966); William Kaufman, *Military Policy and National Security* (Princeton, N.J.: Princeton University Press, 1956); William Kaufman, *The McNamara Strategy* (New York: Harper and Row, 1964); Henry Kissinger, *Nuclear Weapons and Foreign Policy*(New York: Harper and Row, 1957)。

5. John Foster Dulles, "Massive Retaliation," in Robert Art and Kenneth Waltz, eds., *The Use of Force* (Boston: Little, Brown, 1971), pp.128—132; Albert Wohlstetter, "The Delicate Balance of Terror," *Foreign Affairs* 37, no.2(January 1959), pp.211—256; Brodie, *Strategy in the Missile Age*, pp.267—

271; Kaufman, *The McNamara Strategy*, pp. 114—120; Glenn Snyder, *Deterrents and Defense: Toward the Theory of National Security* (Princeton, N. J. : Princeton University Press, 1961); Thomas Schelling, *Arms and Influence* (New Haven: Yale University Press, 1966); Brodie, "The Development of Nuclear Strategy," pp. 3—7.

6. Sorensen, *Kennedy*, p. 685.

7. Jonathan Pollack, "China as a Nuclear Power," in William H. Overholt, ed. , *Asia's Nuclear Future* (Boulder, Colo. : World View Press, 1977), pp. 44—45; William Griffith, ed. , *The World and the Great Power Triangles* (Cambridge: MIT Press, 1975), p. 30; H. R. Haldeman, *The Ends of Power* (New York: Quadrangle, 1978).

8. Kennedy, *Thirteen Days*, pp. 69—70.

9. Nikita Khrushchev, *Khrushchev Remembers* (Boston: Little, Brown, 1970), p. 497. 最后,我们有直接证据表明,较弱的一方相信其核能力足以让美国受到无法承受的破坏:"我要再次强调,如果任何疯子想要向我们国家发动袭击或者向其他社会主义国家发动袭击,我们已经拥有了如此多的核武器,包括原子弹和氢弹,还有必要的火箭将这些武器送上潜在侵略者的领土。我们真的可以将向我们发动袭击的一个或几个国家从地球表面抹去。"(来自 1960 年 1 月 14 日对最高苏维埃的演讲,Art and Waltz, *The Use of Force*, p. 134。)

10. 在很多威慑文献中,人们使用潜在破坏力的绝对水平来评估威慑潜力。人们假定破坏水平越高,恐惧就越大。这一水平一度被视为是武断确定的,至少在美国战略共同体中是如此:"华盛顿界定确保摧毁的标准是武断和保守的。在 20 世纪 60 年代中期,五角大楼将攻击 25% 的苏联人口和 45% 的苏联工业作为武器攻击目标的截断点。超过这一点后,防务计划者就认为,即使要在破坏水平上取得边缘性突破,也需要把武器数量增加一倍。"(John Newhouse, *Cold Dawn: The Story of SALT* [New York: Holt, Rinehart and Winston, 1973], p. 18). 最近披露的官方文件支持这个结论:"能够发挥威慑作用的并不是在部分上限制对我们的破坏的能力,而是明确摧毁攻击者作为 20 世纪可生存国家的能力以及使用这些力量报复核袭击的毫不动摇的意志……。第一个定量问题是,我们必须让袭击者承受什么类型和数量的破坏,以确保他不会发动这样的袭击?正如我几年前向委员会阐述的那样,我们无法准确地回答这个问题……。对于苏联,我判断我们摧毁苏联五分之一到四分之一的人口以及一半工业能力,就能有效实现威慑。这种水平的破坏当然对任何 20 世纪的工业化国家都是无法承受的惩罚。"(Secretary of Defense Robert S. McNamara before the Senate Armed Services Committee on the Fiscal Year, 1969—1970, Defense Program and 1969 Defense Budget, January 22, 1968 [Washington, D. C. : Government

Printing Office, 1968], pp. 47—50. )更近期的表述是："按照一种做法,策划者可以仅仅将大城市作为目标,假定人口和工业与其密切相关,并将有效性作为死亡人口和摧毁城市的函数。因此,例如苏联30%人口和200个城市被摧毁就是足以确保威慑的报复水平。"(Donald Rumsfeld, *Annual Defense Department Report*, 1978[Washington, D. C.: Government Printing Office, 1978], p. 68. )最近辩论的主题并不是必要的绝对水平,而是如何实现威慑。

11. 当然,我们的主要兴趣就是将核能力与行为改变联系在一起。有限的案例样本足以完成这一目的。我们作出选择的另一个原因就是在我们写作的时候尚未有人完整地搜集1945年以前的案例,以系统地分析危机升级为大战的可能性。匹茨堡大学戈什曼(Charles Goshman)和麻省理工学院阿尔克(Hayward Alker)的著述弥补了这一缺憾。

12. 我们补全了巴特沃思(Robert Butterworth)的著作没有列出的从1945年到1975年的每一场冲突的清单,并修正了巴特沃思对于冲突升级为大国对抗可能性的分析。我们也决定将战争界定为超过100个人伤亡的冲突。Robert Butterworth, *Managing Interstate Conflict, 1945—1974: Data with Synopsis* (Pittsburgh: University Center for International Studies, University of Pittsburgh, 1976).

13. 巴特沃思通过分析"美苏在这场冲突中发生战争的可能性有多大"这个问题,来分析国际体系中每一场冲突中超级大国之间爆发战争的可能性。我们对其解读仅作出了微小的修正。在危机中战争与和平的两级取决于危机是否会导致超过一千人或者更少的人伤亡。关于这些分析细节参见 Butterworth, *Managing Conflict*, pp. 471—474, variables 1, 4, 8。

14. 格里菲思(William Griffith)认为证据支持威慑。事实上,他认为中国因为没有有效的核力量而作出了让步。*The World and the Great Power Triangle*, p. 4. 关于后一个时期他写道:"另一个问题是苏联是否会进攻中国。在1969—1970年苏联曾考虑发动袭击,然而如今可能性降低,因为中国获得了最小核威慑能力,可以瞄准苏联包括莫斯科。这就是他们修建的当代中国长城。"(ibid., p. 30. )

15. Michael Intriligator and Dagobert Brito, "Nuclear Proliferation and the Probability of War," Working Paper, mimeograph(University of California, Los Angeles, 1979).

16. "中国自从20世纪60年中期就开始试验中程弹道导弹,主要在中国西北和东北地区部署了20枚可随时投入使用的导弹,射程高达1 000英里。"(The International Institute for Strategic Studies, *The Military Balance*, 1971—1972 [London, 1971], p. 40. )

17. 关于质疑威慑运作的早期分析,参见 Organski, *World Politics*, chap. 5。

18. 应该注意人们之所以认为军备竞赛不利于国际体系的稳定,有一个很具体的原因。这个原因并不是一目了然的,表述如下:因为大规模发展军备代价高昂,每个竞争者都尝试超过其他人,竞争的经济压力极高。弱小的国家可能会感到力不从心并落在后面,如果战争爆发的话就会面临失败的风险。唯一的解决方案就是在时不我待前奋力一搏,或者接受对手占据上风的结局。在涉及核武器的时候,这一观点是错误的。我们将会在结论部分再次探讨这一关键问题。Cf. Paul Smoker, "Fear in the Arms Race: A Mathematical Study," *Journal of Peace Research*, 1, no.1(1964):55—64.

19. 在 40 年前,理查森在其经典著作《武力和不安全》(*Arms and Insecurity*, referred to above, in n.3)一书中,正式提出一方防务预算的增长,是对手防务预算提升的结果。这种见解在应用于拥有核武器的世界的时候得以拓展,并将博弈论逻辑引入了军备竞赛,优雅地阐述了陷入"囚徒困境"的各方由于担心合作的后果,可能会采取类似军备竞赛的行为。这种说法也说明了应该如何降低这种恐惧并且逆转升级的可能。也可参见 Anatol Rapoport, "Lewis R. Richardson's Mathematical Theory of War," *Journal of Conflict Resolution* 1, 3(September 1957):249—299,及其 *Fights, Games, and Debates*(Ann Arbor, Mich.: The University of Michigan Press, 1961), chap.1;及 Anatol Rapoport and Albert M. Chammah, *Prisoner's Dilemma*(Ann Arbor, Mich.: The University of Michigan Press, 1965)。对于非正式的阐述,参见 Samuel Huntington, "Arms Races: Prerequisites and Results," pp.41—86. 对于这些丰富的文献的早期综述,参见 Peter Busch, "Mathematical Models of Arms Races," in Bruce Russett, *What Price Vigilance?*(New Haven: Yale University Press, 1970), pp.193—233。对于由收益不同导致的结果差异的重要讨论,参见 Robert Luce and Howard Raiffa, *Games and Decisions*(New York: John Wiley, 1957), pp.94—101. 对于由不同假设出发对变化作出的全面分析,参见 Dina Zinnes, John Gillespie, and Michael Rubinson, "A Reinterpretation of the Richardson Arms-Race Model," in Zinnes and Gillespie, *Mathematic Models in International Relations*, pp.189—216。最后如果我们假定存在控制论的过程,而不是理性的过程,将发生深刻变化,却不影响互动和威慑之间的关系。参见 John Steinbruner, "Beyond Rational Deterrence: The Struggle for New Conceptions," *World Politics* 28, 2(January 1976):223—245。

20. Joseph Pechman, ed., *Setting National Priorities, The 1979 Budget* (Washington, D.C.: The Brookings Institution, 1978), p.259.

21. 在国内制定预算的很多领域,渐进主义是一个主导性问题,威尔达夫斯基(Wildavsky)及其合作者提出的模型经过修正后被运用于防务政策中。克雷辛(Crecine)和坎特(Kanter)的著作使用了预算数据,塔门(Tammen)、艾利森

（Allison）、莫里斯（Morris）和霍尔珀林（Halperin）也分析了研发特定武器系统的决策过程，提供了有说服力的证据，表明防务开支的总体波动以及研发武器系统的决策在很大程度上是为了应对内部压力而作出的。最概括性的分析是 Otto Davis, M. A. H. Dempster, and Aaron Wildavsky, "A Theory of the Budgetary Process," *APSR* 60, 3（September 1966）; Aaron Wildavsky, *Budgeting, A Comparative Theory of Budgetary Processes*（Boston: Little, Brown, 1975）, pp. 47—69, 344—358; 也可参见 Morton Halperin, *Bureaucratic Politics and Foreign Policy*（Washington, D. C. : The Brookings Institution, 1974）, 及 Graham Allison and Morton Halperin, "Bureaucratic Politics: A Paradigm and Some Policy Implications," in R. Tanter and R. Ullman, eds. , *Theory and Policy in International Relations*（Princeton, N. J. : Princeton University Press, 1972）。关于防务预算的具体分析，参见 John Crecine and Gregory Fisher, "On Resource Allocation Processes in the U. S. Department of Defense," Institute for Public Policy Studies Discussion Paper No. 31（October 1971）, 及 John Crecine, "Fiscal and Organizational Determinants of the Size and Shape of the U. S. Defense Budget," Institute for Public Policy Studies Discussion Paper No. 69（April 1975）; Arnold Kanter, "Congress and the Defense Budget: 1960—70," *APSR* 66, 1（March 1972）:129—143; Graham Allison and Fredric Morris, "Armaments and Arms Control: Exploring the Determinants of Military Weapons," *Daedalus* 104, 3（Summer 1975）:99—189; Ron Tammen, *MIRV and the Arms Race: An Interpretation of Defense Strategy*（New York: Praeger, 1973）; Robert Art, *The TFX Decision: McNamara and the Military*（Boston: Little, Brown, 1968）。

22. 阿尔伯特·沃尔斯泰特（Albert Wohlstetter）为检验美国和苏联之间是否发生了核军备竞赛，核对了美国的核武器开支，发现在可以得到数据的时期，在第一个五年分配有所提升，而在第二个五年分配有所下降。Albert Wohlstetter, "Is There a Strategic Arms Race?" *Foreign Policy* 15（Summer 1974）:2—21, 及 "Rivals, But No 'Race'," *Foreign Policy* 16（Fall 1974）:48—81。然而他的发现并没有排除下面的可能，那就是美国开支的发展曲线可能是一种周期性运动的一部分，由于我们可以获得的系列数据持续时间不够长，所以未能被人发现。其发现也无法排除这一可能，那就是如果能获得苏联的数据，美苏两国开支之间的关系就更加清晰。一些学者尝试检验内部和外部因素如何同时影响分配资源以加强军备的决策，他们却无法达成目标，因为受到数据的限制，要构建一个可以将"内部"和"外部"的影响力剥离开来的模型似乎是不可能的。两个出色的研究作出了这样的尝试。瓦格纳（Wagner）、珀金斯（Perkins）和塔格佩拉（Taagepera）使用了理查森的数据，说明军备竞赛模型或渐进模型均可以很好地解释在二战之前制定军事预算的行为。因此两个模型都可能是正确的，无法区分它们的价值。David Wagner, Ronald Perkins, and Rein Taagepera, "Complete Solution to Richardson's Arms Race Equation," *Journal of Peace Science* 1, no. 2(Spring 1975): 159—172. 在第二个研究中，奥斯特罗姆（C. Ostrom）使用1954—1975 年美国和苏联的两组防务开支。他比较了两种路径，发现渐进模型和军备竞赛模型对于两个国家防务开支模式的解释力和随机模型差不多。他明智地得出了无法选择任何一种路径的结论。我们再次回到了原点。Charles Ostrom, Jr., "Evaluating Alternative Foreign Policy Decision-Making Models," *Journal of Conflict Resolution* 21, 2(June 1977): 235—265.

23. 美国国防部在 1962 年年度报告中使用了同样的分类方法。如 *Annual Defense Department Report, FY 1974*(Washington, D. C. : Government Printing Office, 1974), table 1, p. 118。美国中央情报局采用了相似的战略，评估美国和苏联在核武器领域资源分配方面所用的现金。如参见"A Dollar Comparison of Soviet and U. S. Defense Activities, 1965—1975," SR76-10053 ( February 1976), fig. 3, p. 3（此前还有一些出版物也作出了相关的评估）；"Estimating Soviet Defense Spendings in Rubles, 1970—1975," SR76-101121U(May 1976)。很多学者还使用类似的分类标准来比较军备竞赛，参见 Michael Squires, "Three Models of Arms Races," in Zinnes and Gillespie, *Mathematical Models in International Relations,* pp. 260—261; 及 Albert Wohlstetter, "Rivals, But No 'Race'," p. 62。

24. 多数观察家认为战略武器间的差距在缩小。参见 Fred Payne, "The Strategic Nuclear Balance," *Survival* (May-June 1957): 109—110; 及 Donald Rumsfeld, *Annual Defense Department Report, 1978*, pp. 60—61。人们经常会作出技术对等的假定。"要知道，我们可以观察一系列新型苏联系统，它们使用了尖端科技和生产技术；如狐蝠式飞机、核动力弹道导弹核潜艇、新型进攻性潜艇、可用于导弹和空中防御的新型雷达和导弹、反舰导弹、可用于直升机作业的反潜艇舰船，以及向越南有效引入的先进火箭发射器等更小的装备。这些系统的很多技术可以与美国的技术媲美。然而我们现有的某些系统显然更先进。" *Defense Program and Budget, FY 1971*, A Statement by Secretary of Defense Melvin R. Laird before the House Sub-committee on DOD Appropriations, p. 67 (Washington, D. C. : Government Printing Office, 1971 ). William Baugh, "An Operations Analysis Model for the of Nuclear Missile System Policies," in Zinnes and Gillespie, *Mathematical Models in International Relations,* p. 277.

25. 对于比较问题的出色综述，参见 Andrew Marshall, "Estimating Soviet Defense Spending," *Survival* 18, no. 2 ( March-April 1976): 73—79; Alec Nove, "Soviet Defense Spending," *Survival* 13, no. 10(October 1971): 328—

332，及 Michael Boretsky and Alec Nove，"The Growth of Soviet Arms Technology-A Debate，" *Survival* 14，no. 4 (July-August 1972) :169—177；W. T. Lee，"Soviet Defense Expenditures for 1955—1975，" Tempo，General Electric Company，mimeograph (July 31，1975)；William Colby (pp. 21—23) and Daniel Graham (pp. 92—95) in Joint Economic Committee，*Allocation of Resources in the Soviet Union and China*，1975 (Washington，D. C. : Government Printing Office，1975)；及 Paul Cockle，"Analysing Soviet Defense Spending: The Debate in Perspective，" *Survival* 20，no. 5 (September-October 1978):209—219。

26. 在理想情况下，我们可以通过评估两国核武库中整个核武器系统中的每个武器系统，来比较两国的核能力；将这些系统与敌对国家的系统进行比较，并以整合比较的结论来判定每个竞争者在什么程度上、以何种方式来回应对方研发特定武器系统的举措。我们必须也能整合这类比较的结果来探析总体回应模式，而不是每一个系统的回应。要知道如果不确定必要的标准，并充分掌握关于每个武器系统特点的全部信息，我们就无法进行详细的比较。情报共同体之外的学者不可能推进这样的工作。

27. 对战略体系投入资源的差异也支持这一结论。据中央情报局报道，在1967—1977 年间，"在两国洲际进攻部队中，显然可以看出对武器重视程度的巨大差异：苏联将近 60% 的美元价值投入洲际导弹部队，而美国仅仅在这个领域投入了约 20%。另一方面，美国轰炸机部队的开支占 40%，而苏联仅占不到 5%（除了'逆火'战略轰炸机）。尽管苏联同时期在研发洲际弹道导弹方面的投入每年都超过了美国，在潜艇方面的投入除了其中两年外，每年都超过美国，但美国每年在轰炸机方面的投入都更高。"(Central Intelligence Agency，"A Dollar Cost Comparison of Soviet and U. S. Defense Activities，1967—1977，SR78-10002m [January 1978]，p. 6. and fig. 3. p. 9. )

28. 更多细节参见附录 3，模型 A1.0。

29. 考虑我们假定贬值在两个国家是一个常数，我们可以从两个等式（3.0 和 3.1）中得到美国和苏联估算的常系数的比值和绝对差。

30. 本研究使用的战略核进攻力量序列来自联合经济委员会、政府优先事项和经济附属委员会以及美国国会提供的数据。这些数字直接出自 1964 年、1969 年和 1978 年的解密情报档案，这些档案目前存储于委员会文件中，其中汇总了从 1945 年到 1977 年的国防部和情报报告。

31. 参见附录 3 关于残差分析的论述。

32. Brodie，*The Absolute Weapon*.

33. 分析残差展示了美国在 1952—1954 年的异常值以及苏联在 1965 年的异常值。在不改变模型的情况下，我们重新评估了等式并且排除了这些分析，以期获得更稳定的结果,可以与最初的样本结合起来分析。结果展示在表 4.4 中。在苏联的例子中,我们因为排除了选择的几年而没有发现系数变化。美国的系数更加稳定,标准误差更小,而且表现出更强的总体契合度。

表 4.4　外部和内部压力对于美国和苏联的战略预算的影响,
1955—1964 年,1966—1976 年

美国官方开支(t) = 7.827 + 0.720 美国官方开支(t - 1) - 0.451 苏联官方开支(t)

| | | | |
|---|---|---|---|
| 标准误差 | (2.124) | (0.092) | (0.125) |
| 显著性 | (0.001) | (0.000) | (0.002) |
| $R^2 = 0.92$ | 标准误差 = 1.50 | | 显著性 = 0.000　　N = 21 |

苏联官方开支(t) = 1.932 + 0.920 苏联官方开支(t - 1) - 0.038 美国官方开支(t - 1)

| | | | |
|---|---|---|---|
| 标准误差 | (1.289) | (0.790) | (0.059) |
| 显著性 | (0.151) | (0.000) | (0.520) |
| $R^2 = 0.94$ | 标准误差 = 0.97 | | 显著性 = 0.000　　N = 21 |

34. 参见附录 3。

35. 我们非常感激洛萨达(Marcial Losada)给我们的帮助,让我们使用其和森蒂斯(Keith Sentis)在密歇根大学共同研发的多变量互动傅里叶分析合成(Multivariate Interactive Fourier Analytic Synthesizer, MIFAS)项目。我们使用傅里叶合成法的数据是因为它将一系列正弦曲线波段的代数求和叠加起来,这些正弦曲线波段深刻影响了时间序列中现象的变化。傅里叶合成法将频率范围内的简单数据转化为时间范围内的数据,并可以很容易把握数据中持续和显著的特征。将傅里叶合成法应用于静止序列具有重要意义。将最初的数据转化为包括 0 的数据,意味着单位差异并没有改变我们对互动的检验,因为产生的曲线图并不改变最初数据的结构,并可以有意义地对其进行评估。关于项目细节,参见 Marcial Losada, "Event-System Decomposition: Predicting Employee Turnover in Manufacturing"(Ph. D. diss., The University of Michigan, 1977)。

36. 使用傅里叶分析,我们能够解释的变化从 $R^2 = 0.72$ 增加到 $R^2 = 0.75$。

37. 当我们从直接比较武器的价值变为估算努力的时候,跨国分析的偏差扩大了。我们使用的比率是与使用卢布而不是美元的类似研究估算的结果一致的。参见 Central Intelligence Agency, "Estimating Soviet Defense Spending in Rubles, 1970—1975," SR76-10121v(May 1976)。国民生产总值的数据来自世界银行,World Bank, *World Tables, 1976*(Baltimore: Johns Hopkins University Press, 1976)。还需要轻微调整恒定值。

38. 为了证实核扩散可以确保稳定威慑发挥作用,而不是提升战争爆发的可能,参见 Intriligator and Brito, "Nuclear Proliferation and the Probability of War"。

# 第五章

# 结　　论

在我们的比价结束之前,现在应回顾前几章的发现,并将前面那些最重要的线索梳理到一起。我们创作本书时有好几个目标,这些目标在不同程度上不仅塑造了每个具体的部分,也塑造了其共同阐释的整体。结论第二部分将简要回顾我们的主要发现。而本书的尾声将告诉读者在我们的发现中隐含的一些新假设,我们认为这些假设非常有趣,应该明确地阐述它们。我们认为这些假设可以成为新研究的起点:勾勒研究议程总是让人心潮澎湃,我们认为这样结尾是理所应当的。这些新观念并不能真正解决国际政治或战争问题,它们提供了全新的视角来探究我们和对手系统的运作,其中人们赋予政治和战争的正常意义均深刻地发生了改变。我们的陈述并不能对这个问题盖棺论定。我们希望这是迄今为止能得出的最佳结论。如果我们的读者愿意追寻、修正,甚至反对我们写的东西,我们将会感到荣幸。如果还有人选择我们探讨的新问题作为未来研究的主题,我们将感到荣幸之至。因为倘若一本书可以孕育另一本书,这标志着特别的成功。

## 关于结构的说明

我们应该说明本书的构思,明确揭示我们在写作不同时期决定如何推进工作,以解释我们创作的潜在战略。

我们对下述问题有浓厚的兴趣:确定大战的起源、结局和影响,明确阐述国家增长在这些进程中发挥的作用,更准确地界定国家权力的性质。过去的理论和研究宣称权力是决定战争如何爆发的关键变量。此外,人们往往认为,打仗是为了维系权力,并尽可能增长权力。我们想要检验这些信念中的假设,尝试解释在冲突演变过程中关键时刻的关键行为。

我们研究战略的关键被证明是国家增长、权力和战争之间的联系。增长是权力的源泉。力量对比及其变化塑造了冲突的演变。我们首先回顾了现有假设。这些假设分析了跨越国界和跨越时期的力量对比变化模式,它们如何产生并强化了创造战争的条件,使战争的趋势变得势不可挡。我们随后考虑了传统的有关导致战争爆发的观念变化,这类变化对于战争的直接结果和重建和平后战争的长期后果均发挥着关键作用。我们随后提出了一系列竞争性假设,并对其进行了实证的证明。读者也许还记得,我们还尝试探究以战争作为检验标准来衡量国家的发展进步,通过两个机会来进行这种分析。最后一章尝试检验核力量是否已取代增长成为国际冲突中最重要的变量,因此改变了国际政治的性质;抑或恰恰相反,核武器的角色只能被正确地视为同样的增长模式的产物。

我们使用的冲突样本非常小。我们的理论兴趣让我们主要关注大战,尽管我们探讨的问题并不局限于大战。如果可能的话,组织本书的最佳方式就是使用同样的(重大)战争和同样的权力衡量标准来检验我们所有的主张。然而大战和现有国家权力的衡量标准尽管足以研究大战的起源与长期影响,却无法回答我们提出的关于战争结果的问题。研究战争的起源、结果及其影响对于估算国家能力的误差要求不同。当涉及战争后果的时候,可容忍的误差是最高的。另一方面,当我们开始探讨力量对比对于战争爆发的影响的时候,对误差的容忍度就会下降。对于这种情况,现有的衡量标准确实有所不足。而在解释战争的结果时,这些标准则是完全不够的。关键在于构建更好的模型,以直接衡量政治能力。我们清楚地知道,如果能够正确地对政治体系的能力进行经验衡量,其应用价值已远远超越了其对国家能力模型作出的决定性贡献,而且具有最重要的理论意义。阐述这样的衡量标准当然可以说是本书最重要的贡献。

然而,读者也许还记得,我们构建的衡量标准不能用于估算发达国家的政治能力,这一工作尚未完成。尽管我们发现政治能力在决定战争胜负方面发挥着关键作用,由于缺乏对发达国家政治能力的衡量标准,我们无法运用我们构建的衡量标准来研究大战,因为大战的主角是构成中心国际体系的发达国家。因此,我们别无选择,只能将研究局限于规模更小的战争,其中多数主要行为体是发展中国家。读者也知道,这类战争是检验我们新的政治能力衡量标准和国家能力模型效力的最佳案例。这方面的成功意味着突破。无论如何,从大战转向小规模的战争,从一类衡量标准到另一类标准,再回到最初的标准,满足了我们提出理论假设的要求。

最后,尽管我们可能在某一类重要冲突中成功地确定了某些塑造行为的规则,还有一个关键的问题没有解决。在核时代,规则仍然和以前一样吗? 增长、权力和战争之间的关系仍然和过去一样吗?

现在让我们开始对我们的发现进行总结。

# 大　战　的　起　源

在不同国家和不同时代,国家能力分配方式的变化与大战起源之间的关系显然具有规律性。然而,主导国和挑战者(体系中两个最强大的国家)的行为模式与大国(在权力阶梯上仅次于这两国的国家)的行为模式是截然不同的,这两种模式是显而易见的。

只要挑战者在权力上超越了主导国,二者之间就很可能发生战争。正是这样的权力转移导致系统变得不稳定,开始趋向战争。挑战者超越主导国的速度也很重要：一国超越另一国的速度越快，战争风险就越大。然而这些是必要而非充分条件。因为除非挑战者实际上超越了主导国，否则战争就不会爆发。此外，挑战者也可以在不打仗的情况下超越主导国。因此，战争并不是不可避免的。

另一方面，大国的情况不同于竞争者，其行为并不取决于增长速度。它们发现，法律和其他联系组成的网络将本国和两个最强大国家中的某一方捆绑在一起，这样的网络将其拖进了战争。

因此，战争起初是竞争者之间增长速度不同的产物；它随后达到世界大战规模，是因为每个大国都对其所在联盟的领导国负有义务。

在核时代之前，竞争者长期以来只是国际体系中的主权国家：它们拥有选择是否打仗的自由，它们在作出这一选择的时候只考虑本国利益。人们往往认为大国在作出这类决策的时候享有很大自由，然而它们似乎在很大程度上受到竞争者愿望的束缚。因此，核时代前的国际体系，在过去看上去受到当时超级大国的严格控制，正如今天的核国际体系受到核超级大国的控制那样。因此，在两个时代中，国际权力的结构并不像人们经常宣称的那样迥然不同。在核时代，唯一全新的现象就是已长期存在的现实被承认并接受了。

我们还需要进一步评论同盟的作用。同盟对于将仅限于挑战者和主导国之间的冲突拓展为世界大战方面发挥着决定性作用，它们在战争开始后对于打赢战争也发挥着决定性作用。即使在挑战者已经在权力上超过领导国的时候，挑战者的联盟仍然比主导国的联盟弱小得多。这种情况正是最初促使挑战者诉诸武力的决定性动因。作为更强大的国家，挑战者马上想要拥有它坚信按照自身实力应得之物，拒绝花时间来诱惑支持者远离过去的领导人。这是一个战略上的失误。由于支持现有领导者的联盟更强大，战争的结果已经注定了，而挑战者及其盟友将在战场上品尝失败的苦果。

我们要在这里重申第一章开头给读者的警告。我们的数据只给出了关于战争的必要而非充分条件的结论，必要条件本身不足以预测战争是否将爆发。为了作出这样的预测,我们还需要翔实的数据来说明那些对本国的和平和战争享有决定权的人如何作出决定。

# 预测战争的结果

然而这些让竞争者进入备战状态的行为能否解释一旦大战爆发谁将获胜呢?显然,问题的核心在于需要准确衡量国家的实力。要准确地衡量国家的实力,不仅需要评估潜在战斗方拥有的人力和物力资源,也需要评估它们的政治体制使用可获得的资源的能力。

一国动员其拥有的资源的水平在很大程度上取决于其政治体制提取这些资源以实现自身目标的方式。在探讨涉及经济发达国家之间的冲突,以及经济发展与政治能力提升齐头并进的案例时,不直接衡量政治能力也许还说得过去。对于这些案例,尽管无法直接衡量政治能力因素,经济表现却足以反映政治能力。然而,对于经济欠发达国家,生产力水平低并不一定意味着政治体制同样效率低下。在某些发展中国家,尽管经济生产力下降导致资源总量下降,政府所能利用的总体资源所占比率却大不相同,这取决于政治体制的效力。因此,任何对于发展中国家整体实力的估算都可能与实际情况相距甚远,除非能直接衡量政治体制的能力。

政治能力包括三个高度相关的要素:政府权力渗透本国社会的水平、政府体制从本国社会中提取资源的能力,以及政府最终运用这类资源以达到预期目标的能力。在三个因素中,我们认为第二个因素是我们想要构建的指标中最关键的因素,我们用财政收入作为衡量政治能力的指标。我们不能将这个指标用于发达国家。我们想要解决一个很简单的问题:与样本中所有其他国家相比,这个国家的政府在从民众中获取资源方面表现如何?然而,我们需要确定,可以合理地将政府在这方面的表现解读为衡量能力的标准。在欠发达国家或发展中国家,需求远远高于生产能力。因此,对于这样的案例,政府需要如此丰富的资源,提取资源受到的唯一限制就是政府获得财政收入的能力。另一方面,对于发达国家,需求与能力基本上是相互平衡的。因此,获取财政收入的表现不再被视为初步确定其能力大小的证据。

这个新指标加上经济和人口资源指标构成了完整的国家能力模型。外国对战斗者的帮助被视为受援国可用资源的一部分,因此,其由于受援国运用资源的能力不同而有所不同。

我们选择朝鲜战争、越南战争、1967 年和 1973 年阿以战争以及中印冲突作为检验案例。我们不能使用现有的衡量标准来预测前四场冲突的结果。新模型的表现超出了我们的预期。在这四场冲突中,新的衡量标准可以极其精确地预测战争的走势。在朝鲜战争中,当美国和中国参战后,新的衡量标准预测双方大致势均力敌,而中国和美国在战场上的僵局完美地回应了这个预测。在越南战争期间,在美国尚未参与时,北越比南越要强大得多,北越在战争初期和后期易如反掌地获胜完全符合这样的估计。同时,当美国军队加入在越南的战斗的时候,双方大致势均力敌。南越和美国一方或者北越和越南共产党一方均无法将对方驱逐出境。我们又一次发现实际结果完全符合预测。在 1967 年和 1973 年的阿以战争中,当以色列和阿拉伯人独立作战的时候,我们再次发现,我们对双方力量对比的评估是,以色列人和阿拉伯人在 1967 年基本上势均力敌,而以色列在 1973 年更强大。如果我们回想在 1967 年以色列偷袭阿拉伯人,而在 1973 年阿拉伯人让以色列人放松了警惕,这种对双方相对实力的评估,尽管不同于与一般人的直觉,实际上却很有道理。在中印冲突中,新的和过去的估算都说明,在双方敌对时期,中国比印度更强大,这当然在中国对印度军队的压倒性胜利中得到了证实。然而,运用新模型的衡量标准来估算,中国比此前的估算要强大得多。考虑到在双方发生冲突的时候中国的总体优势地位,中国对战场的绝对控制力,以及中国启动和终结战斗的全部能力,我们认为近期估算对于双方战斗力的评估比过去更准确。

# 凤凰涅槃因素

我们分析的战争的第三个方面涉及战争的结果对于权力的影响。从权力的角度看,战争之所以是"有意义的",不过是因为更强大的国家可以打退其挑战者,或者更弱小的国家可以凭借在军事上打败对手来削弱更强大的国家。我们的主要理论关切可以转化为下述问题。战争的结果能否决定其最终结局呢? 如果一个大国在一场重大冲突中位于胜利者一方,这能否保障其在未来的优势地位呢? 在战争之后,和其他国家相比,作为胜利者权力来源的资源库将如何变化? 资源总量会扩大、保持不变,还是减小呢? 更重要的是,如果一个国家在重大武力冲突中失败,这会不会彻底终结其耀武扬威的行为呢? 更准确地说,这个国家的权力资源会不会永久下降呢? 读者可能已经意识到,这些问题切入了过去所有的著述以及现在人们仍然在论证的有关战争、安全和国际力量对比的假设的核心。

我们要回答的问题需要进行复杂的运算。我们再次使用国民生产总值作为衡量权力的标准,正如我们在探讨战争起源时所做的那样,也是出于相同的原因。在战争中被选为检验案例的多数参与者是发达国家,对于这些国家,要评估可供其使用的权力资源库的大小,国民生产总值是最合适也最容易获得的标准。要评估作为战争结果的权力变化,我们确定的模型可以将一个国家在战前的表现一直外推到战后时期。外推法是一条线索,可以揭示倘若战争没有爆发,力量对比将发生什么变化。然后我们就可以比较每个国家的预期表现与实际表现。

我们选择的作为检验案例的战争以及作为行为体的国家包含复杂的内容。我们决定仅考虑最致命的战争,因为这些战争的影响最为深远。为了最好地反驳没有显而易见的损失不过是由于缺乏足够的动力的观点,我们选择了两场最致命的战争。因此,我们选择了历史上两场惨烈的战争:第一次世界大战和第二次世界大战。这两场战争以及由此产生的39个案例为我们提供了主要数据。这些数据有些匮乏,然而并未匮乏到无法展开我们感兴趣的合理分析的程度。在给不同行为体派定角色的时候,我们也想确保战胜国和战败国在战后付出的成本实际上与它们在战斗中发挥的作用相关,因此战后的情况可以被视为战争的结果。由于这个原因,那些没有参与战斗的国家发挥了受控者的作用。此外,我们无法保证战斗者在资源上的损失实际上是参与战争的结果。

我们思考了战争的短期和长期影响。结果让人震惊。一方面,短期结果符合我们的预期。那些不参与战争的国家的权力并未明显受到冲突的影响。其权力的表现与没有爆发冲突相差无几。作为战争的直接结果,战胜者仅承受了很小的损失。而失败者正如我们预期的那样,蒙受了沉重的损失。另一方面,从长期看,尽管中立国和战胜国这两组行为体,和战前的走势相比没有太大变化,战争对失败者的影响则是完全出人意料的。在最初的沉沦后,失败者加速了复苏过程,在战后约15到18年之后,它们又回到了倘若不打仗其可能发展到的水平。从权力角度看,它们的损失被抹平了,某些国家甚至赶超了战胜国。我们将这种不可思议的复苏称为凤凰涅槃因素。

我们不知道为什么会发生凤凰涅槃现象,失败者为什么能如此迅速地复苏。然而,我们确实知道,失败者能够复苏,并不是因为它们得到了胜利者的帮助。我们通过探析在美国提供援助的每一年中,马歇尔计划的每一个受援国的表现来验证这个假设。英国作为美国最重要的盟友,得到的援助比其他任何受援者都要多。法国得到的援助数额位居第二位。意大利在战争开始时是美国的敌人,并在战争期间决定效忠另一方,其获得的援助低于任何其他美国盟国,但是多于任何接受援助的战败敌国。德国获得的援助数量低于意大利,而日本从马歇尔计划中得到的援助最少。

我们的分析并未清晰地揭示每个国家获得的援助与其复苏速度之间的关系。然而,值得注意的是,这些国家复苏的速度与它们得到的援助数额正好呈反比:日本表现最好,其次是德国,再次是意大利,之后是法国,英国表现最差。我们很难驳斥这样的数据。无论在哪一段时间,各国的权力份额均未受到因战败而蒙受的严重损失的影响,而且有趣的是,其权力也并未因为获得外国援助而有所增加。从长远的角度看,外部变量对一个国家权力的影响似乎是微不足道的。真正重要的是体系运作的方式,包括政治、经济、社会组织,以及民众的价值。读者当然会发现,我们阐释的有关权力的内容也同样适用于增长问题。新教伦理的信奉者可能会对此感到满意:天助自助者。

# 威慑与军备竞赛

我们最后回到军事权力。在前几章中,所有现代大战的起源、结局和影响似乎都是生产力、人口增长和政治发展这些世俗变化的结果。在核时代以前的军事权力在很大程度上受到上述三个因素的影响。随着发展带来更多可供使用的资源,国家可以生产并储备更多的武器。而地震探测器的角色则由政治家来扮演。

然而,这是核时代之前世界的运作方式。学者和实践者往往坚信,核武器的出现从根本上改变了国际权力关系。尤为值得关注的是,核武器的力量如此深刻地提升了军事力量的相对影响力,提高了政治家的地位,可以让他们放手去直接控制事态的发展。

三个根本要素构成了这样的信念。第一,由于核武器不可思议的爆炸力,军事力量不再狭隘地受制于经济生产力和政府提取资源的能力。核力量的消长不再受这些制约因素的影响。据说,核扩散导致过去的国际权力等级秩序发生了重组。如果核扩散的趋势继续发展,仍将出现更大变化。第二,核武器威力惊人,甚至无须使用它们就能达到预期效果,其存在就能阻止核国家的对手发动袭击。第三,新武器具有绝对破坏力,这意味着没有一个核国家能允许其竞争者在爆炸力、运载可靠性以及导弹精确度和速度方面占据显著优势地位,尽管赶上对手取得的任何优势是保障本国安全、威慑力量和世界和平的关键。因此,军备竞赛或军备竞争与威慑之间的联系应该是显而易见的,因为威慑的基础是二者均知道双方在面临核攻击和彻底毁灭方面是同样脆弱的。

我们提出了两个问题。核国家真能发挥出所谓阻止对手的作用吗?主要核国家是否在核领域相互竞赛或者竞争呢?我们的第二个问题想达到一石二鸟之效。如果没有发生核军备竞赛,那么就有进一步的证据表明并未发生核威慑。如果既没有威慑也没有核军备竞赛,国家间政治就没有发生变化。

为了回答第一个问题,我们必须判定对手会不会因为害怕遭到核报复而不再发动袭击。在争端当事国不必担心核战争的时候,它们更倾向于诉诸武力解决争端;而在面临冲突升级风险与核对抗阴影的时候,各方将选择"让事态冷却"——事实真的是这样吗?回顾二战以来所有的国际争端,如果分别探讨核武器没有发挥作用的冲突以及核国家参与的冲突,我们将震惊地发现,实际情况并不符合人们的预期,反而与人们接受的观点大相径庭。事实上,在面临核战争风险时,人们更倾向于诉诸武力,而不是相反。当我们仔细分析那些使用核武器的风险最高的例子,我们再次发现与威慑模型的预期相反的事实。核国家往往会成为非核国家挑衅性袭击的特殊目标。这些行为简直就是在驳斥威慑模型。在冲突结束之后,没有核武器的争端当事方仍能坚守阵地。在这类冲突中,核国家多半未能实现自身的意志,而我们认为满足自身意志就是衡量威慑有效性的标准。因此,拥有核武器并不能避免核国家遭到攻击,也不会阻止非核国家击败核国家。综合考虑这些证据,如果要相信核武器即使从未投入使用,也能决定性地使冲突结果有利于其所有者,显然完全是一厢情愿的想法。

然而,我们不应就此止步。随着时间的流逝,在核时代支持威慑理论的观点被推翻了。如今人们宣称核武器并不是用来阻止非核国家的攻击的,而是用于阻止核侵略,因此双方均必须拥有核武器。

然而,要证明两个国家之间并不存在相互威慑,比一方拥有核武器而另一方没有核武器的情况更困难。在争端中,当两个核国家中的某一方向另一方作出让步，我们无法确定，一国打退堂鼓的原因与担心核报复关系不大。因此，我们必须另辟蹊径，采用间接方式来探讨这一问题。我们指出，互动是相互威慑的必要条件，两个竞争性核国家互动的最佳指标就是每一方为应对对方在核领域投入的资金而在本国核力量方面投入的资金，双方投入资金均是出于相同的原因。如果两国之间发生了这样的互动，至少我们无法证明不存在威慑。

随后，我们关注美国和苏联在战略核武器方面的投入，试图辨析两个竞争者在开支方面的系统互动模式。事实一目了然又令人震惊，那就是我们无法发现任何证据证明存在这样的模式。我们通过不断重复得到了数据。苏联行为96%的变化是由美国建设核武装之外的因素导致的。美国行为76%到91%的变化可以由本国在核领域的储备和研发所解释。而无法解释的变化也并不是源于两个核超级大国之间的互动。双方均不是在回应另一个国家的行为。

我们要说明，这就是我们的发现。我们并不知道什么因素促使一国研发核武器，然而其他解释都不能从逻辑上取代内部因素决定预算决策这个结论。然而，我们并不清楚这些压力究竟是什么，它们如何发挥作用。如果我们知道的话，我们将远远超出现在的水平。另一方面，我们确实知道，苏联的行为并不真的决定了美国核武库更新库存和扩容之举，苏联出于相同目的而进行的集中努力也不由美国的行为决定。尽管目前所有对美国和苏联行为的解释均基于与此相反的观点，我们的数据显然表明，这些解释是错误的，必须据此改变目前有关国际事务的构想。

总之，并没有什么威慑、核军备竞赛或者核恐怖平衡，我们所拥有的和平也不是由核威慑带来的。非核国家相互打仗，也与核国家打仗。有朝一日倘若核国家的特权地位或者现有国际秩序受到威胁，核国家很可能会互相使用核武器。这是最可能发生的情况，正如在过去当挑战者在权力上超越了主导国的时候，战争注定会爆发一样。

如果核武器影响了继承自核时代以前的国际政治规则，其影响力并不会按照人们期待的方向发展：武器不但没有改变这些规则，反而强化了这些规则。

# 超 越 数 据

　　作为结语，我们想要提出一系列问题。尽管这些问题现在还没有答案，它们却指向了几个未来研究的主题。它们源于我们的一些发现，显然比现有数据具有更深远的意义。(1)一国政治体制的形式对于政府的办事方式是否重要？例如，在与生活质量相关的问题之外，一国究竟是集中制国家还是民主国家是否重要呢？(2)关于战争我们究竟能够做些什么？在任何时刻是否有推行政治工程的空间？(3)最后，考虑到我们的发现，核国家在相互达成安全协议的时候可能出于什么动机呢？

　　让我们从政治体制对政府工作方式的影响讲起。人们普遍认为政体的形式非常重要。第一个主张是，民主国家的主要优势在于自由的男男女女享受的生活质量。然而这样的优势却需要在其他方面付出沉重代价。民主制的主要成本据说是效率较低，因为民主制政府很难让自由的民众一起集体行动，据说集权制国家可以解决这个问题。第二个主张认为，民主制和集权制国家的体制有所不同，民众在民主制国家可能在一定程度上控制统治精英；而集权制国家的控制则是自上而下的。

　　先探讨第一个主张。民主制国家真的没有集权制国家效率高吗？我们只有零散的证据，不足以质疑这种已广为人们接受的智慧。然而我们认为，政府有效性和政府形式之间没有明确联系。如果其他条件都相同，民主制和集权制可能是同样有效的。我们现有的零散证据似乎支持"没有联系或者联系很弱"的观点。例如，北越政治体制非常高效；然而以色列虽然是民主制国家，效率却仅略低于北越。其他学者有关二战期间主要国家动员资源来打仗的研究，再次证实了我们的怀疑。相关数据见表5.1。[1]

表 5.1 二战中选取的大国在战争中的投入占国民生产总值的比率

| 年度 | 分配的资源 | | | | | | | |
|---|---|---|---|---|---|---|---|---|
| | 美国 | | 日本 | | 德国 | | 英国 | |
| | 百分比 | 实际 | 百分比 | 实际 | 百分比 | 实际 | 百分比 | 实际 |
| 1938 | 1 | (2.0)* | 17 | (9.5)* | 30 | (28.2)* | 7 | (4.6)* |
| 1940 | 2 | (4.7) | 17 | (9.0) | 37 | (36.6) | 43 | (32.7) |
| 1941 | 11 | (29.8) | 23 | (12.3) | 41 | (41.6) | 52 | (41.7) |
| 1942 | 33 | (99.7) | 30 | (16.3) | 44 | (44.0) | 52 | (42.8) |
| 1943 | 45 | (149.7) | 42 | (22.8) | 45 | (45.4) | 55 | (46.6) |
| 1944 | 46 | (165.0) | 51 | (26.7) | 50 | (51.4) | 54 | (45.0) |

＊按照1965年的定值美元计算出的战争投入占国民生产总值的实际部分，源自麦迪逊(Maddison)收集的数据，见 n.24，chap.1。

比较最后一栏英国的数据以及第二栏和第三栏日本和德国的数据，英国显然是最重要的民主制国家之一，但它明显可以比敌国的集权政府更迅速地动员更多资源，而且持续时间更长。阿尔伯特·施佩尔(Albert Speer)睿智地指出，德国在1944年屈膝下跪的时候，比其1940年主宰欧洲的时候可以动员更多资源。然而，即使当德国和日本已经开始在战场上败退，在需要动员的资源最多的年代，德国和日本仍然无法与英国的动员水平并驾齐驱。特别让人印象深刻的是，英国在和平时代最后一年和战争第一个完整年度中动员能力的提升。德国和英国政治体制在战争中分配资源的能力可能有助于解释不列颠之战的结果。英国这一最高尚努力的结果并不是源于英吉利海峡、气候或者英国皇家空军，也与希特勒善变的战略思维无关。英国有能力击溃看上去比自身强大得多的军队，原因不过是因为英国民主政治体制可以指挥其可用资源中更大的份额投入战争，因此可以弥补英国在当时资源总量显著落后于德国的缺陷。当时丘吉尔曾经说："如此多的人需要感激如此少的人。"然而，事实恰恰相反，如此少的人应该感激如此多的人。英国皇家空军之所以能够取胜，因为英国民众聚集了足够多的资源，才能保证如此少的人完成其使命。

尽管如此，我们可以假定政治形式与国家能力是两个相互独立的因素，这样做至少具有一定合理性。我们应该进一步探究这一观点。而研究国际政治，特别是战争，为我们提供了探索这个关键领域并做出重要检验的理想机会。

我们对于集权制和民主制的第二点差异也有所怀疑：民主制中的精英受到下层的控制，而集权制的政治精英控制着其附属国和民众。我们倾向于将美国和苏联体制视为政治体制的两极。我们在这里并不关注生活质量差异，例如人权、选举、自由、动员和自我表达等，我们关注的是政府如何运作。我们认为防务资源分配应该反映出政府的运作方式。美国和苏联的运作方式显然是截然不同的。美国总统并不能控制美国体制中的庞大部门，这些部门中的精英通常可以而且确实会联合起来，在分配资源的斗争中强加其意志。美国总统为了缓解压力需要寻求帮助，这样说似乎是合理的。另一方面，苏联的控制方式据说与美国恰恰相反，是自上而下的。政府所有的公有企业控制着苏联的生产机器。在向战略防务领域分配资源方面，两国体制的行为难道不应有所不同吗？我们如何解读并没有出现不同的事实呢？然而，我们对于美国和苏联在战略核防务方面分配资源模式的分析，让我们怀疑两国社会的控制模式并不是背道而驰的，两个案例都符合同样的描述。人们执意认为，两国体制的运作方式存在根本不同，特别是在控制方面。这种说法不可能是颠扑不破的真理。

现在让我们转向第二个问题：我们该怎么做来阻止世界大战爆发呢？是否有政治工程的空间呢？我们并没有针对"战争是不是政策工具"这个问题来收集数据。然而，我们已经发现的信息已足以挑战那些已为人们接受的军事智慧的假设。例如，我们可以使用此前引述过的在重大冲突后的实际力量对比数据，看看战斗各方是否实现了其预期。这一简单的方法清晰地说明，尝试骑上虎背的人终将成为老虎的果腹之物。战争并不像人们假定的那样，是理性或有效的国家政策工具。其实，它根本就不是国家政策的工具。

可以考虑一战和二战期间德国和英国的例子。德国发动了两场战争。德国打仗是为了迫使其他欧洲国家承认其相对于所有国家的优越地位。它在两场战争中均遭遇惨败,而其损失使之遭遇了短暂的挫败;然而德国迅速恢复了其攀升速度。如今在经历两次重大失败、丧失了三分之一的人口和领土之后,德国的潜在实力仍然与倘若战争并未爆发该国应有的水平相差无几。这一发现的意义令人震惊。两场世界大战导致数千万人死亡。究竟是为了什么呢? 德国为什么发动这些战争? 再以英国为例。英国在两次世界大战中与德国交战,是为了让德国的能力低于本国水平。英国在两场战争中都获胜了,其两次胜利均使德国的权力在 10 年到 15 年间低于本国的水平。尽管英国打赢了战争,如今它却恰恰处于自己拼尽全力打仗以试图摆脱的处境之中。如果目标真的是权力,我们如何相信,从长远眼光看,正如那些发动战争的人有时宣称的那样,战争确实是政策的工具呢?[2]

人们似乎有这种印象,"政策制定者"并不会制定有关战争的政策。他们和其他人一样不过是演员,按照剧本念着自己的台词,却无法改变剧本。有人认为单纯依靠爱、容忍和理解这类高尚行为就能解决问题,他们的良好意愿使之无法理解这个问题。我们的发现显然是令人不安的。大战和军备竞赛无疑与世界各国增长模式的世俗趋势密切相关。即使是世界上最强大的国家,也不可避免地卷入这一浪潮之中。在过去十年,也有人出于与我们的研究截然不同的原因,悉心询问工业社会是否应继续按照增长的原则来组织本国经济。尽管我们在本书中的发现可用于支持类似观念,我们也对该观点的价值提出质疑。其他著者也对增长的好处表示怀疑,他们假定我们可以作出选择。我们的分析说明,所谓选择的自由在很大程度上是一种幻觉。

我们将阐释最后一个观点。在核战争中哪个时刻是最危险的呢? 读者可能已发现我们关于核军备竞赛和威慑的结论令人振奋。如果没有军备竞赛和军备竞争,如果核威慑与相互威慑观念毫无实质内容,虽然可能因误判导致令人胆战心惊的后果,那么当然没有什么核战争的风险,因为没有理由使用核武器。然而,读者并不应该长舒一口气。不应如此。没有军备竞赛或者军备竞争并不意味着我们将免于核战争的威胁。恰恰相反。

我们首先想要评论这一尚未发生的事件。我们仍然应该担心发生最糟糕的情况，但并不是因为经典理论关于常规武器竞赛的论述。经典理论将加强军备的努力与战争爆发之间的关系概述如下。大国之间的常规军备竞赛极其耗费资源。由于常规武器系统破坏力有限，需要建设庞大的常规武器库，才能真正改变一国的整体军事实力。此外，在竞争形势下，每一方根据定义均试图投入尽量多资源，总是尝试提升自身和对手的努力程度。某一个竞争者早晚会筋疲力尽并处于落后地位。然而军备竞赛的失败者却不能容忍自己远远地落在后面，因为在这种情况下，一旦战争爆发，它将难免战败的命运。它将别无选择只能奋力一搏。

然而，核武器竞争并没有这一引爆机制。核武器效力很高，可以长期提升一国的破坏力，无须过多浪费资源。随着科技进步，武器系统变得非常先进，无须严重依赖人力指导或维护，因此成本将进一步大幅下跌。一个例子可以说明这一点。美国不断削减向战略武器分配的资源，然而所有的报告均显示其核武库的效力在提升。想一想，一架 B52 轰炸机的年均运营成本是一艘核潜艇的两倍。而前者的运载能力远不及后者。核潜艇可以运载 20 枚多弹头导弹，能有效地分别摧毁共计 148 个目标。地面导弹系统的成本更低，技术进步似乎注定将节省更多的开支。从这一点看，核战略武器库存的增加可被视为在囤积没有引信的炸药。

我们的结论有重要意义。其实并没有发生核军备竞赛，然而即使真的发生了核军备竞赛，它们也会不像所谓常规军备竞赛那样导致动荡不安的局面。那么政治领导人到底为什么说发生了军备竞赛呢，他们为何强调军备竞赛极其危险，需要管控？为什么这些领导人往往宣称他们管控了军备竞赛？为什么要有军控？为什么要有限制战略武器谈判呢？

我们能想到许多解释，然而只有一种解释符合我们的发现，那就是核武器并没有威慑效力，它们是因为内部压力而被研发出来的。当苏联人和美国人决定拥有新的武器，外部因素似乎起到了不容忽视的作用。这一观点如下所述：这归根到底是防务预算问题。领导人不断纠结于如何用可得到的资源来满足相互冲突的需求,他们为防务成本而忧心忡忡。领袖的困境与任何一个普通人在生活中面临的情况很相似。我们可以假想任何一个养家糊口的人。其偿付能力取决于他的老板、工会、政府,当然也取决于他的妻子和十几岁的孩子。对于武装项目而言,军控协定对于国家领导人很重要,因为这些协定可以让他们更容易抵制由形形色色的力量所组成的庞大联盟的要求。这些联盟在治理国家方面发挥着至关重要的作用,他们想要向防务预算分配更多资源。这些在军备"博弈"中的其他行为体,除非得到了其想要的东西,对于苏联和美国的领导人来说和敌国一样难缠。观察者很可能会关注一些表面现象:他们是下属,他们以谦卑的口吻与国家领导人沟通,他们向领导人敬军礼,他们是内阁或者政党官员,他们与领导人信奉同样的一般哲学,他们曾帮助领导人当选。如果观察者因为这些表象而相信这些人很容易控制的话,那么他就太天真了。我们几乎想要这样解释这些国家为何热衷于军控:美国总统和苏联共产党主席是天然盟友,他们共同反对其下属建立联盟,这些下属团体可能成为反对上级的默契盟友。人们一般不会这样设想国际体系的分层概念。这也是每个单元如何影响或者试图影响国际体系的政治学新观点。

从这一全新视角看,军控协定的本质就是让人满意的妥协。例如战略武器限制协定可以满足所有参与方的次佳选择。在国际共识的基础上确定武器上限,有助于抵制内部要求在战略武器方面分配更多资源的压力。另一方面,每个国家内部要求扩大核武器领域投资的联盟,至少可以确定其在战略力量上的投入达到国际一致的水平。两者均无法得到其可能想要的一切,然而他们都能得到某些重要的东西。

读者当然会发现,这样的解释并不符合我们之前提出的核武器相对不那么昂贵的评论。因此,避免或者限制在核领域增加投入,并不会节省大笔开支。如果降低成本是军备控制的主要关切,那么为什么要尝试管控价格低廉的战略武器呢?为什么不以更加昂贵而低效的常规武器为目标呢?这是个很好的问题。答案很可能是,核领域的军控协定表明外部威胁水平显著降低,这也是总体防务预算合理化的主要依据。一旦实现削减,人们就会考虑减少预算的其他部分。常规武器虽然没有核武器那么高效,成本也更高,然而只要在安全事务中全力以赴的氛围仍然存在,它们反而更不容易受到削减预算的影响。我们要说清楚,军备的压力并不会因为达成军控协定而终结,却可以因此而略微有所缓解。

现在回到主要问题上。事实是核武器没有威慑效力,在威慑失败时也没有投入使用,这是否意味着核武器将永远不被使用呢?如果我们认为事实确实如此,就可以感到宽慰,然而不幸的是事情并非如此。

回顾我们的发现,我们知道了些什么呢?第一,有充足的证据表明,核武器在投入使用之前并不会改变国际政治中行为体的冲突行为。第二,核武器并没有威慑效应。第三,不可能向非核国家使用核武器。第四,在我们的案例中,两个超级大国直接对抗的案例只有一个。在这个案例中,核武器的威慑效果比较模棱两可,它们当然没有被使用。然而确实不可能只用一个案例来进行总结。我们只能进行猜测。

如果核武器没有威慑效果,美国和苏联继续研制这类武器的原因在于,它们希望这些武器在必要时触手可及。在过去没有使用核武器是因为使用核武器的条件并不存在,也就是说核国家并不足够在意冲突。然而在什么条件下可能使用核武器呢?

我们认为,使用核武器的条件与促使挑战国和主导国在核武器出现之前打世界大战的条件相同。让我们回到第一章的观点和发现。简而言之,我们发现,如果挑战者的整体国家能力赶超了主导国,竞争者就会卷入世界大战。我们要强调我们所探讨的国家能力包括经济、社会和政治能力,而不考虑军事力量。军事力量的优势无法弥补一国在社会经济和政治能力方面的差异。[3]如果挑战者赶超了主导国,领导地位的变化或者体系的变化可能呼之欲出。至少可能尝试发生这样的变化。战争将接踵而至。已巩固领导地位的国家通过打仗来维护其控制力,而挑战者打仗是为了获得仰仗实力应属于它的东西。我们现在可以指出,如果发生这样的变化时双方均有核武器,那么使用核武器的危险是最大的。

我们可以尝试作出更具体的预测。我们至少可以列举出在可能发生的戏剧中的主要行为体。他们也是当今主要国际冲突中的主角。这些主角包括：目前的主导国美国；如今的挑战者苏联，也是社会主义国际秩序的领导国；还有和苏联争夺社会主义世界领导权的中国。考虑到这三个国家可能获得的人力和物力资源，以及在未来几十年间其资源库的变化速度，我们猜想苏联有朝一日将接近美国而无法超越它。另一方面，考虑到中国现有的基数及其在经济发展中可能获得的收益（如果其经济确实实现了迅速发展），中国很可能赶超苏联，并在几十年后赶超美国。然而真的是这样吗？苏联和美国会不会让中国和平地赶超它们呢？读者应该记得挑战者曾经和平地实现了赶超。英国确实接纳了美国的超越。战争并不必然爆发。然而，将希望寄托于幸运以及竞争者的智慧之上是愚蠢的。谜底只有到时候才能揭晓。这三个国家的发展轨迹需要多长时间才能交叉呢？未来尚未露出曙光。尝试根据不久前的过去来推断半个世纪或者一个世纪的未来简直是不明事理。因此我们也无法作出准确的预测。也许这样会更好。

## 注　释

1. 美国和日本所占比率出自《美国战略轰炸调查》，The United States Strategic Bombing Survey, *The Effects of Strategic Bombing on Japan's War Economy*, p.16。德国和英国所占比率出自 Knorr, *The War Potential of Nations*, p.239。

2. 在二战期间，英国打仗是为了使欧洲摆脱希特勒的创伤。很多人因此理所应当地认为第二次世界大战是唯一一场一方占据全部道义正确性，而另一方则完全是邪恶化身的现代战争。然而，我们不应忽视这样一个事实：铲除希特勒是同盟国与德国交战的诸多原因之一。不要忘记，在第一次世界大战期间，当希特勒没有掌权的时候，和德国打仗的是同样的国家。

3. 在猜测的时候，我们欢迎任何证据。我们关于古巴导弹危机只掌握一些细节，然而这些细节却引人入胜。它清晰地回答了为什么美国在必要情况下愿意打核战争来阻止苏联在古巴部署导弹。人们往往认为，部署于古巴的导弹赋予苏联人美国无法容忍的军事优势。然而问题的关键并不是军事平衡。在这方面，我们应该引述肯尼迪总统的主要顾问索伦森（Theodore Sorensen）的话："事实上，如果我们考虑苏联有能力向我们发射的所有百万吨级的武器，这些部署于古巴的导弹并不会在实际上改变战略平衡……然而这一平衡在表面上会被显著改变；考虑到国家意志和世界领导地位，正如总统所说的那样，这样的表象将会改变现实。"他还曾说:"总统……更关心的并不是导弹的军事影响,而是它们对于全球政治平衡带来的影响"(Kennedy, pp.678, 683)。这样的评论与我们的观点非常契合。美国愿意为了其世界地位而战斗,为了其在苏联集团之外国际体系的主导地位而战斗。政治平衡已经受到威胁,这是因为苏联在美国后院建立了军事基地,世界民众可能会认为,美国和苏联已经平起平坐了。美国在苏联前沿地带能做的事,如今苏联也能在美国的前沿地带做到。这是美国无法容忍的。古巴抛弃了美国的体制已经够糟糕了;让古巴成为苏联的基地就是美国无法容忍的。总之,当美国在世界上的政治地位遭到质疑,它对国际秩序的主导地位受到威胁的时候,美国就愿意战斗。另一方面,苏联不愿意战斗,因为苏联知道自己没有美国那么强大;它宣称自己是最强大的完全是夸大其词,世界上其他国家也不认为苏联是主导国。世界当然不会认为部署于苏联边界的美国导弹和部署于美国边界上的苏联导弹有同样的分量。

# 附录 1
# 政治发展指标

　　财政经济学家有关税收努力的研究,特别是拉贾·切利亚和罗伊·巴尔的著述,为本附录提供了方法论背景。[1] 运用税率差异来解释不同国家在公共部门规模方面的重大差异,混淆了富国能征得更多的税是因为其税收基础更广阔的事实。要估算税收努力,我们首先要做的应该是估算税收能力,并控制在可获得资源上的差异。实际税收比率(T/GNP)是政府税收总额除以总产出所得的商。可收税能力是指在相对于系统中其他国家可获取的资源的基础上所能得到的税收。要计算该数据,应对照实际税率与资源基础中的经济指标差异,并进行回归分析得出预测值($\hat{T}$/GNP)。最后,税收努力指数是实际税率与估计税收能力的商。本附录几乎全部篇幅均在探讨在税收努力指数推导过程中的方法论问题。

## 税收能力:替代模型

　　我们使用回归技术来控制国家之间在可征税资源方面的差异。有几个公式可以最出色地表示税收能力,其中运用最广泛也最精炼的两个公式是:

1. 税收/GNP＝A＋$B_1$ 出口/GNP＋$B_2$ 农业生产/GDP
　　　　　　＋$B_3$ 矿产产量/GDP＋误差
2. 税收/GNP＝A＋$B_1$ GNP/总人口＋$B_2$ 非矿产出口/GDP
　　　　　　＋$B_3$ 矿产产量/GDP＋误差

我们出于多种原因而选择了公式 1。该公式的自变量数据更完整，也更可靠。特别是矿产出口的数据，由于在报道方面的重大变化，该数据在不同年份会发生意外波动。此外，对于发展中国家，农业生产可以直接衡量政府极难征税的那部分总产出所占的比重；而公式 2 中使用的人均国民生产总值并不能直接展现这部分内容。最后，两个公式得到的结果非常接近，但公式 1 的系数和预测值通常会更稳定。这符合我们对政治发展指标运作方式的先验预期。

# 测 量 的 误 差

此前的研究采用了求三年浮动均值的方法，以最大限度地减少年复一年的金融波动导致的指标波动。更重要的是，这样也可以减少前后报道不一致所导致的波动。我们已得到了一个完整的时间序列，因此可以通过汇集时间序列以及直接引入时间要素以让公式去趋势化的办法来控制波动。我们得到的公式如下：

税收/GNP＝A＋$B_1$ 时间＋$B_2$ 出口/GNP＋$B_3$ 农业生产/GDP
　　　　　　＋$B_4$ 矿产产量/GDP＋误差

其中：

时间＝1，2，3，…，26 对应的是 1950 年，1951 年，1952 年，…，1975 年。

汇总可以提高估算的一致性和效率。将时间序列估算值与逐年估计值进行比较，所得出的系数在多数情况下均处于在时间序列中所得到

**表 A1.1　置信区间表格**

| 汇总模型中系数 95%的置信区间 | 1954 | 1955 | 1956 | 1957 | 1958 | 1959 | 1960 | 1961 | 1962 | 1963 | 1964 |
|---|---|---|---|---|---|---|---|---|---|---|---|
| $\beta_2$:（0.062, 0.194） | 0.17 | 0.22 | 0.16 | 0.12 | 0.17 | 0.17 | 0.19 | 0.20 | 0.19 | 0.17 | 0.15 |
| $\beta_3$:（−0.189, −0.098） | −0.15 | −0.17 | −0.13 | −0.14 | −0.11 | −0.08 | −0.07 | −0.09 | −0.11 | −0.14 | −0.16 |
| $\beta_4$:（0.021, 0.217） | 0.07 | 0.15 | 0.13 | 0.01 | 0.80 | 0.09 | 0.12 | 0.14 | 0.07 | 0.12 | 0.13 |

| 汇总模型中系数 95%的置信区间 | 1965 | 1966 | 1967 | 1968 | 1969 | 1970 | 1971 | 1972 | 1973 | 1974 |
|---|---|---|---|---|---|---|---|---|---|---|
| $\beta_2$:（0.062, 0.194） | 0.11 | 0.04 | 0.07 | 0.09 | 0.07 | 0.05 | 0.08 | 0.02 | −0.005 | 0.07 |
| $\beta_3$:（−0.189, −0.098） | −0.16 | −0.19 | −0.15 | −0.16 | −0.18 | −0.18 | −0.17 | −0.20 | −0.24 | −0.30 |
| $\beta_4$:（0.021, 0.217） | 0.17 | 0.14 | 0.19 | 0.17 | 0.15 | 0.17 | 0.17 | 0.32 | 0.10 | −0.02 |

系数的含义：

2 出口/GNP

3 农业生产/GDP

4 矿业生产/GDP

注：左栏中的置信区间是根据汇总模型的估计值估算得出的。右侧每一栏中的数据是运用横截面估算法逐年计算出的系数数值。例如，1954年就是运用跨部门横截面估算法得出的该年度回归系数 $\hat{\beta}_2$ 的数值。它位于参数 $\beta_2$ 的置信区间中。例如，1954年的置信区间中第一个数值（0.17）就位于参数 $\beta_2$ 的置信区间中（0.062，0.194）。

的系数的置信区间内（见表A1.1）。请注意，在1973年之前，只有极少数运用横截面回归法得到的系数偏离了汇总模型中95%的置信区间。主要偏差仅出现在1966年的出口系数以及1957年和1971年的矿产产量/GDP。1973年和1974年的结果更加不稳定，这主要源于估算时国家样本之间的差异。这种差异是由于可获取的数据大幅减少造成的，也意味着1950—1953年间无法使用横截面估算法。

由预测值（税收/GNP）所测量的税收能力数据也非常接近逐年估计所得到的数据，然而这些数据并未在国家样本减少的年份发生大幅波动。序列中的趋势是积极的，也是大规模的。这反映了一个事实，那就是在经济生活的各个阶段，多数发展中国家政府的参与均有所增加。这部分是因为其发展中经济体的复杂性在加深，也很可能在很大程度上源于一个进程，那就是随着政府在国家经济生活中直接发挥作用，政府行为的社会化和中央化进程在深化。因此，随着时间的推移，从汇总时间序列回归分析中得出的税收能力指数的数据是稳定的。另一个优势我们目前尚未探讨到，就是在短期内是否可能直接外推未来的时间点。

# 集中制经济体

集中制经济体国家和开放经济体国家的税收制度有深刻的差异。在开放经济体中，政府通过直接或间接对工业、农业、商业和劳动力的收益收税来提取资源。另一方面，在集中制经济体中，政府通过直接或间接地对国有工业的利润收税，控制劳动者薪水以及集中控制工农业产品的买卖来提取资源。因此，在集中制经济体中没有必要对采矿作业或者进出口进行征税。因此，将共产主义国家（中国、北越和朝鲜）纳入样本彻底改变了出口和采矿的系数。它对数据发出了变号指令，使估算变得无意义。显然在同一个公式中有两个模型在发挥作用。考虑到可获取的案例数量，最简单的解决方案就是为不同类型的经济体加入一个虚拟

变量,并确定其效果。我们是这样修正的:

$$税收/GNP = A + B_1\ 时间 + B_2\ 经济体类型 + B_3\ 出口/GNP$$
$$+ B_4\ 农业生产/GDP + B_5\ 矿产产量/GDP + 误差$$

其中:

对于经济体类型,0 = 开放经济体,1 = 集中制经济体。

加入这个虚拟变量后,我们所能得到的结果就具有稳定性,在数据上有意义,而且在理论上是可以接受的。为了确保所有国家的系数均是稳定的,我们对于每一个独立的指标增加了互动条件,一是时间,二是开放或集中制经济体,三是二者兼有。没有必要使用更复杂的表述方式了。随着时间推移,并未出现坡度变化,这样的结论是没有意义的。同理,单看集中制经济体,也没有发现自变量的坡度变化。考虑到我们面临的数据限制,使用最简单的等式显然是最合适的。

# 估 算 税 收 能 力

尽管我们的样本数量更有限,最后的估算再度印证了此前有关这一主题的研究的发现。结论可以通过表 A1.2 来总结。

**表 A1.2  税收能力的数据估算**

$$\frac{税收}{GNP} = 11.66 + 0.23\ 时间 + 23.87\ 经济体类型 + 13\frac{出口}{GNP} - 0.14\frac{农业生产}{GDP}$$
$$+ 0.12\frac{矿产产量}{GDP}$$

| | | | | | |
|---|---|---|---|---|---|
| 标准误差(0.71) | (0.02) | (0.79) | (0.02) | (0.01) | (0.03) |
| 偏相关系数 r | (0.30) | (0.71) | (0.21) | (−0.32) | (0.13) |

标准误差 = 5.05
$R^2 = 0.58$
N = 988 中的 909
显著性 = 0.001,所有系数

首先,我们认为那些尚未解释清楚的 40% 的差异源于政治能力,而不是经济能力。这些数值结果与此前估计的结果非常相似。[2]其次,系数的大小说明所有的因变量均对税收比率有很大的影响力,并且会影响预测方向上的估算。因此,集中制经济体的系数是有力而积极的,表明政府对经济行为的干预无孔不入。所有的结果都是有意义的。

在误差项 $\varepsilon_{it}$ 中,$i$ 代表国家,$t$ 代表时间。$\varepsilon_{it}$ 只要满足一些基本假设,那么将普通最小二乘估计应用于汇总模型(横截面分析中的时间序列)就是合理的。误差项可以包括两个数据上相互独立的部分:特定国家效应和余数。

$$\varepsilon_{it} = U_i + U_{it}$$

假定:

$$EV_{it}V_{i't'} = \begin{cases} \sigma_v^2, & i = i' \text{ 且 } t = t' \\ \text{否则为 } 0 \end{cases}$$

$$EU_iU_{i'} = \begin{cases} \sigma_u^2, & i = i' \\ \text{否则为 } 0 \end{cases}$$

这排除了每个国家残差之间的自相关性、不同国家残差间的共变性以及在不同时间点各个国家误差分量之间的相关性。[3]我们测试了样本国家残差之间的自相关性,并未发现严重的问题(最糟糕的情况是,在对数据进行德宾—沃森检验时,我们发现极少数国家的检验结果尚不明晰)。我们完全可以在理论基础上消除不同国家残差的共变性。如果假定我们可以逐一列出所有税收能力变量,那么模型中尚未具体列出的税收努力变量的影响就可以被误差项抵消。如果不同国家的误差项是相关的,那么随着时间的推移,每个国家的误差项的系统因素——税收努力因素就会对每个国家的税收表现产生相同的影响。然而事实并非如此;随着时间的推移,每一个国家的税收努力主要是受到公共需求或财政控制等国内独特因素的影响,只是发生远程更改的情况下,它才会与另一个国家的税收努力模式具有共变性。

# 数　　据

本研究中各要素的数据出自各类已发表和未发表的信息来源。多数经济指标出自 1975 年 10 月 13 日修订的世界银行《社会经济数据库》。附录 1 开篇引用的那篇有关税收努力的文章中的原始数据由国际货币基金组织的拉贾·切利亚和玛格丽特·凯利（Margaret Kelly）搜集。我们还引用了世界银行的阿瑟·豪斯主持的特色馆藏数据。共产主义国家的数据来自美国参议院普罗克斯迈尔参议员的办公室；特别重要的文献是《关于中国、朝鲜和北越的数据笔记》（1975 年）。关于对外援助的数据出自美国国际开发署的《美国对外援助年鉴（1960—1973 年）》以及美国国务院情报研究局的《研究学习》（年度出版的油印出版物）。

## 注　释

1. Raja Chelliah, "Trends in Taxation in Developing Countries," IMF Staff Papers(July 1, 1971), pp. 254—331; Bahl, "A Regression Approach," pp. 570—610.

2. Chelliah, "Trends in Taxation," pp. 254—331.

3. Pietro Balestra and Marc Nerlove, "Pooling Cross Section and Time Series Data in the Estimation of a Dynamic Model: The Demand for Natural Gas," *Econometrica* 34, no. 3(July 1966).

# 附录 2
# 战后美国援助

表 A2.1　1948—1961 年美国对主要国家的援助

| 年份 | 日本 | | 西德 | | 意大利 | | 英国 | | 法国 | |
|---|---|---|---|---|---|---|---|---|---|---|
| | 援助（百万美元） | 人均援助（美元） | 援助（百万美元） | 人均援助（美元） | 援助（百万美元） | 人均援助（美元） | 援助（百万美元） | 人均援助（美元） | 援助（百万美元） | 人均援助（美元） |
| 1948 | — | — | — | — | 8.3 | 0.18 | 102.3 | 2.04 | 57.6 | 1.40 |
| 1949 | — | — | 400.5 | 8.50 | 459.8 | 7.00 | 1 210.4 | 24.03 | 994.2 | 23.96 |
| 1950 | — | — | 367.3 | 7.68 | 286.9 | 6.20 | 949.0 | 18.80 | 616.5 | 14.70 |
| 1951 | — | — | 392.9 | 8.12 | 301.7 | 6.42 | 415.0 | 8.21 | 477.9 | 11.36 |
| 1952 | — | — | 147.5 | 3.03 | 216.8 | 4.58 | 304.0 | 5.99 | 473.4 | 11.18 |
| 1953 | — | — | 97.3 | 1.98 | 191.9 | 4.04 | 415.4 | 8.16 | 288.0 | 6.75 |
| 1954 | 4.4 | 0.05 | 97.1 | 1.95 | 113.4 | 2.38 | 229.9 | 4.50 | 205.3 | 4.77 |
| 1955 | 5.4 | 0.06 | 36.3 | 0.72 | 47.1 | 0.98 | 152.8 | 2.98 | 73.7 | 1.70 |
| 1956 | 1.5 | 0.02 | 14.0 | 0.28 | 18.6 | 0.39 | 34.2 | 0.67 | 53.2 | 1.22 |
| 1957 | 1.0 | 0.01 | 10.7 | 0.21 | 4.0 | 0.08 | 21.8 | 0.42 | 29.9 | 0.68 |
| 1958 | 1.7 | 0.02 | 10.5 | 0.20 | 1.0 | 0.02 | 0.0 | 0.00 | 0.2 | 0.01 |
| 1959 | 2.2 | 0.02 | 6.9 | 0.13 | 0.7 | 0.01 | 0.0 | 0.00 | 0.3 | 0.01 |
| 1960 | 2.1 | 0.02 | 8.7 | 0.16 | 0.7 | 0.01 | 0.0 | 0.00 | 0.1 | 0.00 |
| 1961 | 1.6 | 0.02 | 0.7 | 0.01 | 0.0 | 0.00 | 0.0 | 0.00 | 0.0 | 0.00 |

数据来源：援助数据来自美国国际开发署数据与报告办公室 *U. S. Economic Assistance Programs Administered by the Agency for International Development and Predecessor Agencies, April 3, 1948—June 20, 1971*（Washington D. C.：AID, 1972），pp. 68—76, 46；人口数据出自 Arthur Banks, *Cross Polity Time Series Data*（Cambridge：MIT Press, 1971），segement 1, pp. 3—54。我们的样本只包括了西德、日本、法国、意大利和英国，因为我们只对大国行为感兴趣。我们无法得到苏联援助的数据。参见 Jacek Kugler, "The Consequences of War"（Ph. D. diss., University of Michigan, 1973），pp. 196—202。

注：战后没有援助数据的几年被当作遗失的信息，因为可能存在其他形式的援助。

# 附录 3
# 模 型 分 析

## 模　　　型

假定武器储备的贬值率为$(1-\lambda)$,可将国家 X 目前的武器储备价值估算为:

$$S_x(t) = X(t) + \lambda X(t-1) + \lambda^2 X(t-2) + \cdots$$

其中 $0 < \lambda < 1$

$X(t) =$ 国家 X 在 t 年度的战略武器开销

$S_x(t) =$ 在时间 t 期间的战略武器储备

这一序列可以简写为:

$$S_x(t) = X(t) + \lambda X(t-1)$$

运用这一公式来计算武器储备,可以参考同时包含内部资源和外部资源的影响的一般模型:

$$(A1.0)\, Y(t) = \gamma + \alpha S_y(t-1) + \beta S_x(t-1) + \varepsilon(t)$$

(我们在检验模型[1.0]中针对具体国家应用了这个等式。)该模型的这种形式不能直接进行估算。可以通过减法转化为:

$$\lambda Y(t-1) = \lambda\gamma + \lambda\alpha S_y(t-2) + \lambda\beta S_x(t-2) + \lambda\varepsilon(t-1)$$

得出：

$$(A1.1)\, Y(t) = \gamma(1-\lambda) + (\alpha+\lambda)Y(t-1) + \beta X(t-1) + \mu(t)$$

其中 $\mu(t) = \varepsilon(t) - \lambda\varepsilon(t-1)$

（我们在检验模型[2.0]和[2.1]中针对具体国家应用了这个等式。）要注意，从经验中看，无法将这一模型与模型 $(A2.0)\, Y(t) = \gamma + \beta S_x(t-1) + \varepsilon(t)$ 进行区分，而后者也不能直接估算。

减去 $\lambda Y(t-1) = \lambda\gamma + \lambda\beta S_x(t-2) + \lambda\varepsilon(t-1)$

可得：

$$(A2.1)\, Y(t) = \gamma(1-\lambda) + \lambda Y(t-1) + \beta X(t-1) + \mu(t)$$

其中 $\mu(t) = \varepsilon(t) - \lambda\varepsilon(t-1)$

从这一步开始，如果默认 $\lambda = 1$ 且申诉参数 $\gamma$ 是一个趋势参数，就可以推导出理查森公式：

$$(A3.0)\, Y(t) = \delta + \gamma(t) + \alpha\sum_{j=1}^{t-1} Y(j) + \beta\sum_{j=1}^{t-1} X(j) + \varepsilon(t)$$

再次减去：

$$Y(t-1) = \delta + \gamma(t-1) + \alpha\sum_{j=1}^{t-2} Y(j) + \beta\sum_{j=1}^{t-2} X(j) + \varepsilon(t-1)$$

得到：

$$(A3.1)\, Y(t) = \gamma + (1+\alpha)Y(t-1) + \beta X(t-1) + \varepsilon(t) - \varepsilon(t-1)$$

这就是理查森方程的原型。

可以用美国和苏联内部估计值（$\alpha^*$）之间的差异来衡量两国内部压力水平的差异，即 $\delta\alpha = (\alpha_1 + \lambda) - (\alpha_2 + \lambda)$。假如二者间有显著差异，就可以证明具体列出内部压力 $\alpha$ 的模型 A1.0 是正确的。倘若两种估计值是相同的，我们就可以在两种同样有道理的解释之间作出选择。有些人会主张，贬值是唯一有效的为提升战略武器投资而施加压力的内部力量。另一些人则可以更欣赏模型 A1.0,因为它在理论上更具吸引力,并主张在贬值之外,两个国家面临的内部压力(α)是相同的,而贬值率(λ)抵消了两种因素的作用。考虑到我们得到的结果,我们认为模型 A1.0 更具说服力,我们相信仅仅列出外部因素是不够的。

# 残 差 分 析

通过分析残差,我们得到了表 A3.1 显示的自相关性。

**表 A3.1　在军备分配模型中美国和苏联的残差的自相关性**

| Lag | 1952—1976 年样本* | | 1955—1964 年、1996—1976 年样本† | |
|---|---|---|---|---|
| | 美国<br>(N=25) | 苏联<br>(N=25) | 美国<br>(N=21) | 苏联<br>(N=21) |
| 1 | 0.11 | 0.27 | -0.38 | 0.18 |
| 2 | -0.29 | -0.30 | 0.30 | -0.29 |
| 3 | -0.17 | -0.19 | -0.50 | -0.09 |
| 4 | -0.01 | 0.05 | 0.22 | 0.04 |
| 5 | 0.04 | -0.01 | -0.22 | -0.16 |
| 约95%的接受区间 | ±0.39 | ±0.39 | ±0.43 | ±0.43 |

\* 参见表 4.2。
† 参见第四章注释中的表 4.4。

这里不适合使用德宾—沃森检验,因为模型包括了作为解释变量的因变量的滞后值。然而另一个德宾检验(见 Rao and Miller, *Applied Econometrics*, pp.123—126)得出下列检验数据(与标准的正常百分位数相比):

德宾检验 h　1.716　1.618　　-1.400　0.746

其中仅第一个数据（勉强可以）在 0.05 的层次上具有显著性。然而，由于从 1952—1954 年以及 1965 年并未得出美国的极端值，检验不具有显著性。因此，在存在自相关干扰项的情况下，估算系数的算法，例如广义最小二乘法、科克伦—奥克特（CO）估计法等似乎是没有必要的。

要知道这些模型都是派生模型，在派生模型中干扰项的自相关模式不同于初始模型（参见 Rao and Miller, *Applied Econometrics*, p.168）。

如果在初始模型（$\varepsilon_t$）中的干扰项符合一阶自回归模式且具有自相关性：

$$\Gamma_k(\varepsilon) = p^k \quad k = 1, 2, \cdots$$

我们应用了导致变换的干扰项 $\mu_t = \varepsilon_t - \lambda\varepsilon_{t-1}$，随后在派生模型（$\mu_t$）中的干扰项具有自相关性：

$$\Gamma_k(\mu) = \frac{(1+\lambda^2)p^{|k|} - \lambda p^{|k-1|} - \lambda p^{|k+1|}}{1 - 2\lambda + \lambda^2} \quad k = 1, 2, \cdots$$

如果 $\lambda$ 的数值与 p"接近"，（例如 $\lambda = 0.75$，而 p = 0.90），那么派生模型中干扰项的自相关效应就将受到显著"抑制"。例如当 $\lambda = 0.75$ 且 p = 0.90 时，派生模型干扰项最大的自相关性处于 lag 1，而且低于 0.23。

# 稳　定　性

行为——回应模型的稳定性取决于下述矩阵的根：

$$\begin{bmatrix} \alpha_1^* & \beta_1 \\ \beta_2 & \alpha_2^* \end{bmatrix}$$

位于单位圆内，对于（A1.0）模型，

$$\alpha_1^* = (\alpha_1 + \lambda)$$
$$\alpha_2^* = (\alpha_2 + \lambda)$$

而对于(A2.0)模型,

$$\alpha_1^* = \alpha_2^* = \lambda.$$

要解出根(z),需要算出下列式子的解:

$$\begin{vmatrix} \alpha_1^* - z & \beta_1 \\ \beta_2 & \alpha_2^* - z \end{vmatrix} = 0$$

或者:

$$(\alpha_1^* - z)(\alpha_2^* - z) - \beta_1\beta_2 = 0$$

或者

$$z^2 - (\alpha_1^* + \alpha_2^*)z + \alpha_1^*\alpha_2^* - \beta_1\beta_2 = 0$$

$$\rightarrow z = \frac{\alpha_1^* + \alpha_2^*}{2} \pm \sqrt{\frac{(\alpha_1^* + \alpha_2^*)^2}{4} - \alpha_1^*\alpha_2^* + \beta_1\beta_2}$$

$$= \frac{\alpha_1^* + \alpha_2^*}{2} \pm \sqrt{\frac{(\alpha_1^* + \alpha_2^*)^2}{4} + \beta_1\beta_2}$$

由于 $\beta_1$ 和 $\beta_2$ 都是负值,我们得到了实根。对于使用从 1951—1976 年的数据的模型,我们得出:

$$\alpha_1^* = 0.639\ 28 \quad \beta_1 = -0.344\ 53$$

$$\alpha_2^* = 0.933\ 37 \quad \beta_2 = -0.056\ 97$$

$$\rightarrow z = 0.786\ 325 \pm 0.203\ 1 = 0.583\ 2, 0.989\ 4$$

因此预测系统是稳定的。

对于使用 1955—1964 年、1966—1976 年数据的模型(参见第四章最后一个注释),我们得出:

$$\alpha_1^* = 0.720\ 17 \quad \beta_1 = -0.451\ 31$$

$$\alpha_2^* = 0.920\ 16 \quad \beta_2 = -0.038\ 48$$

$$\rightarrow z = 0.820\ 165 \pm 0.165\ 4 = 0.654\ 7, 0.985\ 6$$

这个预测系统也是稳定的。

**表 A3.2　1950—1980 年部分战略武器系统的估计寿命**

| 武器系统 | 服役年份 | 退役年份 | 寿命周期* | |
|---|---|---|---|---|
| 轰炸机 | | | | |
| B47 | 1952 年 | 1965 年 | 13 | |
| B52 C/D/E/F | 1956 年 | 1977 年 | 21 | 平均 20 年 |
| B52 G/H | 1959 年 | 20 世纪 80 年代 | 26 | |
| 洲际弹道导弹 | | | | |
| 阿特拉斯 | 1959 年 | 1964 年 | 5 | |
| 泰坦Ⅱ型 | 1962 年 | 20 世纪 80 年代 | 23 | |
| 民兵Ⅰ型 | 1962 年 | 1974 年 | 12 | 平均 14.8 年 |
| 民兵Ⅱ型 | 1966 年 | 20 世纪 80 年代 | 19 | |
| 民兵Ⅲ型 | 1970 年 | 20 世纪 80 年代 | 15 | |
| 潜艇 | | | | |
| 乔治·华盛顿号 | 1960 年 | 20 世纪 80 年代 | 25 | |
| 伊桑·艾伦号 | 1962 年 | 20 世纪 80 年代 | 23 | 平均 23 年 |
| 拉斐特号 | 1964 年 | 20 世纪 80 年代 | 21 | |
| 潜射弹道导弹 | | | | |
| 北极星 A-2 | 1962 年 | 1975 年 | 13 | |
| 北极星 A-3 | 1964 年 | 20 世纪 80 年代 | 21 | 平均 16.3 年 |
| 波塞冬 C-3 | 1970 年 | 20 世纪 80 年代 | 15 | |

* 仍在服役的武器系统的使用年限计算到 1985 年。

# 贬　值　率

战略武器的贬值率是通过求美国武器库中不同战略武器使用期限的近似值来计算的。表 A3.2 列出了相关武器系统、每个系统的部署年份、卸载年份及使用总年限。计算所需的数据源自珍妮特·伯梅斯特（Janet Burmester）在 1968—1973 年为密歇根大学核平衡项目所搜集的数据。之后几年的数据来自美国空军《统计摘要》《飞机和导弹摘要月刊》(1946—1972 年)，以及《SIPRI 年鉴》(1974—1977 年)。这个表格在一定程度上歪曲了实际贬值率，因为某些系统仅部署了一部分，而其他系统则已完全投入运行。然而，由于成本的差异，尝试通过调整来纠正偏差似乎是不可行的。我们还假设，所有在编武器系统到1985年均将完全贬值，这也可能导致偏差。此外，我们没有考虑翻新、更新和改善现有设备的成本。我们的结论是，战略装备的寿命约为15年到20年。我们现在可以将这个值代入原来的贬值率公式中。原式是：

$$S_x(t) = X(t) + \lambda S_x(t-1)$$

现有武器储备的完全贬值情况可简单计算如下：

1年后：$\lambda S_x(t)$；

2年后：$\lambda^2 S_x(t)$；

...

n年后：$\lambda^n S_x(t)$。

我们可以计算贬值率（$\lambda$），具体列出武器库存贬值到什么程度（如1%、5%等）即可被视为完全贬值，以及武器库存需要多少年才能贬值到这个程度。因此，例如，如果我们假设原价值的1%为彻底贬值，我们假定武器储备需要15年才会贬值到其原价值的1%。我们就可以计算，如 $15 = \sqrt{0.01} = 0.736$。当然，将什么数值设定为完全贬值，以及假定需要多少年就会完全贬值，意味着完全不同的解决方案。某些合理的范围包括：

| | | 15 年 | 20 年 |
|---|---|---|---|
| | 0.10% | 0.631 | 0.708 |
| 在该时期结束后武器库存的价值 | 1.0% | 0.736 | 0.794 |
| | 5.0% | 0.819 | 0.861 |

我们在分析中使用了0.75，这个数据是在假定完全贬值为0.01的时候，15年和20年的近似均值。

# 参 考 文 献

Agency for International Development, Office of Statistics and Reports. *U. S. Economic Assistance Programs Administered by the Agency for International Development and Predecessor Agencies, April 3, 1948—June 30, 1971*. Washington, D. C. : AID, 1972.

Alcock, Norman, and Newcombe, Alan. "Perceptions of National Power." *Journal of Conflict Resolution* 14(1970):335—343.

Aldrich, John, and Cnudde, Charles F. "Probing the Bounds of Conventional Wisdom: A Comparison of Regression, Probit, and Discriminant Analysis." *American Journal of Political Science* 19(1975).

Allison, Graham, and Halperin, Morton. "Bureaucratic Politics: A Paradigm and Some Policy Implications." In *Theory and Policy in International Relations*, ed. R. Tanter and R. Ullman. Princeton: Princeton University Press, 1972.

Allison, Graham, and Morris, Fredric. "Armaments and Arms Control: Exploring the Determinants of Military Weapons." *Daedalus* 104(1975):99—189.

Angell, Norman. *The Great Illusion*. New York: Putnam, 1933.

Ardant, Gabriel. "Financial Policy and Economic Infrastructure of Modern States and Nations." In *The Formation of States in Western Europe*, ed. Charles Tilly. Princeton: Princeton University Press, 1975.

Arms Control and Disarmament Agency. *World Military Expenditures, 1970*. Washington, D. C. : Government Printing Office, 1970.

Aron, Raymond. *Peace and War*. New York: Doubleday, 1966.

Art, Robert. *The TFX Decision: McNamara and the Military*. Boston: Little, Brown, 1968.

Bahl, Roy. "A Regression Approach in Tax Effort and Tax Ratio Analysis." International Monetary Fund Staff Papers, November 1971, pp. 570—610.

Banks, Arthur. *Cross Polity Time and Series Data*. Cambridge: MIT Press, 1971.

Baugh, William. "An Operations Analysis Model for the Study of Nuclear Missile System Policies." In *Mathematic Models in International Relations*, ed. Dina Zinnes and John Gillespie. New York: Praeger, 1976.

Binder, L., and LaPalombara Joseph, eds. *Crises and Sequences in Political Development*. Princeton: Princeton University Press, 1974.

Blainey, Geoffrey. *The Causes of War*. New York: The Free Press, 1975.

Boulding, Kenneth. *A Primer of Social Dynamics*. New York: The Free Press, 1970.

Box, George, and Jenkins, Gwilym. *Time Series Analysis*. San Francisco: Holden-Day, 1970.

Brodie, Bernard. *Strategy in the Missile Age*. Princeton: Princeton University Press, 1959.

——. "The Development of Nuclear Strategy." Center for Arms Control and International Security, Working Paper 11. Los Angeles: UCLA, 1978.

——, ed. *The Absolute Weapon: Atomic Power and World Order*. New York: Harcourt Brace. 1946.

Bueno de Mesquita, Bruce. "Measuring Systemic Polarity." *Journal of Conflict Resolution* 19(1975):187—216.

——. "The Effects of Systematic Polarization on the Probability and Duration of War." Paper delivered at the Annual Meeting of the International Studies Association. Toronto, Canada: February, 1975.

——. *The War Trap*. New Haven: Yale University Press, forthcoming.

Burns, Arthur, ed. *The Business Cycle in a Changing World*. New York: National Bureau of Economic Research, 1969.

Busch, Peter. "Mathematical Models of Arms Races." In *What Price Vigilance?*, ed. Bruce Russett. New Haven: Yale Unversity Press, 1970.

Carr, E. H. *The Twenty Years' Crisis, 1919—1939*. New York: Harper and Row, 1974.

Chelliah, Raja. "Trends in Taxation in Developing Countries." International Monetary Fund Staff Papers, 1 July 1971.

Chelliah, Raja; Baas, Hassel; and Kelly, Margaret. "Tax Ratios and Tax Effort in Developing Countries, 1969—1971." International Monetary Fund Staff Papers, May 1974.

Choucri, Nazli, and Meadows, Dennis. *International Implications of Technological Development and Population Growth: A Simulated Model of International Conflict*. Cambridge, Mass.: Center for International Studies, MIT Press, 1971.

Choucri, Nazli, and North, Robert. *Nations in Conflict*. San Francisco: W.

219

H. Freeman, 1974.

Cipolla, Carlo M. , ed. *Contemporary Economics,* The Fontana Economic History of Europe, vol. 6, pt. 2. New York: Barnes and Noble, 1977.

Claude, Inis. *Power and International Relations.* New York: Random House, 1962.

Cline, Ray. *World Power Assessment.* Washington, D. C. : The Center for Strategic and International Studies, 1975.

Cockle, Paul. "Analysing Soviet Defense Spending: The Debate in Perspective." *Survival* 20(1978).

Colby, William. *Allocation of Resources in the Soviet Union and China, 1975.* Testimony in Hearings before the Sub-committee on Priorities and Economy in Government of the Joint Economic Committee, 94th Congress, First Session, June 18, 1975. Washington, D. C. : Government Printing Office, 1975.

Coleman, J. "The Development Syndrome: Differentiation-Equality-Capacity." In *Crises and Sequences in Political Development,* ed. L. Binder and Joseph La-Palombara. Princeton: Princeton University Press, 1974.

Coplin, William. *Introduction to International Politics.* Chicago: Markham Publishing Co. , 1970.

Coplin, W. , and Kegly, C. *Analyzing International Relations.* New York: Praeger, 1975.

Crecine, John. "Fiscal and Organizational Determinants of the Size and Shape of the U. S. Defense Budget. " Institute for Public Policy Studies Discussion Paper No. 69(April 1975).

Crecine, John, and Fisher, Gregory. "On Resource Allocation Processes in the U. S. Department of Defense. " Institute for Public Policy Discussion Paper No. 31(October 1971).

Cutright, Phillips. "Political Structure, Economic Development, and National Social Security Programs." In *Macro-Quantitative Analysis: Conflict, Development, Democratization,* ed. J. V. Gillespie and B. A. Mesvold. Beverly Hills, Sage Publications 1971.

Davis, Otto; Dempster, M. A. H. ; and Wildavsky Aaron. "A Theory of the Budgetary Process. " *The American Political Science Review* 60 ( September 1966).

Defense Department. *Annual Defense Department Report FY 1974.* Washington: UPSO, 1974.

Deutsch, Karl. "Social Mobilization and Political Development." In *Political Development and Social Change,* ed. Jason Finkle and Richard Gable. New York: John Wiley and Sons, 1966.

——. *The Analysis of International Relations.* Englewood Cliffs, N. J. : Prentice-Hall, 1967.

Dulles, John Foster. "Massive Retaliation." In *The Use of Force,* ed. Robert Art and Kenneth Waltz. Boston: Little, Brown, 1971.

DuMouchel, William H. "The Regression of a Dichotomous Variable." Mimeograph. Ann Arbor: Institute for Social Research, The University of Michigan, 1973.

Ferris, Wayne. *The Power Capabilities of Nation States.* Lexington, Mass. : Lexington Books, 1973.

Finkle, Jason, and Gable, Richard, eds. *Political Development and Social Change.* New York: John Wiley and Sons, 1966.

Fox, William, ed. *Theoretical Aspects of International Relations.* Notre Dame: Notre Dame University Press, 1959.

Friedman, Milton. "Foreign Economic Aid: Means and Objectives." In *The United States and the Developing Economies,* ed. Gustav Ranis. Rev. ed. New York: W. W. Norton, 1973.

Frumkin, Gregory. Population Changes in Europe Since 1939. New York: Augustus M. Kelley, 1951.

Fuchs, Wilhelm. *Formein Zur Macht.* Stuttgart: Deutsche Varlage-Anstaldt, 1965.

Garnham, David. "The Power Parity and Lethal International Violence, 1969—1973." *Journal of Conflict Resolution,* 20(1976):379—394.

German, Clifford. "A Tentative Evaluation of World Power." *Journal of Conflict Resolution,* March 1960, pp.138—144.

Gillespie, J. V., and Mesvold, B. A., eds. *Macro-Quantitative Analysis: Conflict, Development, Democratization,* vol. 1. Beverly Hills: Sage Publications, 1971.

Graham, Daniel. *Allocation of Resources in the Soviet Union and China,* 1975. Washington D. C. : Government Printing Office, 1975.

Griffith, William, ed. *The World of the Great Power Triangles.* Cambridge: MIT Press, 1975.

Gurr, Ted R. *Why Men Rebel.* Princeton: Princeton University Press, 1970.

——. "Persistence and Change in Political Systems, 1800—1971." *American

*Political Science Review,* December 1974.

Haas, E. "The Balance of Power: Prescription, Concept or Propaganda." *World Politics* 5(1953).

Haggard, M. T. "United States Expenditures in Indochina and in Korea." *Congressional Research Record.* Washington, D. C. : Library of Congress, April 1975.

Haldeman, H. R. *The Ends of Power.* New York: Quadrangle, 1978.

Halperin, Morton. *Bureaucratic Politics and Foreign Policy.* Washington D. C. : Brookings Institution, 1974.

Heiss, Klaus P. ; Knorr, Klaus; and Morgenstern, Oskar. *Long-Term Projections of Political and Military Power.* Princeton: Mathematica Inc. , 1973.

Herz, John. *International Politics in the Atomic Age.* New York: Columbia University Press, 1959.

Hitch, Charles, and McKean, Roland. *The Economics of Defense in the Nuclear Age.* Cambridge: Harvard University Press, 1967.

Holsti, K. J. *International Politics: A Framework for Analysis.* Englewood Cliffs, N. J. : Prentice-Hall, 1967.

Holsti, Ole. "The Belief System and National Images: A Case Study." *Journal of Conflict Resolution* 6(1962):244—252.

Holt, R. , and Turner, J. "Crises and Sequences in Collective Theory of Development." *American Political Science Review* 69(September 1975):979—994.

Horelick, Arnold, and Rush, Myron. *Strategic Power and Soviet Foreign Policy.* Chicago: University of Chicago Press, 1966.

Huntington, Samuel. "Arms Races: Prerequisites and Results." *Public Policy* (1958):41—86.

——. *The Common Defense.* New York: Columbia University Press, 1961.

——. *Political Order in Changing Societies.* New Haven: Yale University Press, 1967.

International Institute for Strategic Studies. *The Military Balance 1971—1972.* London, 1971.

Intriligator, Michael, and Brito, Dagobert. "Nuclear Proliferation and the Probability of War." Mimeographed. Los Angeles: University of California, 1979.

Kanter, Arnold. "Congress and the Defense Budget: 1960—70." *American Political Science Review* 66(March 1972):129—143.

Kaufman, William. *Military Policy and National Security.* Princeton: Princeton

University Press, 1956.

——. *The McNamara Strategy*. New York: Harper and Row, 1964.

Kennedy, Robert F. *Thirteen Days*. New York: W. W. Norton, 1969.

Keynes, John. *The Economic Consequences of the Peace*. New York: Harcourt Brace and Rowe, 1920.

Khrushchev, Nikita. *Khrushchev Remembers*. Boston: Little, Brown, 1970.

Kindleberger, Charles. "International Political Theory from the Outside." In *Theoretical Aspects of International Relations,* ed. William Fox. Notre Dame: Notre Dame University Press, 1959.

Kissinger, Henry. *Nuclear Weapons and Foreign Policy*. New York: Harper and Row, 1957.

Klein, Lawrence. "The Procedure of Economic Prediction: Standard Achievement, Potential." Paper presented at the Conference on the Economic Outlook for 1973, 16—17 November 1972, University of Michigan.

Knorr, Klaus. *The War Potential of Nations*. Princeton: Princeton University Press. 1956.

——. *Military Power and Potential*. Cambridge, Mass. : D. C. Heath, 1970.

Kugler, Jacek. "The Consequences of War: Fluctuations in National Capabilities Following Major Wars, 1880—1970." Ph. D. dissertation, University of Michigan, 1973.

Kuznets, Simon. *Economic Growth of Nations*. Cambridge: Harvard University Press, Belknap Press, 1971.

Laird, Melvin R. *Defense Program and Budget FY 1971*. Statement before the House Subcommittee on DOD Appropriations. Washington, D. C. : Government Printing Office, 1971.

Lee, W. T. *The Estimation of Soviet Defense Expenditures, 1955—1975*. New York: Praeger, 1977.

Liska, George. *International Equilibrium: A Theoretical Essay on the Politics and Organization of Security*. Cambridge, Mass. : Harvard University Press, 1957.

Little, I. M. D. , and Clifford, J. M. *International Aid*. London: Allen and Unwin, 1965.

Losada, Marcial. "Event-System Decomposition: Predicting Employee Turnover in Manufacturing." Ph. D. dissertation. University of Michigan, 1977.

Lotz, Jorgen, and Morss, Elliott. "Measuring 'Tax Effort' in Developing Countries." International Monetary Fund Staff Papers, July 1971, pp. 254—

331.

Luce, Robert, and Raiffa, Howard. *Games and Decisions*. New York: John Wiley and Sons, 1957.

Lucier, Charles. "Power and the Balance." Ph. D. dissertation. University of Rochester, 1974.

Maddison, Angus. *Economic Growth in the West: Comparative Experience in Europe and North America*. New York: The Twentieth Century Fund, 1964.

——. *Economic Growth in Japan and the USSR*. London: Allen and Unwin, 1969.

——. "Trends in Output and Welfare." In *Contemporary Economics,* The Fontana Economic History of Europe vol. 6, pt. 2, ed. Carlo M. Cipolla. 1977. New York: Barnes and Noble, 1977.

Marshall, Andrew. "Estimating Soviet Defense Spending." *Survival* 18(1976): 73—79.

McKelvey, Richard, and Zavoina, William. "A Statistical Model for the Analysis of Ordinal Level Dependent Variables." Mimeographed. University of Rochester, 1974.

McNamara, Robert S. Speech before the Senate Armed Services Committee on the Fiscal Year, 1969—70, Defense Program and 1969 Defense Budget, January 22, 1968. Washington, D. C. : Government Printing Office, 1968.

Midlarsky, Manus. *On War*. New York: The Free Press, 1975.

Morgenthau, Hans. *Politics Among Nations*. 3d. ed. New York: Alfred A. Knopf, 1960.

Nash, Keir, ed. *Governance and Population: The Governmental Implications of Population Change*. Commission on Population and Growth and the American Future, Research Reports, ed. Keir Nash. Washington, D. C. : Government Printing Office, 1972.

Newhouse, John. *Cold Dawn: The Story of SALT*. New York: Holt, Rinehart and Winston, 1973.

Nef, John. *War and Human Progress*. Cambridge: Harvard University Press, 1950.

Notestein, Frank; Taeuber, Irene; Kirk, Dudley; Coale, Ansley; and Kiser, Louise. *The Future Population of Europe and the Soviet Union*. Geneva: League of Nations, 1944.

Organski, A. F. K. *Stages of Political Development*. New York: Alfred A.

Knopf, 1965.

———. *World Politics*. 2d ed. New York: Alfred A. Knopf, 1968.

Organski, A. F. K. ; Bueno de Mesquita, Bruce; and Lamborn, Alan. "The Effective Population in International Politics." In *Governance and Population: The Governmental Implications of Population Change*. Commission on Population and Growth and the American Future, Research Reports, ed. Keir Nash. Washington D. C. : Government Printing Office, 1972.

Ostrom, Charles, Jr. "Evaluating Alternative Foreign Policy Decision-Making Models." *Journal of Conflict Resolution* 21(June 1977):235—265.

Overholt, William H. , ed. *Asia's Nuclear Future*. Boulder, Colo. : World View Press, 1977.

Payne, Fred. "The Strategic Nuclear Balance." *Survival* (May—June 1957): 109—110.

Pechman, Joseph, ed. *Setting National Priorities, The 1979 Budget*. Washington, D. C. : Brookings Institution, 1978.

Pollack, Jonathan. "China as a Nuclear Power." In *Asia's Nuclear Future*, ed. William H. Overholt. Boulder, Colo. : World View Press, 1977.

Pye, Lucian. "The Concept of Political Development." *The Annals of the American Academy of Political and Social Science* (March 1965).

Ranis, Gustav, ed. *The United States and the Developing Economies*. Rev. ed. New York: W. W. Norton, 1973.

Rao, Potluri M. , and Miller, Roger L. *Applied Econometrics*. Wadsworth Publishing, 1971.

Rapoport, Anatol. "Lewis R. Richardson's Mathematical Theory of War." *Journal of Conflict Resolution* 1(September 1957):249—299.

———. *Fights, Games, and Debates*. Ann Arbor: University of Michigan Press, 1961.

Rapoport, Anatol, and Chammah, Albert M. *Prisoner's Dilemma*. Ann Arbor: University of Michigan Press, 1965.

Ray, James, and Singer, J. David. "Measuring the Concentration of Power in the International System." *Sociological Methods and Research* 1(May 1973): 403—437.

Richardson, Lewis F. *Arms and Security*. Chicago: Quadrangle Books, 1960.

Riker, William. *The Theory of Political Coalitions*. New Haven: Yale University Press, 1962.

Rosen, Steven. "War, Power and the Willingness to Suffer." In *Peace, War and Numbers,* ed. Bruce Russett. Beverly Hills: Sage Publications, 1972.

Rosecrance, Richard; Alexandroff, Alan; Healy, Brian; and Stein, Arthur. *Power, Balance of Power, and Status in Nineteenth Century International Relations.* Beverly Hills: Sage Publications, 1974.

Rosenstein-Rodan Paul. "Problems in Industrialization of Eastern and South Eastern Europe." *Economic Journal* (June 1943):204—207.

——. "International Aid for Less Developed Countries." *Review of Economics and Statistics* 43(May 1961):107—138.

——. "Notes on the Theory of the 'Big Push'." In *Economic Development for Latin America*, ed. Howard Willis. New York: St. Martin's Press, 1961.

Rumsfeld, Donald. *Annual Defense Department Report, 1978.* Washington, D.C. : Government Printing Office, 1978.

Russett, Bruce. *What Price Vigilance?* New Haven: Yale University Press, 1970.

——, editor. *Peace, War, and Numbers.* Beverly Hills: Sage Publications, 1972.

Russett, Bruce; Singer. J. D. ; and Small, Melvin. "National Political Units in the Twentieth Century: Standard List." *The American Political Science Review* 62(1968):932—951.

Schelling, Thomas. *Arms and Influence.* New Haven: Yale University Press, 1966.

Singer, J. D. , ed. *Quantitative International Politics.* New York: The Free Press, 1968.

Singer, J. David, and Small Melvin. "The Composition and Status Ordering of the International System, 1815—1940." *World Politics* 18(1966).

——. "Alliance Aggregation and the Onset of War, 1815—1945." In *Quantitative International Politics,* ed. J. D. Singer. New York: The Free Press, 1968.

——. *Wages of War, 1816—1965: A Statistical Handbook.* New York: John Wiley and Sons, 1972.

——. "War in History and the State of the World Message." In *Analyzing International Relations,* ed. W. Coplin and C. Kegly. New York: Praeger, 1975.

Singer, J. David; Bremer, Stuart; and Stuckey, John. "Capability Distribution, Uncertainty and Major Power War, 1820—1965." In *Peace, War, and Numbers,* ed. Bruce Russett. Beverly Hills: Sage Publications, 1972.

Stockholm International Peace Research Institute. *World Armament and Disarmament*, SIPRI Yearbook, 1974—77. Cambridge, Mass. : MIT Press.

Smoker, Paul. "Fear in the Arms Race: A Mathematical Study." *Journal of Peace Research* 1(1964):55—64.

Snyder, Glenn. *Deterrents and Defense: Toward the Theory of National Security*. Princeton: Princeton University Press, 1961.

Sorensen, Theodore. *Kennedy*. New York: Harper and Row, 1965.

Squires, Michael. "Three Models of Arms Races." In *Mathematical Models in International Relations*, ed. Dina Zinnes and John Gillespie. New York: Praeger, 1976.

Steinbruner, John. "Beyond Rational Deterrence: The Struggle for New Conceptions." *World Politics* 28(January 1976):223—245.

Tammen, Ron. *MIRV and the Race: An Interpretation of Defense Strategy*. New York: Praeger, 1973.

Tanter, R. , and Ullman, R. , eds. *Theory and Policy in International Relations*. Princeton: Princeton University Press, 1972.

Tilly, Charles, ed. *The Formation of National States in Western Europe*. Princeton: Princeton University Press, 1975.

United Nations. *The World Population Situation in 1970*. Population Studies No. 49. New York: United Nations, 1971.

——. *Demographic Yearbook, 1974*. New York: United Nations: 1976.

United Nations Research Institute for Social Development. *Contents and Measurement of Socio-Economic Development*. New York: Praeger, 1972.

United States Central Intelligence Agency. "A Dollar Comparison of Soviet and U. S. Defense Activities, 1965—1975." Washington D. C. : Government Printing Office. SR76-10053(February 1976).

——. "Estimating Soviet Defense Spendings in Rubles, 1970—1975." Washington, D. C. : Government Printing Office. SR76-101121U(May 1976).

United States Strategic Bombing Survey. *The Effects of Strategic Bombing on the German War Economy*. Washington, D. C. : Government Printing Office, 1945.

——. *The Effects of Strategic Bombing on Japan's War Economy*. Washington, D. C. : Government Printing Office, 1946.

Urlanis, B. T. *Wars and Population*. Moscow: Progress Publishers, 1971.

Verba, S. "Sequences and Development." In *Crises and Sequences in Political Development*, ed. L. Binder and J. La-Palombara. Princeton: Princeton

University Press, 1974.

Wagner, David; Perkins, Ronald; and Taagepera, Rein. "Complete Solution to Richardson's Arms Race Equation." *Journal of Peace Science* (Spring 1975):159—172.

Weede, E. "Overwhelming Preponderance as a Pacifying Condition among Contiguous Asian Dyads, 1950—1969." *Journal of Conflict Resolution* 20 (1976):395—412.

Wildavsky, Aaron. Budgeting. *A Comparative Theory of Budgetary Processes*. Boston: Little, Brown, 1975.

Willis, Howard, ed. *Economic Development for Latin America*. New York: St. Martin's Press, 1961.

Wohlstetter, Albert. "The Delicate Balance of Terror." *Foreign Affairs* 37 (January, 1959):211—256.

———. "Is There a Strategic Arms Race?" *Foreign Policy* 15(Summer 1974):2—21.

———. "Rivals, But No 'Race'." *Foreign Policy* 16(Fall 1974):48—81.

Wolf, Charles, Jr. "Economic Aid Reconsidered" In *The United States and the Developing Economies,* ed. Gustav Ranis. Rev. ed. New York: W. W. Norton, 1973.

World Bank. *World Tables 1976*. Baltimore: Johns Hopkins University Press, 1976.

Wright, Quincy. *A Study of War,* Abridged ed. Chicago: University of Chicago Press, 1964.

Zechman, Martin. "A Comparison of the Small Sample Properties of Probit and OLS Estimators with a Limited Dependent Variable." Mimeographed. University of Rochester, April 1974.

Zinnes, Dina, and Gillespie, John, eds. *Mathematical Models in International Relations*. New York: Praeger, 1976.

Zinnes, Dina; Gillespie, John; and Rubinson, Michael. "A Reinterpretation of the Richardson Arms-Race Model." In *Mathematical Models in International Relations,* ed. Dina Zinnes and John Gillespie.

**图书在版编目(CIP)数据**

战争的比价/(美)肯尼思·奥根斯基
(A.F.K.Organski),(美)杰克·库格勒
(Jacek Kugler)著;高望来译.—上海:上海人民出
版社,2023
(东方编译所译丛)
书名原文:The War Ledger
ISBN 978 - 7 - 208 - 18294 - 3

Ⅰ.①战… Ⅱ.①肯… ②杰… ③高… Ⅲ.①国际关
系 Ⅳ.①D8

中国国家版本馆 CIP 数据核字(2023)第 084508 号


**责任编辑** 项仁波
**封面设计** 王小阳

东方编译所译丛
**战争的比价**
[美]肯尼思·奥根斯基 杰克·库格勒 著
高望来 译

出 版 上海人民出版社
 (201101 上海市闵行区号景路 159 弄 C 座)
发 行 上海人民出版社发行中心
印 刷 上海商务联西印刷有限公司
开 本 635×965 1/16
印 张 15.75
插 页 2
字 数 209,000
版 次 2023 年 8 月第 1 版
印 次 2023 年 8 月第 1 次印刷
ISBN 978 - 7 - 208 - 18294 - 3/D·4134
定 价 69.00 元

**The War Ledger**
by A. F. K. Organski, Jacek Kugler
Originally published by University of Chicago Press
Copyright © 1980 by The University of Chicago
Chinese (Simplified Characters only) Trade Paperback
Copyright © 2023 by Shanghai People's Publishing House
All rights reserved

# 东方编译所译丛·世界政治与国际关系